국제학교 전문가
ㅏ 함께
파헤치기

KB077658

쌤의 모든 국제학교

루크 쌤
이원중 지음

국제학교 입학에서 미국 대학 입시까지
국제학교 전문가 루크 쌤과
유학 멘토 윤아빠가 만든
친절한 국제학교 사용 설명서!

씨
아이
알

추천사

Dear Reader,

One of the most difficult challenges there is for parents is how to select an international school that meets the needs of their child. Finally, there is a book that helps parents navigate this difficult decision-making process and provides practical advice once their student is enrolled in an international school program.

Luke Lee is an experienced international school educator and manager. Having worked with him on international school projects in The United States, China, The Philippines and Korea I can attest that he is uniquely qualified to provide parents everything they need to know to help their children be successful in an international school environment.

I look forward to future insightful writings by Luke. Informed parents make for better educated students.

Frank Tarsitano, Ph.D.
Chairman, Nacel Open Door, Inc.

친애하는 독자분들께

국제학교를 염두에 두고 계시는 학부모님들에게 가장 어려운 일 중의 하나는 어떻게 자녀에게 적합한 국제학교를 선택하는가입니다. 마침내 이러한 학부모님들의 어려운 결정들에 도움이 되고, 학생들이 실제로 국제학교에 재학하는 동안에도 실질적인 도움을 줄 수 있는 책이 출판되었습니다.

Luke Lee는 숙련된 국제학교의 교육자이자 운영자입니다. 그와 함께 미국, 중국, 필리핀, 한국 등지에서 국제학교 관련 프로젝트를 함께 수행한 장본인으로 저는 그가 학부모님들이 자녀의 성공적인 국제학교 생활을 위하여 알아야 할 모든 것들을 알려줄 수 있는 유례없는 자격을 갖추었다고 단언할 수 있습니다.

저는 Luke Lee의 미래에 대한 통찰력 있는 글들을 곧 접해볼 수 있길 고대합니다. 정보를 가진 학부모님만이 자녀들에게 더 나은 교육을 제공할 수 있습니다.

프랭크 타시타노 박사
미국 비영리 교육재단 나셀오픈도어 재단 이사장

*   *   *

Dear Korean Readers,

I had the good fortune in 2007 to have had Luke Lee assigned to me as an administrative manager. We were charged with opening a new American School in Beijing, China. Luke was then a young man from Korea, learning both English and Chinese while in the early stages of his experience in international schools. I was an experienced school administrator, but this was my first experience in China.

What I learned early on in our relationship was that while Luke's English was imperfect at the time, the points he made and the advice he offered were spot on every time. It didn't take long to realize that Luke Lee had well developed technical, communication and social skills. He also had enormous energy and the drive it took to advance the goals of the school and its students. He was then and still is especially good at establishing trusting relations with students and their often nervous and questioning parents.

In the years since that early and wonderful experience with Luke, I watched him developed fluency in the languages he spoke and great competence in the professional educational roles he assumed.

I learned early on and it's more true today, that if you're searching for insight and understanding concerning the complexities of international education, you should listen to what Luke Lee has to say.

David Flannery, Ph.D.
Formal Interim Director of the Perpich Center for Arts Education, a Minnesota State Agency
Formal Superintendent of The Elk River Area Schools, Independent School District 728.
Chairman, American STEM Education.

친애하는 한국의 독자분들께

저는 2007년에 운 좋게도 Luke Lee를 행정실장으로 곁에 두고 함께 일할 수 있는 기회가 있었습니다. 우리에게 맡겨진 임무는 중국 북경에 미국학교를 설립하는 일이었고, 당시 Luke는 국제학교에서의 근무경험이 적고 영어와 중국어도 배움의 단계에 있는 시기였습니다. 저는 이미 경험이 많은 학교의 관리자였지만, 중국에서의 학교 근무 경험은 저에게도 처음이었습니다.

제가 Luke와 처음 같이 근무하면서 느낀 점은, 비록 당시 Luke의 영어는 완벽하지 않았지만 그가 일을 처리하는 방식과 제안하는 조언들은 언제나 매우 적절하고 정확했다는 점입니다. 그가 아주 잘 발달된 의사소통 스킬과 사회적 스킬이 있다는 것은 얼마 지나지 않아 모두가 알게 되었습니다. 또한 그는 학생과 학교를 위한 목표를 성취하기 위한 엄청난 에너지와 열정을 갖고 있었습니다. 특히 그는 그때나 지금이나 학생 그리고 가끔은 걱정하며 의심도 많은 학부모님들과 신뢰의 관계를 만드는 데 특별한 재능을 갖고 있습니다.

그리고 약 10여 년의 시간이 흐르면서 저는 그의 언어 능력이 탁월하게 발전하는 것은 물론 훌륭한 교육 전문가로 발전해오는 것을 지켜보았습니다.

저는 그의 탁월함을 이미 오래전부터 알고 있었으며, 그 사실은 지금은 더욱더 확실해졌습니다. 만약 독자분들이 국제 교육과 연관된 복잡성과 걱정들에 대한 정답을 찾고 계신다면, Luke의 의견을 꼭 들어보시길 추천합니다.

데이비드 프래너리 박사
전 미네소타주립 Perpich 아트교육 센터장
전 미네소타 The Elk River Area 지역 총괄 교육감
현 American STEM Education 이사장

*　　*　　*

　　隨着越來越多的家庭希望孩子受到更好的教育, 更早的融入國際化的環境, 爲將來在全球化的環境中獲得職業的競爭優勢, 國際學校已成爲許多富裕家庭的首要選擇. 但家長們想要系統的了解國際學校的特點, 優勢, 采集相關的信息幷不方便. Mr. Luke Lee創作的這本書, 以他十幾年管理國際學校的經驗, 對國際學校課程體系, 管理方式, 學生特點等進行了充分的解析, 全面, 客觀, 我相信這本書將會對國際學校感興趣的家庭發揮重要的作用.

　　十二年前, 我和Mr. Luke Lee在北京相識, 幷成爲同事, 共同管理一家國際學校. Mr. Luke Lee的勤奮, 睿智, 好學給我留下了十分深刻的印象. 後來, Mr. Luke Lee還在美國, 菲律賓等地管理多個國際學校, 取得了非常好的成績, 幷最終成長爲一名資深的國際教育領域的專家.

　　我非常驕傲Mr. Luke Lee能夠將他多年的工作實踐進行總結, 幷對當前國際學校的情況進行了十分細致和全面的硏究, 創作了這樣一本書. 這本書塡補了出版業關于國際學校方面介紹的空白, 具有歷史性的意義.

　　再次祝賀Mr. Luke Lee成功出版本書! 我期待家長們能夠喜歡這本書!

向全倫 Xiang Quanlun
北京師範大學第二附屬中學納賽爾項目 督學
北京中美薈國際教育咨詢有限公司 創始人

점점 더 많은 가정이 자녀에게 더 좋은 교육을 받게 함으로써 좀 더 빨리 국제적 환경에 스며들게 하고, 미래의 글로벌한 환경 속에서 직업상 경쟁적 우위를 갖기를 희망함에 따라, 국제학교는 이미 여유 있는 가정들의 주요한 선택지로 자리매김하였습니다. 그러나 학부모가 국제학교의 특성과 이점을 체계적으로 이해하고, 관련 정보를 모으는 것이 쉽지만은 않습니다. 십수 년간의 국제학교를 운영한 경험을 토대로 한 Mr. Luke Lee의 저서는 국제학교의 커리큘럼 시스템, 관리 방법, 학생의 특성 등을 포괄적이고 객관적으로 알차게 분석을 하였기에, 저는 이 책이 국제학교에 관심 있는 가정에 긍정적인 영향력을 발휘할 것이라고 믿어 의심치 않습니다.

12년 전 저와 Mr. Luke Lee는 베이징에서 만났고, 함께 국제학교를 관리하는 동료가 되었으며 Mr. Luke Lee의 근면함, 지혜와 학구적인 면모는 저에게 깊은 인상을 남겼습니다. 후에 Mr. Luke Lee는 미국, 필리핀 및 기타 지역에서 여러 국제학교를 관리하며 우수한 결과를 낳았으며, 궁극적으로 국제 교육의 조예 깊은 전문가가 되었습니다.

저는 Mr. Luke Lee가 다년간의 실무 경험을 집약하고, 국제학교의 상황에 대해 매우 상세하고 포괄적인 연구 끝에 이번 책을 출판하게 된 것에 대해 매우 자랑스럽게 생각합니다. 이 책은 출판업계의 (그동안 부족했던) 국제학교의 정보에 대한 공백을 메우는 데 역사적 의미가 있습니다. 이 책을 성공적으로 출판한 Mr. Luke Lee에게 다시 한번 축하를 드립니다. 학부모님들이 이 책을 좋아하길 기대해봅니다.

샹첸룬
북경사범대학제2부속중학 국제부 프로그램 감독관
북경 중-미 국제교육자문 유한회사 설립자

프롤로그

제가 처음 국제학교에서 근무를 시작한 것은 2007년 여름이었습니다. 30여 명의 학생들과 5명의 미국 선생님이 함께 시작한 작은 학교였는데 낮에는 행정실에서, 밤에는 기숙사에서 24시간을 학생들과 보냈습니다. 그때는 제 나이가 많지 않았기에 학생들과 큰형이나 큰오빠처럼 지냈었는데, 그때 학생들이 저를 불렀던 '루크(luke)쌤'이라는 호칭이 저에게는 지금까지도 가장 편안한 이름으로 남아 있습니다. 그때의 졸업생들이 서른을 넘긴 지금까지도 여전히 루크쌤이라 부르며 연락을 할 때면 반갑기도 하지만, 한편으로는 제가 하고 있는 이 일이 자라나는 학생들에게 얼마나 큰 영향을 미치는 일이었는지를 다시금 깨닫고 큰 책임감을 느끼곤 합니다.

저는 지난 10여 년간 아이들과 동고동락하면서 학생들의 유학생활의 고충도 함께 느끼고, 미국 선생님들과 근무하며 많은 것을 배웠으며, 자녀를 타국에 유학 보낸 학부모님들의 감정과 걱정, 바람도 이해할 수 있게 되었습니다. 그처럼 오랜 시간을 국제학교에서 근무하다 보니 어느 날은 문득 이런 생각이 들었습니다. '왜 국제학교를 보내는 학부모, 학생 그리고 관계자들이 국제학교 생활에 대해서 의견을 나누는 공간이 없을까?' 인터넷에서 '국제학교'를 검색하면 대부분 목적이 있는 정보 글들만이 공간을 차지하고 있었기 때문에 진솔하고 객관적인 정보를 나눌 수 있는 곳이 있으면 좋겠다는 생각을 줄곧 하게 되었습니다. 이 바람으로 현재의 '세상의 모든 국제학교'라는 인터넷 공간이 탄생되었습니다.

세상의 모든 국제학교(이하 세모국)는 2009년에 Daum 카페로 시작해 지금은 'Naver 카페'로 이어져 현재는 만 명이 넘는 회원님들이 국제학교에 관한 좋은 정보와 의견을 나누는 공간이 되고 있습니다.

이 공간에 제가 국제학교에서 근무하면서 경험한 것과 배운 지식에 대해서 글을 쓰기 시작하였고, 감사하게도 많은 분께서 호응을 해주셨습니다. 글을 잘 쓰는 사람도 아니고 부지런하지 못해 자주 좋은 글을 올리지도 못했지만 아마도 진심이 통했던 것 같습니다. 그리고 그 성원에 힘입어 이렇게 책까지 출간하게 되니 참 감사한 일이며, 동시에 글을 쓰는 일에 대해 깊은 책임감을 느낍니다.

이 책 『세상의 모든 국제학교』는 그야말로 국제학교에 관한 종합 정보 선물 세트라고 보시면 됩니다.

이 책은 국제학교 진학 준비부터 입학과 재학, 졸업과 대학 진학 또는 유학까지 국제학교를 준비하거나 재학 중인 학생과 학부모님들을 위한 정보와 자료가 골고루 한가득 있습니다. 세모국 카페에 쓴 제 글 이외에 더 욕심을 내어, 관련 전문가의 글을 함께 실었습니다. 하나는 국제학교에 재학하는 학생들에게 꼭 필요한 정보인 대입 또는 유학 관련 내용입니다. 이 부분은 세모국 카페에서 칼럼니스트로 활동하면서 학부모님들께 해외 대학입시에 관련된 내용들을 아낌없이 나눠주고 있는 멘토스테이블의 이인호 원장님의 글을 싣기로 결정하였습니다. 이인호 원장님은 『마음으로 전하는 유학 이야기』의 저자이고, 해외 대학 진학 관련 분야에서 가장 신뢰할 수 있는 사람 중의 한 분입니다. 이 분의 글을 제 책에 실을 수 있게 되어 기쁘고 개인적으로 영광스럽게 생각합니다.

또 하나는 실제 국제학교에서 근무한 경험이 있는 미국 교장 선생님의 글입니다. 국제학교에 근무하면서 미국 교장 선생님과 학부모님들 사이에 문화와 생각의 차이가 있는 경우를 많이 보아왔기 때문에, 미국 교장 선생님들의 생각을 한국 학부모님들이 조금이나마 엿볼 수 있다면 국제학교의 운영 시스템을 이해하는 데 큰 도움이 될 거라 생각했습니다. 그래서 세모국에 익명의 국제학교 교장 선생님으로 많은 글을 남겨주신 저의 오랜 동료 Graham Salzer 교장 선생님의 글을 함께 싣게 되었습니다. Graham Salzer 교장 선생님은 지난 7년간 세 곳의 국제학교에서 교장을 역임하였고, 함께 근무했던 수많은 미국 교장 선생님 중에서도 제가 가장 신뢰하는 훌륭한 분입니다. 이 글을 읽으시는 분들도 그분의 글에서 공감과 신뢰를 느끼실 수 있으리라 생각합니다.

이 두 전문가의 글들이 제가 다 다루지 못한 부분을 보완해주심은 물론 이 책을 더욱 풍성하고 알차게 해주셨습니다. 머리 숙여 감사드립니다.

이 책은 앞에서 말씀 드렸듯이 인터넷에 올린 글들을 책으로 출판하게 되어 많은 윤문 과정을 거쳤고, 책의 특성상 사진자료, 동영상자료, 링크자료들을 올릴 수 없는 등 아쉬운 부분도 있었습니다. 책을 모두 보신 후에 좀 더 필요한 부분이 있다면 언제든 네이버 카페 '세상의 모든 국제학교'를 방문하여 관련 정보를 검색해보시거나 질문을 올려주시기 바랍니다.

이 책을 출판하는 데 많은 도움을 주신 도서출판 씨아이알과 미국 STEM 교육 전문 재단 American STEM Education의 Dr. David Flannery 재단 이사장님 그리고 현재 좋은 학교를 만들기 위해 함께 노력하고 있는 광교 American STEM Prep(ASP) 국제학교의 교직원 여러분께도 깊은 감사의 말씀을 전하고 싶습니다.

무엇보다 지난 13년 동안 저와 함께 했던 학생들과 학부모님들 그리고 이 글을 쓰는 데 많은 힘이 되어주신 네이버 카페 '세상의 모든 국제학교'의 회원님들이 아니었다면 이 책은 존재할 수 없었을 것이라 생각합니다. 진심으로 감사드립니다.

마지막으로 제게 학부모의 입장을 100% 이해하도록 언제나 도움을 주는 저의 아내와 아들 그리고 저에겐 언제나 최고의 어머니이신 조영진 여사님께도 깊은 사랑과 감사의 마음을 전합니다.

학교 선택은 학생의 미래와 직결되며 학생의 소중한 시간은 되돌릴 수 없습니다. 그렇기 때문에 '국제학교'를 선택하기 전에 많은 공부가 필요하며, 재학 중에도 지속적으로 학교 시스템과 관련 정보에 대해서 관심을 가져야 합니다. 부디 이 책을 통해서 국제학교를 준비하는 또는 이미 국제학교에 재학 중인 학생과 학부모님들이 성공적인 미래를 준비하는 데 작게나마 도움이 될 수 있기를 희망합니다.

2019년 5월

영원한 루크 쌤 **이원중** 드림

Contents

제1부
국제학교 준비하기

1장
국제학교 지원의 필수 체크 항목, 학력인증

　자녀를 국제학교에 보내고자 할 때 가장 궁금하고 반드시 확인해야 할 내용이 바로 학력인증입니다.

　지난 10여 년간 미국계 국제학교를 여러 곳 오픈하고 운영하는 일을 했던 제게도 사실 이 문제는 명쾌하지 않고 혼란스러운 문제였습니다. 교육 경력이 30년이 넘은 미국 교장 선생님들께 여쭤봐도, 큰 재단의 이사장님께 여쭤봐도 모두 대답이 애매하고 명확한 기준이 없었습니다. 여기에서는 현장에서 만난 분들의 의견과 제가 실제로 찾아낸 내용들을 토대로 학력인증의 모든 것을 알려드리고자 합니다.

1. 학력인증은 무엇이고 어떻게 생겨났을까?

　학력인증은 무엇인가? 학부모님들께서 가장 많이 묻는 질문입니다. 이 질문이 나오게 된 배경 지식부터 알아봐야 하는데요. 한국에 있는 공립, 사립학교들은 이런 질문 자체가 필요가 없습니다. 왜냐하면 한국은 교육부가 모든 학교를 관리하기 때문이지요. 교육부에서 인가받으면 '학교'가 되는 거고, 그렇지 않은 곳은 '학교'가 아닌 것이 되는 단순한 그림입니다. 즉 한국의 학교는 정부(교육부)에서 인가를 받느냐 안 받느냐가 가장 중요합니다. 인가를 받은 학교는 정식학력을 인정받아 상위 학교로 진학하는 데 아무 문제가 없고, 그렇지 않은 학교는 불법적으로 운영하는 대안학교 또는 미인가학교가 되는 거지요. 이 '인가'라는 프로세스 안에, 학교가 학교로서의 자격을 갖추었나에 대한 평가도 함께 수반됩니다. 예를 들면 선생님들이 자격증은 있는지, 학교 부지는 있는지, 재무적으로 건전한지, 시설은 모두 갖추어져 있는지 등의 기준을 평가하지요.

하지만 미국에 있는 학교들은 이야기가 조금 달라집니다. 미국은 각 주 정부의 자치권을 상당히 존중하는 시스템을 갖고 있기 때문에, 애초에 중앙정부의 한 가지 기준을 모든 주에 적용하는 것이 쉽지 않습니다. 교육 부문도 마찬가지입니다. 학교 설립이나 학교의 설립허가에 대하여도 하나의 기준만 적용하지 않고 여러 가지 방법으로 학교가 설립될 수 있으며, 학교 운영에 대해서도 여러 가지 기준이 적용됩니다.

그렇다면 학교가 제대로 운영되는지를 어떻게 판단할까요? 이러한 판단 또는 평가를 위해서 학력인증기관이라는 개별 집단들이 생기게 되었습니다. 예를 들어 설명해보겠습니다.

미네소타주 램지카운티에 은퇴한 다섯 분의 교장 선생님들의 모임이 있습니다. 은퇴해서 적적하게 지내고 있다가 어느 날 옆 동네에 ABC 고등학교가 생겼다는 이야기를 듣게 됩니다. 그 학교가 제대로 운영되고 있을까? 하는 생각이 든 교장 선생님들은 그 학교에 찾아가서 학교가 잘 운영되는지 '감사'와 '평가'를 해주겠다고 합니다. 그 학교에서는 저희가 왜 그걸 받아야 하죠?라고 물으니 이 교장 선생님들이 이야기합니다. '우리에게 감사받아서 좋은 평가를 받으면, 너희는 학부모에게도 신뢰를 줄 수 있고, 또 너희 학생들이 대학교에 진학할 때 미네소타주 램지카운티 교장단에게 인증받은 학교라고 하면 학교 신뢰도에서 더 좋은 평가를 받지 않겠어?'라고요.

학교도 듣고 보니, 나쁘지 않은 제안 같습니다. 그래서 학교는 교장 선생님단에게 '감사'를 받고, 통과해서 '램지카운티 교장단'의 학력인증서를 받게 됩니다. 그 인증서를 학생들이 대학에 졸업할 때 학교 프로필과 함께 제출하게 되고, 대학교에서는 학생의 학력을 조금 더 신뢰할 수 있는 근거가 됩니다. 많이 단순화하여 설명했지만, 이것이 바로 학력인증의 시초라고 보면 됩니다.

2. 학력인증기관의 성격과 종류

현재 미국 전역에는 여러 학력인증기관이 있습니다. 학교의 성격에 따라서 크리스천스쿨 학력인증위원회, 특정 지역 학력인증위원회, 특정 분야 학력인증위원회 등등 크고 작은 학력인증기관이 수도 없이 많습니다. 학력인증을 하는 학교가 많고 인증하는 전문인력이 많아지면 당연히 시장을 선점하는 것이 유리해지기 때문에, 각 지역에 대표적인 학력인증기관들이 점차 합병하면서 그 몸집을 불리게 됩니다.

그러면서 미국의 지역을 기준으로 규모가 큰 대표학력인증기관이 6~7개 정도 생기게 되었습니다. 이곳들이 학부모님들이 한 번쯤 들어보셨을 서부 학력인증위원회-WASC(Western Association of Schools and Colleges), 북중부 학력인증위원회-NCA(North Central Association of Colleges and Schools), 북서부 학력인증위원회-NWCCU(Northwest Commission on Colleges and Universities)입니다.

* 자세한 리스트는 링크 글을 참조해주세요. http://cafe.naver.com/superschools/1227

이렇게 큰 인증기관들이 생기자, 미국 중앙정부 교육부는 이런 결정을 내리게 됩니다. 교육의 신뢰성에 대해서 정부가 아예 관여를 안 하기보다는 역사도 깊고 어느 정도 인증된 기관들이 Higher Education(대학 레벨)을 인증하는 것 정도는 국가에서 공인하고, 해당 인증기관 리스트를 미국 중앙정부 교육부에 게시하였습니다. 즉 이 7개의 대표적인 사립 인증기관이 미국 교육부에서 인정하는 대학교 인증기관이 된 것입니다.

그러니 미국 대학을 이야기할 때, '본 대학은 미국 교육부가 인정한 인증기관에게 인증받은 교육기관이다'라는 말은 가능한 말입니다. 하지만 미국 교육부는 초·중·고등학교를 인증하는 기관은 정부 교육부 홈페이지에 정식으로 리스트를 올리지 않고 있습니다. 즉 미국 교육부가 인가한 초·중·고등학교라는 말은 옳지 않은 말이라는 뜻입니다.

미국 교육부에서 정식으로 초·중·고등학교 학력인증기관을 게시하지 않는 이유는 그 숫자가 너무 많기도 하고, 각 주마다 기준이 너무 다르기 때문에 어디가 옳고 어디가 틀리다고 판단하기가 쉽지 않기 때문입니다.

가장 대표적인 인증기관이 우리나라 학부모님께 가장 잘 알려진 WASC입니다. WASC가 한국에서 가장 잘 알려진 이유는, WASC가 담당하는 학력인증 지역이 동아시아를 포함하기 때문이기도 하고, 동시에 WASC가 관할하는 미국 캘리포니아주에 아시아 교민이 많이 살아서 그런 것 같기도 합니다. 한국에서 유학을 보내려는 학부모가 미국에 있는 지인에게 국제학교 학력인증을 하는 가장 유명한 곳이 어디인가요? 하고 물어보면 아마도 본인 자녀가 다니는 학교를 인증하고 있는 캘리포니아의 학력을 인증하는, 서부 학력인증기관(WASC)이라는 답을 해줄 가능성이 가장 많았을 겁니다.

이런 이유로 WASC라는 재단이 학력인증기관 중에서 가장 빠르게 성장하게 되었고, 이에 위기를 느낀 나머지 미국 지역 학력인증 기관 중에 4개의 집단이 합병하여 통합 운영을 하게 됩니다. 그래서 만들어진 곳이 AdvancED라는 학력인증기관입니다. 이 기관은 현재 세계적으로 36,000개의 학교를 인증하고 있어서 가장 큰 규모를 자랑하고 있습니다.

물론 위의 대표 인증기관 이외에도 기존의 인증기관과 새로운 인증기관 등이 생기면서 새로 생기는 학교들을 인증하는 시장을 형성하고 있습니다.

학력인증기관에 대한 더 자세한 정보는 다음에 링크된 글들을 읽어보기 바랍니다.

Educational accreditation	http://cafe.naver.com/superschools/1226
Regional accreditation	http://cafe.naver.com/superschools/1227
WASC	http://cafe.naver.com/superschools/1228
AdvancED	http://cafe.naver.com/superschools/1229

3. 학력인증기관이 하는 일과 학력인증의 필요성

학력인증기관은 학교를 방문해서 학교가 제대로 된 교육을 제공할 수 있는 여건을 갖추었는지 '감사'를 하는 기관입니다. 학력인증기관의 기준은 각 인증기관마다 다른데, 역사가 깊고 공신력을 이미 얻은 곳의 학력인증 기준은 상당히 까다롭습니다. 예를 들면, 학력인증을 신청하려면 학교 설립 후 일정 기간이 지나야 한다는 조건 (일반적으로 2년 반)이나 교사들의 자격증 소지 여부, 학교의 부지, 시설, 재무 선선성 등 전반적인 학교의 운영에 차질이 없는지, 제대로 된 교육을 제공할 수 있는 준비가 되어 있는지에 대해서 평가를 하고 인증을 해주기 때문에 그 절차가 결코 쉽지 않습니다. 반면에 어떤 학력인증기관은 그 기준이 느슨합니다. 극단적인 경우에는 그냥 돈만 내면 학력인증을 해주는 곳도 있습니다. 그렇기 때문에 학교가 어떤 학력인증기관의 인증을 받았느냐는 굉장히 중요한 고려 요소입니다. 그러면 학력인증은 왜 필요할까요? 예를 들어보겠습니다.

학생 A와 B가 있습니다. 둘 다 이번에 미국 대학교에 지원을 합니다. A는 방글라데시에 있는 세모세모 국제학교를 졸업하였고, GPA는 4.0 만점을 받았습니다. B는 보스턴에 있는 150년 된 명문 보딩스쿨을 졸업하고 GPA는 3.3을 받았습니다. 두 학생의 토플, SAT, 에세이, 클럽활동 등의 요소들이 동일하다고 가정을 할 때 미국 대학교에서는 어떤 학생을 더 높이 평가할까요? 아마도 입학사정관은 이런 생각이 들 겁니다. 응? 방글라데시에 있는 세모세모 국제학교? 처음 듣는 학교인데, 이 학교에서 4.0을 받았어? 이거 조작해서 받은 거 아니야? 반면, 보스턴에 있는 보딩스쿨은 각 대학의 입학사정관들이 이미 다 아는 학교이고, 그 학교를 졸업한 학생이 어느 수준의 학생인지도 지난 졸업생들을 통해 이미 알고 있기 때문에, 학생의 능력을 판단하기가 훨씬 수월합니다. 그래서 보스턴의 명문 보딩스쿨을 나온 학생이 아마도 대학입시에 더 유리하겠지요. 하지만 방글라데시에 있는 세모세모 국제학교가 AdvancED나 WASC의 인증을 받았다면 이야기가 조금 달라집니다. 대학 입학사정관이 세모세모 국제학교는 들어보지 못했지만, AdvancED는 알고 있기 때문이지요. 아, 내가 처음 들어보는 학교지만 공신력 있는 학력인증 기관에서 인증을 받은 정도의 학교라면, 어느 정도 믿어도 되는 학교라고 말이지요. 이것이 바로 학력인증의 존재 이유입니다.

4. 학력인증 FAQs

여기서는 현장에서 부모님들이 가장 많이 하시는 학력인증 관련 질문과 그에 대한 답을 통해 학력인증에 대한 이해를 높여드리고자 합니다.

이 학교는 학력인증을 받은 학교인가요?

부모님들이 가장 많이 하는 질문 중의 하나입니다. 하지만 이 질문은 상당히 위험한 질문입니다. 왜냐하면 중요한 것은 학교가 학력인증을 받았느냐가 아니라, 얼마나 신뢰성이 있는 곳에서 학력인증을 받았느냐가 중요하기 때문입니다. 앞서 말씀드린 AdvancED, WASC 같은 곳의 학력인증 기준은 상당히 까다롭습니다. 학교가 설립된 지 일정 기간(대략 2년 반~6년)이 지나야 학력인증을 신청할 수 있고, 수많은 기준을 통과해야만 학력인증을 받을 수 있습니다. 그렇기 때문에 미국 대학에서 어떤 고등학교를 졸업한 학생의 지원서를 받아 보았을 때, 그 학교가 신뢰가 가는 인증기관의 인증을 받았다면, 학생이 졸업한 고등학교에서 받은 GPA의 신뢰도가 올라갑니다. 하지만 졸업한 학교가 듣도 보도 못한 곳에서 학력인증을 받았다면 어떨까요? 당연히 공신력이 떨어지겠지요. 따라서 부모님들은 앞으로 '이 학교는 인증받은 학교인가요?'라는 질문 대신 '이 학교는 어느 인증기관에서 인증을 받았나요?'라고 물어보셔야 합니다.

학력인증이 되지 않은 학교를 졸업하면 대학교에 갈 수 없나요?

80프로는 맞고 20프로 정도는 틀린 말입니다. 예전에는 학력인증의 중요성이 좀 덜 했는데, 시간이 지날수록 그 중요도가 점점 중요해지고 있는 추세입니다. 즉 학력인증을 받지 않은 고등학교를 나오면 입학 시 불리하게 적용될 수도 있습니다. 대부분의 대학이 학생이 불합격하는 정확한 이유를 공개하지 않아서 이 부분에 대해서 정확히 말씀드리기는 힘들지만, 분명히 대학입시에 영향은 있다고 생각합니다. 하지만 학력인증을 받지 않은 학교를 졸업했다고 또는 홈스쿨링을 했다고 대학에 가지 못한다는 것도 사실이 아닙니다. 학생이 훌륭하고 학업을 따라갈 수 있는 역량을 갖추고 있다는 것을 토플, SAT, AP 등의 공인 성적과 에세이 등을 통해 증명한다면 학력인증이 없는 고등학교를 졸업해도 대학에 가는 데 문제가 없는 경우도 많습니다. 학력인증을 받지 못한 고등학교를 나오더라도 해당 지역 학교의 교장이나 선생님 등이 학생이 어떤 공부를 어떻게 했느냐에 대해서 잘 설명을 하면 받아들여지는 경우도 있고, 외부 학력인증기관을 통해서 개인적으로 학력인증을 받는 방법도 있습니다. 특히나 중, 하위권 대학들은 학력인증 여부에 대해 상당히 관대합니다. 해외 대학들도 학생을 유치하려는 경쟁이 상당히 치열한데, 단지 학력인증 여부 때문에 공인 성적 등으로 능력을 인정받은 학생을 받지 않은 경우는 흔치 않습니다.

A Level, IB 학교는 학력인증이 필요 없나요?

A Level, IB는 유럽계 국제학교(특히 영국)에서 많이 사용되는 커리큘럼입니다. 반면, 대다수의 잘 알려진 학력인증기관들은 미국에서 시작되었기에 미국 커리큘럼(AP 커리큘럼)에 대한 평가로부터 시작되었습니다. 그렇기 때문에 A Level이나 IB를 채용한 영국식 국제학교들은 굳이 미국 학력인증기관의 평가를 받아야 할 필요성을 못 느끼는 경우도 있습니다. 추가로 A Level이나 IB 프로그램 같은 경우에는 미국식 커리큘럼인 AP 프로그램보다 일반적으로 운영비용도

비싸고, 상대적으로 좀 더 엄격한 커리큘럼 운영을 요구받기 때문에, 이러한 프로그램들을 운영하는 학교의 신뢰도는 비교적 더 높다고도 볼 수 있습니다.

영국의 대학들은 유럽에서 시작된 A Level, IB 프로그램에 대한 신뢰도가 높고, 미국 대학들은 미국의 학력인증기관들에 대한 신뢰도가 높습니다. 그렇기 때문에 A Level, IB 프로그램을 운영하는 국제학교에서 영국 쪽으로 대학 진학을 생각하는 학생이 대다수라면 굳이 미국 학력인증기관의 인증에 대한 필요성이 높지 않을 수도 있는 반면, A Level, IB 프로그램을 운영하는 학교라도 학생 대다수가 미국 대학을 목표로 하고 있다면, 미국 학력인증기관에 대한 필요성이 더 커질 것입니다.

하지만 학력인증에 대한 국제적으로 통일된 기준이 존재하지 않고, 각 대학마다 입학사정 기준이 모두 다르기 때문에 학력인증에 있어서 절대적인 기준은 존재하지 않습니다. 다만 학력인증이 커리큘럼에 대한 평가만은 아니고, 학교의 신뢰성에 도움이 되는 프로세스이기 때문에 세계적인 추세는 많은 국제학교가 학력인증을 받는 추세입니다.

저희 아이가 다니는 학교는 미국의 명문 보딩스쿨인데 학력인증을 받지 않았는데 괜찮을까요?

학력인증이 절대적인 기준은 아니라는 말씀을 드리고 싶습니다. 하지만 학력인증기관에 근무하는 분에게 자문을 구한 바에 의하면, 예전에는 미국의 명문 보딩스쿨들이 학력인증을 받지 않는 경우도 꽤 있었지만 학력인증기관에 가입된 학교들 숫자가 점차 많아지면서 지금은 대다수의 학교들이 학력인증을 받고 있는 추세입니다.

저희 아이의 학교는 본교가 미국에 있는 분교입니다. 이 학교의 미국 본교가 학력인증을 받았는데 저희 아이가 다니는 학교도 받은 것이 되나요? 또는 큰 재단에 속한 학교인데 학력인증이 된 거죠?

대부분의 학력인증기관은 그룹 학력인증을 인정하지 않습니다. 즉 미국에 있는 본교가 학력인증을 받았다고 해도 그것이 분교들까지 적용되지 않는다는 뜻입니다. 커리큘럼은 같을지 몰라도 시설이나 선생님 수준 등 여러 면에서 차이가 있을 수 있기 때문입니다. 그래서 분교들도 따로 학력인증을 받아야 합니다. 학교가 큰 재단에 속해 있다는 것은 그 재단에서 학교의 퀄리티를 책임진다는 의미이긴 하지만, 큰 재단은 학력인증기관이 아니기 때문에 학력인증과는 아무 상관이 없습니다. 다만, 잘 알려진 재단에 속한 학교라면, 대학입시를 하는 데 있어서 이미 인지도가 있기 때문에 좀 유리할 수는 있습니다. 일례로 미국 큰 재단에 속한 분교들 중 일부는, 오픈하고 아직 학력인증을 받을 수 없었던 기간이었는데도 불구하고, 많은 졸업생이 미국 유수의 대학에 합격하는 데 별 문제가 없었던 경우도 있었습니다.

저희 국제학교는 미국 교육부에서 인가받은 학교입니다!

종종 학교 설명회 또는 유학원에서 소위 경력 많은 교육 전문가라는 사람이 특정 학교에 대해 설명을 할 때 미국 교육부 인가 운운하는 것을 들은 적이 있습니다. 결론부터 말씀드리면 이런 표현은 '잘못된' 표현입니다. 앞에서 말씀 드렸듯이 미국 교육부에서 리스트 해놓은 학력인증기관은 Higher Education(대학 레벨)을 인증하는 기관이라고 명시되어 있습니다. 미국 교육부에서 인정하는 인증기관들이 인증하는 학교들은 대학교 레벨만 가능하다는 것을 유의해주시기 바랍니다.

학력인증과 관련해 저의 의견을 종합해보면 다음과 같습니다.

① 미국 교육부에서 대학 인증기관으로 인정한 다음 6개의 학력인증기관은 일반적으로 신뢰할 수 있다.

Regional Accreditors

- Middle States Commission on Higher Education(MSCHE)
- New England Association of Schools and Colleges(NEASC)
- Higher Learning Commission(HLC)
- Northwest Commission on Colleges and Universities(NWCCU)
- Southern Association of Colleges and Schools(SACS CASI)
- Western Association of Schools and Colleges(WASC)

② 다음의 연합 인증기관 리스트도 신뢰할 수 있다.

AdvancED

- North Central Association of Colleges and Schools(NCA CASI)
- Southern Association of Colleges and Schools(SACS CASI)
- Northwest Accreditation Commission(NWAC)

CAIS/CISI

- Canadian Accredited Independent Schools
- Canadian International Standard Institutes

CIS

- Council of International Schools

③ 다음 리스트는 그 어느 곳에도 등록되지 않은 가짜 인증기관일 확률이 높다.

Fake College Accreditation Agencies

- American Association for Adult and Continuing Education(AAACE)
- American Association for Higher Education and Accreditation (AAHEA)
- Accreditation Council for Distance Education(ACTDE)
- Accreditation Council for Online Academia(ACOHE)
- Accreditation Panel for Online Colleges and Universities(APTEC)
- Accrediting Commission International(ACI)
- American Accrediting Association of Theological Institutions
- American Council of Private Colleges and Universities
- American Association of Drugless Practitioners(ADP)
- Association of Accredited Bible Schools
- Association of Distance Learning Programs(ADLP)
- Association of Private Colleges and Universities
- Association for Online Academic Accreditation
- Association for Online Excellence
- Association for Online Academic Excellence{{ad19}}
- Board of Online Universities Accreditation(BOUA)
- Central American Council of Accreditation(CACA)
- Council for Distance Education
- Council of Online Higher Education
- Central States Consortium of Colleges & Schools
- Distance and Online Universities Accreditation Council(DOUAC)
- Distance Learning International Accreditation Association(DEIAA)

- Distance Learning Quality Assurance Agency(DLQAA)
- European Accreditation Board of Higher Education(EABHE)
- Global Accreditation Bureau(GAB)
- Global Accredited Council for Business Association(GACBA)
- Global Accreditation Council for Business Education(GACBE)
- Global Accreditation Commission for Distance Education(GACDE)
- Global Accreditation Council for Online Academia
- International Commission for Higher Education
- International Accreditation Agency for Online Universities(IAAOU)
- International Accreditation Association for Online Education (IAAFOE)
- International Accreditation Commission(IAC)
- International Association Council of Engineering Professionals (IACEP)
- International Accreditation Commission for Online Universities (IACOU) (Kingston)
- International Accreditation Commission for Online Educational Institutions(IACOEI)
- International Accreditation Organization(IAO)
- International Council on Education(ICE)
- International Education Ministry Accreditation Association
- International Higher Learning Commission
- International Online Education Accrediting Board(IOEAB)
- North American Distance Learning Association(NADLA)
- National Academy of Higher Education
- National Accreditation and Certification Board(NACB)

- National Board of Education(NBOE)
- National College Accreditation Council(NCAC)
- National Commission of Accredited Schools(NCAS)
- National Distance Learning Accreditation Council(NDLAC)
- New Millennium Accrediting Partnership for Educators Worldwide
- Organization for Online Learning Accreditation(OKOLA)
- Transworld Accrediting Commission Intl.(TAC)
- United Christian College Accreditation Association(UCCAA) (Divine Heart)
- United Nations Council
- United States Distance Education & Training Council of Nevada (NOTE: A similarly titled agency, the Distance Education & Training Council (DETC), of Washington, D.C., is a VALID and RECOGNIZED online learning accreditation agency.)
- Universal Accreditation Council(UAC)
- Universal Council for Online Education Accreditation(UCOEA)
- World Association for Online Education(WAOE)**
- World Association of Universities and Colleges(WAUC)
- World Online Education Accrediting Commission(WOEAC)
- World-Wide Accreditation Commission of Christian Educational Institutions (WWAC)
- Worldwide Higher Education Accreditation Society(WHEAS)

* 출처: https://www.geteducated.com/college-degree-mills/204-fake-agencies-for-college-accreditation.

[책 속의 책]

학력인증기관 AdvacnED, WASC에 등록된 학교 검색법

[AdvancED 학력인증 학교들 검색하는 링크]

http://www.advanc-ed.org/oasis2/u/par/search

[WASC 학력인증 학교들 검색하는 링크]

http://directory.acswasc.org/

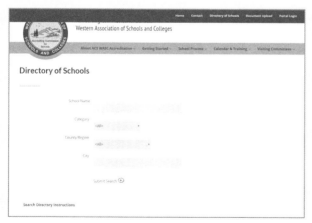

등록된 학교의 정식 이름과 알고 있는 이름이 다를 수도 있고, 영문 철자를 틀릴 수도 있으니, 그냥 'Country'에서 학교가 있는 국가를 선택하고 리스트를 살펴보는 것이 더 빠를 수도 있습니다. 참고로 WASC에서 한국은 EAST ASIA 쪽에서 검색할 수 있습니다.

[책 속의 책]

한국 교육부 인가 국내 외국 교육기관 리스트

* 출처: '외국 교육기관 및 외국인학교 종합안내', 교육부 https://www.isi.go.kr/

[서울]

외국인학교/외국인유치원

- 한국외국인학교 – 서울캠퍼스(강남구)
- 한국켄트외국인학교(광진구)
- 아시아퍼시픽국제외국인학교(노원구)
- 서울외국인학교(서대문구)
- 코리아외국인학교(서초구)
- 지구촌기독외국인학교(용산구)
- 서울용산국제학교(용산구)
- 프란치스코외국인유치원(용산구)
- 남산국제유치원(중구)
- 한국영등포화교소학교(영등포구)
- 한국한성화교중고등학교(서대문구)
- 한국한성화교소학교(중구)
- 서울프랑스학교(서초구)
- 하비에르국제학교(종로구)
- 서울일본인학교(마포구)
- 서울독일학교(용산구)
- 재한몽골학교(광진구)
- 덜위치칼리지서울영국학교(서초구)
- 서울드와이트외국인학교(마포구)

[경기]

외국인학교

- 한국외국인학교(판교)
- 서울국제학교(성남)
- 경기수원외국인학교(수원)
- 수원화교중정소학교(수원)
- 국제크리스천학교(의정부)
- 평택크리스천외국인학교(평택)
- 의정부화교소학교(의정부)

[전국]

외국인학교

- 부산국제외국인학교(부산 기장군)
- 부산외국인학교(부산 해운대구)
- 부산화교중·고등학교(부산 남구)
- 부산화교소학교(부산 동구)
- 부산일본인학교(부산 수영구)
- 한국대구화교중고등학교(대구 남구)
- 한국대구화교초등학교(대구 중구)
- 한국인천화교소, 중산중·고등학교(인천 중구)
- 광주외국인학교(광주 북구)
- 대전외국인학교(대전 유성구)
- 현대외국인학교(울산 동구)
- 원주화교소학교(강원 원주)
- 군산화교소학교(전북 군산)
- 경남국제외국인학교(경남 사천)

- 거제국제외국인학교(경남 거제)
- 청라달튼외국인학교(인천 서구)

외국 교육기관
- 대구국제학교(대구 동구)
- 채드윅송도국제학교(인천 연수구)
- 한국조지메이슨대학교 송도캠퍼스(인천 연수구)
- 유타대학교 아시아캠퍼스(인천 연수구)
- 한국뉴욕주립대학교(인천 연수구)
- 겐트대학교 글로벌캠퍼스(인천 연수구)
- FAU대학교 부산캠퍼스(부산 강서구)

제주국제학교
- KIS Jeju(서귀포시 대정읍 구억리)
- NLCS Jeju(서귀포시 대정읍 구억리)
- BHA(Branksome Hall Asia)(서귀포시 대정읍 구억리)
- SJB(Saint Johnsbury Academy)(서귀포시 대정읍 구억리)

참고로 외국인학교는 국내 학력이 인증되지 않으므로 만약 학생이 국내 대학으로 진학하려면 검정고시를 치러야 합니다. 하지만 제주도에 설립된 한국국제학교 제주, NLCS 제주, 브랭섬홀아시아, 세인트존스베리 아카데미는 교육부에서 요구하는 국어/국사 수업의 수강조건을 충족하면 한국 학력을 인정받을 수 있습니다. 마찬가지로 송도에 위치한 채드윅송도국제학교, 대구에 위치한 대구국제학교도 국어/국사 수업을 들으면 한국 학력을 인정받을 수 있습니다.

한국 교육부 인가 재외 한국학교 리스트

예전에는 학생이 재학 중인 학교가 위치한 국가의 한국 영사관에서 해당 국제학교의 성적표를 공증(아포스티유 공증)받아 한국학교에 제출하면 해외학교 학력을 인증해주는 경우가 대부분이었지만, 요즘은 교육부에서 해외에 위치한 학교들의 리스트를 주기적으로 업데이트해서 배포하고 있습니다. 많은 분이 이미 아는 내용이겠지만, 학교 선택을 앞두고 있는 분들은 해당 학교가 이 리스트에 있는지 확인해보아야 합니다.

한 가지 주의할 점은 한국 교육부가 해외에 모든 학교를 다 파악하고 있지 않기 때문에, 이 리스트에 해당 학교가 없다 해서 그 학교가 학교로 인정받는 곳이 아니라는 뜻은 아닙니다. 교육부 역시 계속 업데이트하고 있으니 수시로 확인하셔야 합니다.

* 출처: 한국 교육부 홈페이지(2018. 9. 13. 업데이트)
　　http://www.moe.go.kr/boardCnts/view.do?boardID=316&boardSeq=75289&lev=0
　　&searchType=null&statusYN=W&page=1&s=moe&m=0302&opType=N

한국 학력을 인정해주는 해외의 한국학교 리스트는 다음과 같습니다.

재외 한국학교 기본 현황

(단위: 명, 학급)

학교명	대한민국 정부 인가일	학생 수(학급 수)					전임 교원 수						
		유	초	중	고	계	유	초	중	고	교장	교감	계
동경 한국학교	'62.03.16.	–	720 (18)	360 (9)	343 (11)	1,423 (38)	–	37	14	14	1	2	68
교토 국제학교	'61.05.11.	–	–	28 (3)	126 (6)	154 (9)	–	–	7	16	1	1	25
오사카 금강학교	'61.02.24.	90 (6)	44 (3)	69 (6)	203 (15)		–	12	7	13	1	2	35

학교명	대한민국 정부 인가일	학생 수(학급 수)					전임 교원 수						
		유	초	중	고	계	유	초	중	고	교장	교감	계
건국 한국학교	'76.10.01	33 (4)	148 (7)	98 (6)	168 (6)	447 (23)	5	11	17	15	1	3	52
소계(4개교)		33 (4)	958 (31)	530 (21)	706 (29)	2,227 (85)	5	60	45	58	4	8	180
북경 한국국제학교	'98.08.26.	56 (3)	389 (15)	217 (8)	282 (11)	944 (37)	5	33	21	31	1	2	93
천진 한국국제학교	'01.03.05.	121 (6)	316 (12)	177 (7)	207 (10)	821 (35)	17	31	20	24	1	2	95
상해 한국학교	'99.07.06.	–	524 (22)	241 (10)	426 (17)	1,191 (49)	–	51	28	48	1	1	129
무석 한국학교	'08.03.01.	61 (3)	161 (8)	123 (6)	159 (6)	504 (23)	4	13	18	18	1	–	54
소주 한국학교	'13.02.22.	16 (1)	119 (7)	71 (6)	108 (6)	314 (20)	1	9	7	11	1	–	29
홍콩 한국국제학교	'88.03.01.	21 (2)	63 (6)	13 (3)	36 (3)	133 (14)	4	12	6	7	1	–	30
연대 한국학교	'02.07.12.	–	186 (8)	126 (6)	187 (8)	499 (22)	–	17	14	16	1	1	49
칭다오청운 한국학교	'06.05.30.	70 (5)	331 (12)	166 (7)	207 (9)	774 (33)	7	22	19	18	1	1	68
대련 한국국제학교	'03.12.23.	11 (1)	88 (6)	53 (3)	94 (5)	246 (15)	2	14	11	12	1	–	40
선양 한국국제학교	'06.07.26.	23 (3)	55 (6)	46 (3)	65 (3)	189 (15)	6	12	7	7	1	–	33
연변 한국국제학교	'98.02.19.	–	48 (6)	37 (3)	37 (3)	122 (12)	–	8	6	7	1	–	22
광저우 한국학교	'14.02.07.	–	93 (6)	51 (3)	92 (6)	236 (15)	–	13	8	13	1	–	35
웨이하이 한국학교	'17.10.24.	–	77 (6)	51 (3)	41 (3)	169 (12)	–	9	6	6	1	–	22
소계(13개교)		379 (24)	2,450 (120)	1,372 (68)	1,941 (90)	6,142 (302)	46	244	171	218	13	7	699
타이뻬이 한국학교	'61.10.01.	18 (1)	37 (6)	–	–	55 (7)	1	4	–	–	1	–	6
까오슝 한국국제학교	'61.01.28.	15 (2)	41 (5)	–	–	56 (7)	2	5	–	–	1	–	8
소계(2개교)		33 (3)	78 (11)	–	–	111 (14)	3	9	0	0	2	0	14

학교명	대한민국 정부 인가일	학생 수(학급 수)					전임 교원 수						
		유	초	중	고	계	유	초	중	고	교장	교감	계
하노이 한국국제학교	'06.03.21.	–	995 (30)	389 (11)	361 (11)	1745 (52)	–	38	19	20	1	2	80
호치민시 한국국제학교	'98.08.04.	41 (2)	935 (26)	443 (13)	447 (14)	1866 (55)	2	33	24	27	1	2	89
소계(2개교)		41 (2)	1,930 (56)	832 (24)	808 (25)	3,611 (107)	2	71	43	47	2	4	169
젯다 한국학교	'76.09.18.	–	7 (4)	–	–	7 (4)	–	1	–	–	1	–	2
리야드 한국학교	'79.04.24.	2 (1)	24 (3)	–	–	26 (4)	1	3	–	–	1	–	5
소계(2개교)		2 (1)	31 (7)	–	–	33 (8)	1	4	0	0	2	0	7
자카르타 한국국제학교	'77.04.25.	–	260 (13)	133 (7)	250 (12)	643 (32)	–	27	19	19	1	2	68
싱가포르 한국국제학교	'93.02.17.	62 (4)	265 (11)	49 (3)	87 (3)	463 (21)	6	26	11	13	1	1	58
방콕 한국국제학교	'02.02.18.	–	32 (6)	21 (3)	30 (3)	83 (12)	–	11	3	6	1	–	21
필리핀 한국국제학교	'05.07.11.	11 (1)	75 (6)	43 (3)	55 (3)	184 (13)	2	13	10	5	1	–	31
파라과이 한국학교	'92.03.01.	55 (3)	50 (6)	–	–	105 (9)	3	6	–	–	1	–	10
아르헨티나 한국학교	'95.01.23.	93 (7)	116 (7)	–	–	209 (14)	22	19	–	–	1	–	42
모스크바 한국학교	'92.02.14.	32 (3)	66 (6)	–	–	98 (9)	3	6	–	–	1	–	10
테헤란 한국학교	'76.04.30.	–	17 (3)	–	–	17 (3)	–	3	–	–	1	–	4
카이로 한국학교	'80.04.15.	–	26 (5)	–	–	26 (5)	–	5	–	–	1	–	6
말레이시아 한국국제학교	'12.12.28.	14 (2)	31 (6)	–	–	45 (8)	2	6	–	–	1	–	9
소계 (10개교)		267 (20)	938 (69)	246 (16)	422 (21)	1,873 (126)	38	122	43	43	10	3	259
합계 (15개국, 33개교)		755 (54)	6,385 (294)	2,980 (129)	3,877 (165)	13,997 (642)	95	510	302	366	33	22	1,328

* 출처: 교육부, 재외 한국학교 기본 현황(2018. 4. 1. 기준)

5. 또 다른 국제학교 검증 방법 - 칼리지보드의 CEEB코드

국제학교에 중·고등학생 자녀를 보내고 있는 부모님들은 한 번쯤은 CEEB코드라는 걸 들어봤을지도 모르겠습니다. SAT 시험을 주관하는 College Board(칼리지보드)에서 만든 코드인 CEEB코드는 무엇인지, 왜 필요한지, 발급 조건은 무엇인지 그리고 마지막으로 우리 아이가 다니는 학교는 CEEB코드를 받은 학교인지를 알아보는 방법까지 또 다른 학교검증 방법의 하나인 CEEB코드에 대해 알아보겠습니다.

CEEB코드는 SAT 시험을 주관하는 칼리지보드에서 만든 코드로 College Entrance Examination Board Code의 약자입니다. 다른 이름으로는 칼리지보드 코드이며, SAT 코드라고 불리기도 합니다. 이 코드가 처음 만들어진 이유는 칼리지보드에서 주관하는 공인시험(SAT AP, PSAT 등)의 성적을 전달되어야 할 교육기관에 착오나 오류 없이 전달하기 위해서였습니다. 칼리지보드에서는 학생들이 지원하는 대학교의 이름이 비슷하거나, 지원자가 학교 이름을 잘못 기재할 경우에 생길 수 있는 혼란을 방지하기 위해서 각 학교마다 고유의 숫자 코드를 부여하고, 시험 신청 시에 그 코드를 기재하도록 하였습니다. 이 코드가 나중에는 학생이 재학하고 있는 학교에 대한 식별, 테스트 센터에 대한 식별, 장학금을 제공하는 재단들에 대한 식별의 목적으로도 쓰이게 되었습니다.

CEEB코드는 3자리에서 6자리 숫자로 이루어져 있는데, 그 사용 대상과 목적에 따라 자릿수가 다릅니다.

* 국가나 학교 전공을 나타내는 CEEB코드는 총 3자리 코드입니다.
* 대학기관이나 장학금을 주는 기관의 CEEB코드는 총 4자리 코

드입니다.

- 공인시험을 진행하는 Test Center의 CEEB코드는 총 5자리 코드입니다.
- 고등학교의 CEEB코드는 총 6자리 코드입니다.

고등학교에 재학하는 학생들이 주로 알아야 할 코드는, 본인이 재학하는 고등학교의 CEEB코드(6자리)와 본인이 지원하고 싶은 대학의 CEEB코드(4자리)입니다.

예를 들어, SAT를 신청하는 학생은 본인의 SAT의 결과를 보내고 싶은 대학교의 CEEB코드(4자리)와 본인이 재학 중인 고등학교의 CEEB코드(6자리)를 모두 기입해야 합니다.

이 CEEB코드는 해당 교육기관이나 학교가 칼리지보드에 신청을 해야지만 나옵니다. 신청을 한다고 모두 CEEB코드를 제공하는 것은 아니고 몇 가지 요구 조건이 있으며, 칼리지보드에서 고등학교에 부여하는 CEEB코드에는 두 가지 레벨이 있습니다.

Level 1 Status CEEB코드와 Level 2 status CEEB코드가 그것인데, 그중 Level 1 Status CEEB코드를 부여받은 학교는, 해당 학교의 학생들이 칼리지보드에서 주관하는 공인시험을 봤을 때 그 성적을 받을 수 있는 권리를 부여받습니다. 즉 칼리지보드에서 '교육기관'으로 인정받는다는 것을 뜻합니다.

* 출처: College Board

학교가 이 Level 1 status의 CEEB코드를 부여받기 위해서는 다음과 같은 조건 중 하나 또는 그에 준하는 조건을 충족해야 합니다.

- 해당 학교가 위치한 국가의 교육부에서 인가를 받은 학교
- AdvancED 또는 미국 6개 메이저 학력인증기관에서 인증을 받은 학교

- 국제학력인증위원회(CIS)의 인증을 받은 학교
- 캐나다 학교인 경우는 캐나다 국제학력인증위원회(CISI)의 인증을 받은 학교

학교가 Level 1 status를 획득한 뒤에는 원한다면 Level 2 status를 신청할 수 있는데, Level 2 status를 획득한 학교는 칼리지보드에서 주관하는 AP, PSAT 시험을 직접 시행할 수 있게 되며, 추가로 추후 SAT test center로 지원할 수 있는 자격을 얻습니다. Level 2 status를 획득하는 것은 Level 1 status를 얻는 것보다 좀 더 엄격한 프로세스를 거쳐야 하므로, Level 2 status를 획득한 학교의 신뢰도가 좀 더 높다고 볼 수 있습니다.

만약에 자녀가 재학 중인 학교가 아직 칼리지보드에서 CEEB코드를 받지 못했는데 대학교에 지원을 해야 한다면, 아래의 코드 중에 하나를 기입하여 SAT 시험에 지원하면 됩니다.

참고로 홈스쿨링 학생의 CEEB코드는 970000, 미국 내 등록되지 않은 학교의 코드는 000003, 미국 이외 국가의 등록되지 않은 학교의 코드는 000004입니다.

CEEB코드를 받지 못한 학교를 졸업했다고 학생이 대학에 지원할 수 없는 것은 아닙니다. 다만, CEEB코드를 받은 학교들은 칼리지보드의 기준을 이미 통과한 학교들이니 어느 정도는 검증된 학교라는 신뢰 정도는 가질 수 있을 것입니다.

한 가지 주의할 점이 있습니다. 어떤 학교들은 해당 국가의 공립학교 내에 '국제부'라는 명칭으로 학교 운영을 하는 경우가 있는데, 이런 경우에 이 학교에서 사용하는 CEEB코드는 그 학교의 자체 CEEB코드가 아니고, 그 국제부가 위치한 공립학교의 CEEB코드를 사용하는 경우가 종종 있습니다. 특히 중국 쪽에 그런 경우가 많으

니, 학교에서 제공하는 CEEB코드가 학교 자체의 CEEB코드인지, 학교가 위치한 공립학교의 CEEB코드인지 잘 확인하는 것이 중요합니다.

이 내용을 간단히 몇 줄로 정리해보겠습니다.

첫째, CEEB코드는 칼리지보드에서 발급하는 각 학교별 식별 코드이다.

둘째, 칼리지보드에서 CEEB코드를 발급해주는 조건은 신청 학교의 위치 국가의 교육부 등록 여부와 학력인증기관의 인증 여부를 따지기 때문에 학부모가 학교의 신뢰도를 체크하는 과정과 상당히 유사하다.

셋째, CEEB코드가 있는 학교는 학교로서의 최소한의 신뢰도가 있는 곳이라고 볼 수 있다.

물론 국제학교 시장에는 많은 예외가 존재하지만, 저는 개인적으로 국제학교를 선택하실 때, 자체 CEEB코드를 칼리지보드에서 이미 받은 학교를 선택할 것을 추천합니다.

다음은 CEEB코드를 받은 학교를 검색하는 방법 그리고 한국에 위치한 CEEB코드를 받은 학교에 대한 정보입니다.

CEEB코드를 발급하는 칼리지보드 사이트에서 CEEB코드를 검색할 수 있습니다.

* 출처: collegereadiness.collegeboard.org

이 화면에서 학교에서 받은 코드를 입력하면 됩니다.

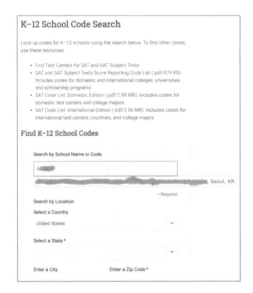

제가 아는 코드를 입력하니 바로 아래에 자동으로 학교 이름이
뜨네요.

Find K-12 School Codes

Search by School Name or Code

Shepherd International Education

= Required

Search by Location

Select a Country

United States ⌄

Select a State *

⌄

Enter a City   Enter a Zip Code *

Submit

Can't find your school?

Submit 버튼을 누르면 그 아래 정확한 학교 이름과 CEEB코드가
뜹니다.

학교의 CEEB코드를 모르면 다음과 같이 국가를 고르고, 필요하
면 도시명도 입력한 후 검색하면 됩니다. 국가명만 한국으로 골라
서 검색을 하면 110군데의 학교가 검색됩니다. 이 학교들의 리스트
를 볼 수 있습니다.

이 학교 리스트에서 한국의 일반 공립학교, 외고, 외국인학교, 인가받은 국제학교를 모두 제외하면, 미인가 대안학교 중에서 CEEB코드를 받은 학교의 숫자는 그리 많지 않다는 것을 알 수 있습니다.

앞서 말씀드린 대로 CEEB코드가 학교를 선택하는 데 절대적인 기준은 될 수 없습니다. 하지만 국제학교를 선택하는 데 있어서 이왕이면 칼리지보드에 등록된 학교를 선택하는 것이 더 안전하지 않을까 하는 것이 제 의견입니다.

6. 국제학교 한국법에 따라 분류하기

국내에서 소위 국제학교라고 불리는 곳들을 한국법에 따라 분류하면 다음과 같이 분류할 수 있습니다.

① 교육부에서 '외국인학교, 외국교육기관, 제주국제학교'로 인가를 받은 곳들
리스트는 다음의 교육부 산하 사이트에서 확인 가능합니다.

https://www.isi.go.kr/EgovPageLink.do?link=isi/kr/schoolSearch/school02&menuId=B002

외국인학교를 제외하면 교육부로부터 인가받은 국제학교는 전국에 6개교(채드윅송도국제학교, 대구국제학교, 제주국제학교 4개교)밖에 없습니다. 해당 학교들은 합법적으로 영어를 포함한 모든 과목을 가르칠 수 있는 전문 외국인 강사를 채용할 수 있는 E-7 비자(특정활동 전문가비자)를 신청할 수 있습니다. 그렇기 때문에 교사 운용의 폭이 다른 교육기관들에 비해서 월등하게 넓습니다. 이러한 비자발급의 혜택 이외에도 외국교육기관을 운영하기 위한 많은 혜택이 주어집니다.

• 장점
 - 유일하게 E-7 비자 발급이 가능하여 교사 운영의 폭이 넓어 교육의 질이 평균적으로 높음
 - 까다로운 한국 교육부 국제학교 인가기준을 모두 통과하였기에 기본적인 교육 수준이 높음
 - 제주국제학교/채드윅/대구국제학교의 경우 한국과목(국어, 국사)을 일정 시간 이상 이수하면 한국학력을 인정받을 수 있음

• 단점
 - 입학 기준이 까다롭고 수도권에 없음
 - 일반적으로 학비가 비쌈. 거의 독점수준이라 학교들의 콧대(?)가 높음

② 인가받은 대안학교지만 '외국교육기관 및 외국인학교'는 아닌 곳들

　　교육부의 대안학교 인가는 받았으나 '외국교육기관 및 외국인학교, 제주국제학교'로 인가를 받은 곳은 아닌 곳들입니다. 주로 기독교 대안학교 인가를 받은 곳이 많습니다. 즉 나라에서 기독대안학교를 하라고 대안학교 인가를 해줬는데, 국제학교 교육 스타일을 접목해서 운영하는 경우입니다. 그래서 '학교'라는 명칭은 쓸 수 있지만 정식 명칭에 '국제학교', '외국인학교' 등의 이름은 사용할 수 없습니다. 이런 곳에서 '우리는 인가받은 국제학교다!'라고 하면 반은 맞고 반은 틀린 말입니다. 대안인가는 받았지만, '국제학교' 인가를 받은 곳은 아닙니다. 대안학교 인가받은 곳에서 국제학교 스타일로 학교를 운영하는 곳입니다.

　　다음은 대안학교 목록입니다.

　　　　http://tnasa.co.kr/home/sub02.php?mid=7
　　　　https://namu.wiki/w/%EB%8C%80%ED%95%9C%EB%AF%BC%EA
　　　　%B5%AD%EC%9D%98%20%EB%8C%80%EC%95%88%ED%95%9
　　　　9%EA%B5%90%20%EB%AA%A9%EB%A1%9D

• 장점
－인가받은 학교라 한국학력 인정 가능
－교육부의 지원을 받음. 교육기관이라 면세 혜택을 받음
－교육부의 감사를 받음

• 단점
－외국교육기관도 아니고 어학원도 아니기 때문에 E-2(회화지도 비자) 발급 못 함. 즉 외국인 강사를 채용하려면 F비자(한국인

배우자가 있거나 한국 영주 자격을 획득한 외국인)가 있는 외국인 강
사나 교포만 가능함(교포교사가 압도적으로 많은 경우 여기에 속하는
경우가 많음)
- 교육부 인가를 받았기 때문에 교육부의 간섭을 받음
- 애초에 국제화교육을 목표로 설립된 곳이 아니기 때문에 국제
학교의 전문성이 결여된 경우가 있음

③ 미인가 대안학교

교육부의 인가를 받지 않은 대안학교입니다. 인가와 비인가 문
제는 대안교육계에서도 뜨거운 감자다. **인가를 함으로써 교육부로
부터 지원금과 인정을 받을 수 있다.** 그러나 그와 동시에 교육부의
간섭을 받게 되기 때문에, 차라리 비인가로 남아서 자치교육을 지켜
나가는 경우도 꽤 많다. 물론 비인가로 남으면 교육부의 지원을 받
지 못하니 학비가 기하급수적으로 비싸진다. 따라서 웬만한 금수저
나 돈 많은 가정이 아니면 비인가 대안학교 진학은 꿈도 못 꾼다.

나무위키에서 발췌
https://namu.wiki/w/%EB%8C%80%EC%95%88%ED%95%99%EA
%B5%90
미인가 대안학교 리스트
http://tnasa.co.kr/home/sub02.php?mid=9

• 장점
- 교육부 인가를 받지 않았기 때문에 교육부 간섭없이 운영자
뜻대로 학교 운영을 할 수 있음

• 단점

- 교육부 인가를 받지 않았기 때문에 교육부 간섭없이 운영자 마음대로 학교 운영이 될 수 있음

- 외국교육기관도 아니고 어학원도 아니기 때문에 E-2(회화지도 비자) 발급 못 함, 즉 외국인 강사를 채용하려면 F비자(한국인 배우자가 있거나 한국 영주 자격을 획득한 외국인)가 있는 외국인 강사나 교포만 뽑을 수 있음(교포교사가 압도적으로 많은 경우 여기에 속하는 경우가 많음)

- 한국학력 인정 못 받음. 고로 해외학력인증도 못 받을 시 학생에게 큰 불이익이 될 수 있음

- 정부의 관리 감독밖에 있음. 그래서 교육의 질의 편차가 심함

- 교육기관으로도 분류되지 않기 때문에 교육부의 지원도 없고 면세 혜택도 못 받음. 그래서 학비가 일반적으로 비싼 편

④ 어학원으로 등록해서 국제학교처럼 운영하는 곳

한국법상으로는 어학원으로 등록하고 사실상 국제학교처럼 운영하는 곳입니다. 미술, 음악 등의 다른 과목들을 가르치기 위하여 어학원 외에 보습학원과 다른 학원 등록도 한 건물 내에 함께하는 경우도 있습니다. 수도권에 위치한 많은 수의 소위 '국제학교'들이 이 분류에 속합니다. '학교', 'School' 등 학교를 연상시키는 명칭을 사용할 수 없으며 학원법의 규제를 받습니다.

• 장점

- 어학원이기 때문에 E-2(회화지도비자) 발급 가능. 즉 외국인 강사를 쓸 수 있음. 다만 E-2 비자가 영어회화지도만 허락하는 비자이기 때문에 E-2비자 교사가 영어를 제외한 과목을 가르

치는 것은 불법임
- 애초에 국제화 교육을 하려고 만들어진 곳임
- 어학원법을 적용받아 시설 등에 최소 기준이 있음
- 교육기관이기 때문에 면세 혜택 받음

• 단점
- 학원법을 준수해야 하기 때문에 여러 가지 제약이 많음. 학교처럼 운영하는 건 불법임
- 한국학력 인정 못 받음. 따라서 해외학력인증도 못 받을 때에는 학생에게 큰 불이익이 될 수 있음
- 학비는 국제학교 학비를 받고 운영은 학원처럼 하는 곳이 있을 수 있음(학생들 인성관리가 전혀 안 되는 경우)

앞의 4가지 분류 중에서 ①번이 아무래도 가장 신뢰도가 높습니다. 애초에 인가 자체가 국제화 교육을 하라고 내준 것이기 때문입니다. ②, ③, ④번은 모두 장단점이 있습니다. 제가 언급한 장단점은 개인 의견이니 이 점을 참고해주시기 바랍니다.

우리 아이가 다닌 학교가 혹은 선택을 앞두고 있는 국제학교가 위의 어느 분류에 속하는지 궁금하시다면, 제가 남겨놓은 링크를 통해 확인하시거나 학교에 직접 문의하실 수 있습니다.

혹은 학교 홈페이지를 통해 학교의 법적 '정식명칭'을 확인하시면 해당 학교가 위의 분류에서 어디에 해당되는 학교인지 확인하실 수 있을 겁니다. 참고로 어떤 곳들은 해당 학교가 위의 분류 중 어디에 속하는지 알리지 않기 위해서 홈페이지를 모두 영어로 구성하는 경우도 있습니다.

개인적인 생각으로 학부모님들이 가장 주의하셔야 하는 경우는

다음과 같습니다.

① 인가대안학교와 인가외국인교육기관을 헷갈려서 인가학교라고 무
  조건 신뢰하는 경우
  인가받은 국제학교라고 홍보해서 갔는데 국제학교의 전문성이
  현저히 떨어지는 곳일 수 있습니다.

② 미인가 대안학교 혹은 어학원으로 국제학교를 운영하는데 해외학력
  인증도 전혀 없는 경우
  재학하는 학생이 한국학력인증도 해외학력인증도 못 받아서 추
  후 대학에 진학할 때 어려움이 있을 수 있습니다.

③ 미인가 대안학교
  미인가 대안학교는 교육부의 관리와 감사, 학원법 모두 적용받지
  않습니다. 이건 큰 장점이 될 수도 있지만, 반대로 큰 단점이 될 여
  지도 있습니다. 그렇기 때문에 학교 선택에 가장 신중을 기하여야
  한다고 생각합니다.

  참고로 앞의 4가지 분류는 한국 교육부의 인가 기준이기 때문에
해외의 학력인증과는 아무 상관이 없습니다. 해외 학력인증은 위의
4가지 경우 모두 신청하고 받을 수 있습니다.

2장
좋은 국제학교 찾는 법

1. 국제학교를 찾기 전에 먼저 고려해야 할 사항

"좋은 국제학교 좀 추천해주세요."

학교에서 근무하다 보면 주변에서 좋은 국제학교를 추천해달라는 요청을 받는 경우가 많습니다. 좋은 국제학교를 찾기 전에 먼저 다음 사항을 기억하기 바랍니다.

유·초등학교 때는 부모님과 함께 지내는 것이 중요하다.

개인적으로 유·초등학교 때는 '공부'보다는 사회성과 올바른 인성 그리고 공부가 즐겁다는 것을 배우는 것이 가장 중요하다고 생각합니다. 이 모든 것을 가장 잘 가르쳐줄 수 있는 사람은 그 어떤 교육 전문가보다 아이를 잘 이해하고 사랑으로 보듬어줄 수 있는 '부모님'입니다. 그렇기 때문에 이 시기에는 부모님과 함께 지내는 것이 가장 중요합니다. 예전에 어린 나이에 부모님 품을 떠나서 해외에서 홈스테이를 하며 초등학교를 나온 학생들을 몇몇 본 적이 있는데, 아이들의 영어는 훌륭했지만, 뭔가 결여된 모습들을 종종 본 적이 있어서 이러한 생각을 가지게 되었는지도 모르겠습니다.

유·초등학교 때는 모국어에 대한 기초를 탄탄히 하는 것이 중요하다.

저는 여러 가지 언어를 할 수 있습니다. 제가 엄청 교육을 잘 받고, 머리가 아주 좋아서 여러 언어를 하게 된 것이 아니라, 그냥 저는 사람들과 소통하고 말하는 것 자체를 좋아하는 성격이고, 모국어(한국어)가 기본적으로 잘 준비되어 있어서 다른 언어를 수월하게 배웠다고 생각합니다. 아이를 완전히 외국인으로 키울 것이 아니라면, 모국어에 대한 탄탄한 기초를 쌓아야 다른 언어도 잘할 수 있습니다. 언어는 단순한 의사소통의 도구가 아니라 그 언어를 쓰는 국가, 문화가 고스란히 녹아들어가 있는 총체적인 집합체이기 때문에, 모국어를 통해 언어라는 것에 대해 확실한 개념이 잡혀야만 새로운 언어를 배울 때 유리합니다.

일관된 커리큘럼을 따르는 것이 중요하다.

당연한 이야기이지만 학교를 일관적인 계획 없이 이리저리 옮겨다니는 것은 좋지 않습니다. 유·초등학교 때는 미국 커리큘럼으로 운영되는 미국학교를 다니다가 갑자기 중학교 1학년 때 한국학교로 옮기면 아이가 과연 적응을 잘할까요? 교육적인 문제는 둘째 치고, 가장 먼저 학교생활에서 문제점이 불거지기 시작할 것입니다. 교육과 언어는 단순한 지식과 의사소통의 수단이 아니고 그 교육을 제공하고, 언어를 쓰는 국가의 문화가 고스란히 녹아들어가 있기 때문에, 학생이 어린 나이에 그 모든 환경이 바뀌어버리는 경험을 자주 하는 것은 그리 좋은 선택이 아닙니다. 그렇기 때문에 이러한 결정은 신중하게 짜인 일관된 계획을 아이와 충분히 상의한 후에 결정해야 합니다.

공립학교보다는 사립학교의 교육 수준이 높다.

어쩌면 당연한 이야기일지도 모르겠지만 일반적으로 더 많은 비용이 드는 사립학교의 수준이 무상으로 다니는 공립학교의 수준보다 높은 경우가 많습니다. 더 높은 학비를 요구하기 때문에 교사의 질, 학생에게 관심을 기울일 수 있는 교직원의 수, 학교 시설 등에서 더 우수한 경우가 대부분입니다.

외국어 능력은 부모가 줄 수 있는 최고의 유산이다.

부모가 물려준 물질적인 부유함은 언제든지 사라질 수 있지만 외국어를 할 수 있는 능력은 절대 어디로 사라지지 않습니다. 앞으로 다가오는 미래는 지금보다 훨씬 더 글로벌화될 것입니다. 그러한 환경 속에서 여러분의 자녀가 세계의 공용어로 자리 잡은 '영어'는 물론, '중국어', '스페인어', '일어', '프랑스어', '독일어' 등의 제2외국어까지 구사할 수 있게 된다면 앞으로 세상을 살아가는 데 큰 도움이 될 것입니다. 그렇기 때문에 부모가 어릴 때부터 자녀들에게 외국어를 학습할 수 있는 환경을 제공해준다는 것은 부모가 아이에게 줄 수 있는 최고의 선물이라고 생각합니다.

2. 국제학교를 선택하기 위한 로드맵 살펴보기

자녀를 국제학교나 유학을 보낼 계획을 가지고 있다면 다음 로드맵을 참고하기 바랍니다.

국내학교를 보낼 것인지 해외학교를 보낼 것인지 결정한다.
(국내학교 ① 참고, 해외학교 ② 참고)

① 국내학교
　인가학교를 보낼 것인지, 미인가학교를 보낼 것인지, 외국인학교를 보낼 것인지 결정합니다.

• 인가학교
－장점: 국가에서 공인받은 안정적인 곳으로 학교 시설, 규모, 시스템이 전반적으로 안정적입니다.
－단점: 영어가 이미 어느 정도 준비되어 있어야 합니다. 학비와 기숙사 비용이 비쌉니다(5천만 원 이상). 대부분의 학교가 제주, 송도 등지에 있어 거리적 한계가 있습니다. 입학 대기가 긴 경우가 대부분입니다.

• 미인가학교
－장점: 집에서 가깝고 비용이 비교적 저렴합니다.
－단점: 학교의 수준 차이가 천차만별이므로 잘 알아보고 선택해야 합니다. 학생의 대다수가 한국인으로 구성되어 있습니다.

• 외국인학교
－장점: 안정적입니다. 비용이 비교적 저렴합니다(대부분 3천만 원 이하). 외국인 학생도 함께 공부합니다.
－단점: 외국인 조건에 부합해야 합니다(부모 외국인, 해외 3년 이상 거주 등). 대기가 깁니다.

② 해외학교
- 부모가 함께 가는 경우
  - 장점: 부모와 함께 생활해서 생활이 안정적이며, 즉시 피드백이 가능합니다. 주재원 비자 덕에 현지 Day School에서 공부할 기회가 생깁니다(미국의 공립학교, 중국의 Z비자만 가능한 학교 등).
  - 단점: 모든 부모가 아이와 함께 해외에 갈 수 있는 것은 아닙니다.

- 아이 혼자 가는 경우
  - 장점: 자녀의 독립심과 자립심을 키울 수 있습니다.
  - 단점: 해외학교 중에 기숙사나 홈스테이가 있는 곳만 가능합니다. 학생의 생활 관리를 전적으로 학교나 홈스테이에 맡겨야 하는 단점이 있습니다. 서양권 학생이 아시아로 부모님을 떠나 유학하는 경우는 매우 드물기 때문에, 아시아권의 국제학교 중에 기숙사나 홈스테이가 제공되는 학교들은, 재학학생들이 아시아권 학생이거나 한국 학생들인 경우가 대부분입니다.

그 밖에 고려해야 할 사항

① 학교의 신뢰성

학교의 신뢰성은 해당 국가의 교육부에서 인가를 받았는지, 그렇지 않다면 공신력 있는 학력인증기관에서 인증을 받았는지를 통해서 우선 체크할 수 있습니다. 제가 추천하는 최소한의 기준은 앞서 설명한 적 있는 학교의 CEEB코드 유무사항입니다. CEEB코드를 받으려면 해당 국가 교육부에 등록되어 있거나, 학력인증기관에서 인증받았다는 증명을 해야 하기 때문입니다. 따라서 CEEB코드가 있는 학교는 최소한의 검증을 받은 학교라고 생각해도 됩니다.

② 기숙사, 홈스테이의 안정성

아이가 유학을 가는 경우라면 학교의 퀄리티 못지않게 학생이 생활하게 될 환경도 중요합니다. 홈스테이를 해야 한다면 홈스테이 관리자의 성향이나 관리 방식이 매우 중요하고, 보딩스쿨을 염두에 두고 있다면 학교에서 기숙사를 관리하는 데 얼마나 관심과 노력을 기울이고 있는지 고려해야 합니다. 아이들이 유학 가서 실패하는 경우는 학교가 좋지 않아서가 아니라 기숙사, 홈스테이 문제 때문인 경우가 허다합니다. 미국의 비싼 보딩스쿨들은 학교 선생님들이 직접 기숙사 관리를 하는 경우가 많습니다. 반면 좋지 않은 학교의 기숙사는 비교적 낮은 급여의 현지 인원이 관리하는 경우가 많습니다.

③ 미인가 국제학교의 경우

미인가 국제학교를 선별하는 데는 정말 여러 기준이 있고, 사람들마다 가치가 다르기 때문에 판단이 어렵습니다. 기독교 가치를 중요하게 여기는 사람은 시설이나 커리큘럼이 좋지 않아도 기독교 정신이 훌륭한 곳을 선택할 것이고, 대학입시 결과를 중점으로 보는 사람도 있을 것이며, 또 어떤 사람들은 시설을 중심으로 살펴보는 경우도 있을 것입니다. 그래도 다음 몇 가지 사항은 반드시 체크하는 게 좋습니다.

• 학력인증 부분

이미 언급한 1장의 학력인증 관련 글로 이 부분은 대체하겠습니다. 쉬운 내용은 아니겠지만 정독하시면 이 부분을 판단하는 데 어느 정도의 식견이 생길 거라 생각합니다.

- 수업의 구성과 교사진에 대한 부분

해당 학교에서 운영하고 있는 커리큘럼과 교사진에 대해서도 꼼꼼히 알아봐야 합니다. 이 부분도 본 책에서 다루고 있으니 참고하기 바랍니다.

- 시설 부분

당연한 이야기지만 시설이 우수한 곳이 더 많은 투자를 하고 있는 학교일 확률이 높습니다. 일부 지역의 임대료가 더 높을 수 있다는 점은 물론 감안해야겠지만, 그래도 학교라면 기본적으로 교육에 필요한 시설들은 잘 갖추고 있어야 합니다. 일반적으로 학교의 시설과 재무 안정성은 비례하는 경우가 많습니다.

- 역사와 대입 성과 부분

일반적으로 역사가 짧은 학교보다는 긴 학교가 더 신뢰가 가는 것이 사실이긴 하지만 그 실상을 들여다보면 오히려 그 반대인 경우가 빈번하게 있습니다. 그렇기 때문에 단순히 학교의 역사가 오래되었다고 좋은 학교라고 판단하는 것은 금물입니다. 대입 성과 기록은 자세히 확인해봐야 합니다. 우수한 한 학생이 20개의 좋은 대학교에 합격한 기록과 10명의 학생이 모두 다른 우수한 학교를 입학했는지는 엄연히 다릅니다. 졸업생이 합격한 대학이라고 홍보하고 있다면, 졸업생은 몇 명이며, 그중에 몇 명의 학생이 어떤 대학에 합격한 것인지 면밀하게 확인해보기 바랍니다.

- 위치

한국에 위치한 국제학교들의 위치가 궁금하다면 세모국에서 제작한 '세모국 국제학교 지도'를 참고하시기 바랍니다.

* 참조: https://cafe.naver.com/superschools/6843

3. 좋은 국제학교를 선별하는 9가지 팁

① 한국 교육부에서 인가받은 외국교육기관 리스트

학교가 한국에 있는 경우에는 다음 링크에 있는 학교들이 한국 교육부에서 인가받은 학교입니다.

http://cafe.naver.com/superschools/2237

그렇지 않은 경우는 모두 미인가 대안학교라고 보면 됩니다.

학교가 해외에 있는 경우에는 우선 학교가 해당 국가 교육부에 등록된 학교인지 확인하고, 추가로 한국 교육부 홈페이지에 게재된 '외국 소재 초중고 학력인정 학교 목록'을 확인합니다. 링크는 다음과 같습니다.

http://cafe.naver.com/superschools/1597

이 링크에 학교가 기재되어 있는 경우 일반적으로 해당 학교는 학교가 위치한 국가의 교육부에서 정식 허가를 받은 학교라고 생각하면 됩니다. 만약 리스트에 학교가 없는 경우에는 두 번째 팁인 '학력인증 여부'를 더욱 신중하게 체크하기 바랍니다.

② 학력인증 여부, 학력인증기관의 신뢰도 확인

두 번째로 학교가 학력인증을 받은 학교인지, 그렇다면 어느 기관에서 학력인증을 받았는지를 확인합니다.

'우리는 학력인증을 받은 본교의 커리큘럼을 쓰고 있다'든가 '우리는 ○○○ 학력인증기관의 학력인증 candidate(지원 중)이다' 등의 말에 주의하도록 합니다. 해당 학교가 최종 학력인증을 받아야 학력인증을 받은 것입니다.

③ 학교의 커리큘럼이 있다면 커리큘럼 자료를, 특별한 커리큘럼 자료가 없다면 각 수업의 수업계획서, 주간계획서(Syllabus, Weekly Lesson Plan) 확인

많은 학교가 이런 자료들이 없고, 개개인 선생님의 능력에 의존해서 수업을 하곤 합니다. 학부모가 이런 자료를 요구해야 하는 이유는, 선생님이 계획한 대로 수업을 하고 있는지 확인하기 위함도 있고, 학교가 교육에 대한 철학과 방향성을 올바르게 갖고 있는지를 확인하는 자료가 되기 때문입니다.

④ 원어민 선생님의 프로필, 경력, 선생님 자격증 사본, 유효 여부, 학사, 석사 졸업증명서 사본 확인

학교 교육의 질은 어떠한 커리큘럼을 사용하는지와 가르치는 선생님의 능력에 따라 좌지우지되는 경우가 많습니다. 하지만 의외로 많은 학교가 준비가 되지 않은 선생님들을 고용하고 있습니다. 교사자격증이 없는 선생님을 고용하는 경우, 전공과 무관한 과목을 가르치게 하는 경우, 교사자격증이 있었으나 지금은 유효기간이 지난 경우, 미국 등에서 선생님 경력이 전무한 경우 등 다양한 경우가 있으므로 위의 자료들을 꼭 요청해서 확인하기 바랍니다. 어떤 학교는 홈페이지와 브로슈어에는 미국 선생님 사진이 20개나 있는데 실제로 방문해보니 다 그만두고 10여 명만 있는 경우도 있고, 어느

곳은 선생님의 자격 사항을 개인의 프라이버시 때문에 확인해줄 수 없다고 하는 경우도 있습니다. 판단은 학부모님께 맡기겠습니다.

⑤ 졸업생의 대학 입학 실적 확인

많은 학교가 졸업생들이 어떤 대학교로 진학했는지를 광고합니다. 하지만 전체 졸업생 대비 몇 명의 졸업생이 어떤 대학교에 진학했는지 주의를 기울여 살펴봐야 합니다. 즉 한 학생이 여러 대학교에 지원할 수 있기 때문에 학교가 홍보하는 합격 대학들의 리스트가 우수한 한두 명의 학생들이 합격한 것인지, 아니면 다양한 학생들이 골고루 합격한 것인지를 확인해야 합니다. 예를 들어 10명의 학생이 올해 졸업을 하는데, 단 2명만 명문대학 10곳에 합격을 하고 나머지 8명의 학생들은 대학 진학도 못 하는 경우에도, 학교에서는 2명의 학생이 합격한 10군데의 명문대학을 광고할 수 있습니다. 높은 비율의 졸업생들을 골고루 좋은 대학에 보내는 학교가 좋은 학교입니다.

⑥ CEEB코드 또는 IB 코드 확인

1장에서 설명했던 칼리지보드에서 발급한 CEEB코드도 확인해봐야 합니다.

⑦ AP, SAT, TOEFL 센터 여부 확인

SAT를 시행하는 칼리지보드 그리고 TOEFL을 주관하는 ETS 등의 공인시험기관은 몇몇 국제학교를 자사의 공식시험 센터로 지정하기도 합니다. 이렇게 공인시험 센터로 지정되는 과정은 여러 검증 과정을 이미 거친 뒤에나 이루어지기 때문에, 이러한 센터로 지정된 국제학교에 대한 신뢰도는 다른 곳보다 비교적 높게 보아도 좋습니다. 이러한 국제학교의 또 다른 이점은 그 학교 재학생들이 본인이 익숙한 환경에서 공인인증시험을 치를 수 있다는 점입니다.

⑧ 학교에서 제공하는 AP 수업 종류, 개수 확인

AP는 Advanced Placement의 약어인데, 고등학교에서 우수한 학생들을 위해서 대학교 수준의 수업을 제공하는 프로그램을 말합니다. AP 수업을 듣고, 매년 5월에 시행되는 공식 AP 시험에서 일정 점수 이상을 받게 되면, 대학교 진학 시 대학교에서 AP 수업에서 얻은 학점을 대학 학점으로 인정해주기도 합니다. 그래서 우수한 학생들은 더 많은 AP 수업을 수강하려고 노력합니다. 왜냐하면 성적표상에 AP 수업을 많이 듣고, 성적도 좋은 것이 보인다면, 대학에서 우수한 학생이라 판단하고 가산점을 주기 때문이지요. 그러므로 일반적으로 많은 종류의 AP 수업을 제공하는 고등학교가 우수한 학교라고 할 수 있습니다. 우선 많은 수의 AP 수업이 있다는 것은 그런 수업들을 가르칠 수 있는 우수한 교사진이 있다는 것이고, 또한 그런 수업을 들을 준비가 된 학생이 많다는 뜻이기도 합니다. 하지만 우리는 10개의 AP 수업을 제공할 수 있다는 말과 지난 학기 또는 현재 학기에 10개의 AP 수업을 실제로 진행하고 있다는 말은 다른 말이니 이 점도 유의해서 살펴보기 바랍니다.

⑨ 청강 가능 여부 확인

마지막으로 청강의 여부입니다. 청강은 학생이 하루 정도 그 학교에서 수업을 들어보는 제도입니다. 지원 학생이 그 학교의 학생들과 실제로 하루 정도 수업을 들어보면 대략 이 학교가 나와 맞는 학교인지, 수업과 교사진의 수준은 어떠한지, 함께 공부하는 학생들은 어떤지 등의 많은 정보를 얻을 수 있습니다. 학교가 청강을 허용하지 않는다면 어쩔 수 없지만 가능하다면 한번 도전해보기 바랍니다. 학교에 대한 많은 정보를 얻을 수 있습니다.

4. 교사진의 근무조건으로 교사진의 수준 가늠하기

앞서 전술한 방법들은 가장 일반적인 선별방법이었다면, 후술할 내용은 흔히 들을 수 없는 특별한 선별방법을 소개하도록 하겠습니다. 바로 교사진의 근무조건으로 교사진의 수준을 가늠해보는 방법입니다.

일반적으로는 학교에서 공개하는 교사진 프로필을 참고하고 교사진의 수준을 가늠할 수 있습니다. 하지만 대부분의 학교들이 교사진의 좋은 경력만을 강조하기 때문에 학부모님 입장에서는 옥석을 가려내기가 쉽지 않습니다. 예를 들어서 선생님의 경력이 15년이고 선생 자격증이 없다면, '15년 경력의 선생님' 부분을 강조하고, 경력이 2년인데 자격증이 있으면 '정식 자격증을 가진 선생님'이라고 홍보를 할 것입니다. 만약 경력도 없고 자격증도 없으면, '특정 과목 석사학위 소지자' 부분을 강조할 것입니다. 그것조차 없다면 이전에 유명한 회사에서 근무한 경력을 내세웁니다. 예를 들면 '전직 구글 프로그래머!' 이런 식으로 말이지요. 심한 경우에는 아예 선생님 정보 자체를 공개하지 않는 곳도 있습니다.

그렇기 때문에 학부모님들은 관심 있는 학교의 채용공고를 참고하여 학교 교사진의 수준을 가늠해볼 수 있습니다.

예를 들어 A학교와 B학교가 있다고 가정합니다.

A학교의 채용공고는 다음과 같습니다.

물리 선생님 찾음. 급여 연간 32,000달러
학사학위 필요, 선생님 자격증 있는 분 또는 관련 전공자 우대

B학교 광고는 이렇습니다.

물리 선생님 찾음. 경력 10년 이상
선생님 자격증 반드시 필요, 반드시 관련 전공 석사 이상 소지자일 것
급여 연간 50,000달러+, 숙소 제공, 배우자, 자녀 비자 제공

두 학교 중에서 어느 학교 선생님의 퀄리티가 더 좋을까요? 절대적인 판단은 어렵겠지만 일반적으로 B학교의 선생님들이 더 좋을 가능성이 높다는 것은 누구라도 판단할 수 있습니다.

물론 급여 수준으로 모든 걸 판단할 수는 없지만, 우선 학교가 재정이 탄탄해야 더 높은 급여를 제시할 수 있고, 더 높은 급여에 좋은 선생님이 지원할 확률이 큽니다. 그렇다면 이런 정보들을 어디서 어떻게 확인할까요? 다음과 같은 사이트에서 확인하실 수 있습니다.

많은 국제학교와 선생님들이 이용하는 국제학교 교사 구인, 구인 사이트 중 하나인 www.teachaway.com입니다.

메인 페이지는 이렇게 생겼습니다.

화면에서 거주하고 있는 지역을 선택합니다. 저는 중국을 선택
해보겠습니다.

화면에 뜨는 학교 중의 하나를 클릭해보았습니다.

중국 Changzhou에 위치한 학교입니다.
급여는 월 3,000~4,000달러에 2년 계약을 하고, 현재 2명의 선생님을 뽑고 있습니다.
선생님 자격증은 반드시 있어야 하고 학사학위를 요구하며, 2년 이상의 경력을 요구하고 있습니다. 주택 보조금도 지급합니다.

비슷한 웹사이트로는 Tieonline.com, Searchassociates.com 등이 있는데, 안타깝게도 이러한 사이트는 별도의 비용을 내고 회원가입을 해야 정보를 볼 수 있습니다.
사실 이런 사이트를 이용하는 방법보다 더 간편한 방법은 구글을 이용하는 방법입니다. 의외로 정보가 많이 나옵니다.
구글에 다음과 같이 검색해보길 추천합니다.

학교이름(영문) teacher hire (또는) 학교이름 teacher recruitment
예시) 구글 검색창에 'Semokuk high school teacher hire'

이렇게 검색하면 많은 경우에 학교가 교사를 채용하기 위해 포스팅한 글이 검색됩니다.
참고로 역사가 오래되고 명성이 있는 국제학교들의 선생님 모집 조건은 Teaching License는 필수이고 해당 과목의 석사학위 이상, 근무 경력 10년 이상이며, 급여는 최소 50,000달러에서 시작하고, 주택보조, 퇴직연금, 보험, 배우자/자녀 혜택 등의 아주 좋은 조건을 제시합니다. 물론 뽑는 기준도 상당히 까다로워서 아무나 지원할 수가 없습니다.

물론 학교가 위치한 곳의 물가, 학교의 역사, 수준 등을 고려해야 정확한 평가가 가능합니다. 예를 들면 중국 변두리 도시의 학교와 상해, 북경에 위치한 학교의 교사 급여 수준이 같을 수는 없을 겁니다.

이런 자료들을 보다 보면, 학교에서 좋은 교사를 채용하기 위해 어떠한 노력을 기울이고 있는지를 대략 확인해볼 수 있습니다. 물론 이것이 학교 선택의 절대적인 판단자료는 될 수 없겠지만, 참고 자료로는 손색이 없는 정보라고 생각합니다.

5. 교사진의 학교 평가 참조하기

이번에 소개할 방법은 원어민 선생님들이 학교를 평가하는 사이트를 통해서 학교의 수준을 가늠해보는 방법입니다.

다음은 국제학교 리뷰를 위해 만들어진 사이트입니다.

https://www.internationalschoolsreview.com/

이 사이트가 만들어진 목적은 전 세계 국제학교에서 근무하려는 선생님 지원자들이 본인이 지원하려는 학교들에 대한 평판을 공유하는 데 있습니다. 학교에 대한 평가뿐 아니라 각 학교의 교장 선생님이나 디렉터급 인물들에 대한 내용도 있어서 학교들도 이 사이트를 이용하곤 합니다. 단, 리뷰는 누구나 남길 수 있지만, 리뷰를 보기 위해서는 연간 29달러의 비용을 지불해야 합니다.

이 사이트의 장점은 일반적으로는 알 수 없는 학교의 세부 정보들을 학교 관계자들이 작성한 내용을 바탕으로 추측할 수 있다는 점이고, 단점은 정보를 얼마나 신뢰할 수 있는지에 대한 기준이 없다는 점입니다. 왜냐하면 리뷰를 누구나 작성할 수 있기 때문에, 학교에서 엉망으로 가르쳐서 해고된 선생이 학교에 대한 내용을 악의적으로 쓰거나 아니면 학교 관계자가 가짜로 좋은 내용만 올릴 수 있는 가능성도 있습니다.

하지만 대체적으로 학교당 여러 개의 리뷰가 올라와 있고, 상당히 자세한 내용들도 적혀 있기 때문에 대충 이 학교의 분위기가 어떤지, 어떠한 문제점들이 존재할 수 있는지 등을 판단하는 데는 도움이 될 수 있습니다. 제가 개인적으로 많은 학교를 체크해봤는데, 신기하게도 일반적으로 좋은 평가를 받는 학교들은 그 리뷰들도 긍정적인 경우가 많습니다. 물론 말도 안 되는 음해성 글이나, 학교 홍보를 위해 의도적으로 쓴 건가 의심이 될 정도로 학교를 칭찬하는 글들도 종종 있기 때문에, 그러한 사실들을 감안하고 리뷰들을 참고하기 바랍니다.

첫 화면은 다음과 같습니다.

맨 첫 화면에서 Read Review를 클릭하면,

이렇게 학교가 위치한 나라를 고를 수 있는 화면이 나오고, 몇 개의 샘플 자료를 볼 수 있습니다. 클릭하면 다음과 같이 나라별로

학교 리스트가 뜹니다.

- Antofagasta International School
- Craighouse School
- Grange School Santiago
- Nido de Aguilas International School
- Santiago College

China
- Access International Academy Ningbo
- Affiliated High School Peking University
- Affiliated HS South China Normal University
- Alcanta International College
- American International School Guangzhou
- Beanstalk International Bilingual School
- BASIS International School Shenzhen
- Beijing City International School
- Beijing Huijia Private School
- Beijing International Bilingual Academy
  Formerly Kinstar International Bilingual School
- Beijing International School BISS
- Beijing National Day School
- Beijing No. 80 High School International Dept.
- Beijing World Youth Academy
- BFSU International Schools
- BQ AI International High School Programme Xi'an
- Bright Scholar Education Group
- British International School Shanghai Puxi
- British International School Shanghai Pudong
  Currently *Nord Anglia International School Shanghai Pudong*
- British School Beijing Sanlitun
- British School Beijing Shunyi Campus
- British School Guangzhou
- British School Nanjing
- Buena Vista Concordia International School
- Cambridge International Centre
- Cambridge International Centre DaQing No 1
- Cambridge Internat'l Curriculum Centre Beijing
- Canadian International School Beijing
- Canadian International School Guangxi Gaojie
- Canadian International School Guangzhou
- Canadian International School Kunshan
- Canadian Kunming Number 10 Secondary Sch
- Changchun American International School
- Changzhou Trina International School

- Tenby Schools Ipoh
  AKA A Ipoh International School
- Tenby Schools Setia Eco Park
- Tenby Setia Eco Gardens
- UCSI International School
- Westlake International School

Mali
- American International School Bamako

Malta
- Verdala International School

Marshall Islands
- College of the Marshall Islands
- Kwajalein School System
- Majuro Cooperative School

Mauritania
- American International School Nouakchott
- TLC International School

Mauritius
- International Preparatory School

Mexico
- American School Durango
- American School Foundation Chiapas
- American School Foundation Guadalajara
- American School Foundation Mexico City
- American School Foundation Monterrey
- American School Pachuca
- American School Puebla
- American School Tampico
- American School Torreon
- Canadian Center Tuxtla Gutierrez
- Churchill School
- Colegio Aleman de Torreon
- Colegio Atid Mexico City
- Colegio Ingles Monterrey
- Colegio Ingles Torreon
- Colegio Madison
- Colegio Marymount
- Colegio Mount Rushmore

중국에 위치한 명문 국제학교들의 이름이 보이네요.

Korea
- Asia Pacific International School
- BIS Canada
- Branksome Hall Asia
- Busan Foreign School
- Busan International Foreign School
  Formerly: International School Busan
- Canada International School
- Centennial Christian School
- Chadwick International
- Cheongna Dalton School
- CheongShim International Academy
- Child U - Yeosu
- Daegu International School
- Dulwich College Seoul
- Dwight School Seoul
- ECC Ik-San Korea
- Etonhouse Prep Seoul
- Global Prodigy Academy
- Global Vision Christian School
- Gyeonggi Global School
- Gyeonggi International School
- Gyeonggi Suwon International School
- Gyeongnam International Foreign School
- Handong International School
- Hyundai Foreign School
- Indianhead International School
- International Christian School Pyeongtaek
- International Christian School Seoul
  Currently: Yongsan International School
- International School Koje
- Korea International School Jeju Campus
- Korea International School Pangyo Campus
- Korea Kent Foreign School (KKFS)
- Kwangju Foreign School, Korea
- Namsan International Kindergarten
- New Zealand International
- North London Collegiate School
- Rainbow International School
- Seoul Foreign School
- Seoul International School

- British International School New York
- British International School of Washington
- EF International Academy New York
- Elan International School California
- International School of Indiana
- International School Monterey
- International School Tucson Arizona
- Shu Ren International School California
- St. Timothy's School Maryland
- Think Global School
- Vermont International Academy USA / China

Uruguay
- British School Uruguay
- Uruguayan American School

US Virgin Islands
- Good Hope School St Croix

Uzbekistan
- British School Tashkent
- Tashkent International School
- Tashkent Ulubek International School

Venezuela
- Anzoategui International School
- British School Caracas
- Colegio Internacional de Carabobo
- Colegio Internacional de Caracas
- Colegio Internacional Puerto La Cruz
- Escuela Anaco
- Escuela Bella Vista Maracaibo
- Escuela Campo Alegre
- Escuela Las Morochas
- International School Monagas
- QSI International School El Tigre

Vietnam
- ABC International
- Academic Colleges Group (ACG)
- American International School
- American School Vietnam
- APU International School

한국의 외국인학교, 국제학교도 꽤 많이 리스트에 올라 있습니다. 몇 개의 리뷰를 보겠습니다. 학교 이름은 비공개로 하겠습니다.

Academic integrity of school	10
Effectiveness of administration	10
Academic and disciplinary support provided	10
Director's involvement in academics	8
Fair and equitable treatment by board and director	10
School has adequate educational materials on hand	10
Attitude of local community towards foreigners	10
Cost of living in relation to salary (10 = most favorable)	10
Satisfaction with housing	10
Community offers a variety of activities	10
Availability and quality of local health care	8
Satisfaction with school health insurance policy	7
Family friendly / child friendly school and community	10
Assistance with visas, shipping and air travel	10
Extra curricular load is reasonable	9
Security / personal safety (10 = very safe in and out of school)	10
Average Score for Review	9.5

Comments ⬤ is a fantastic place to work. Although it's true that it has seen it's share of growing pains over the past few years, it remains one of the best schools in the world for teaching and learning. The support that the teachers and students receive is amazing. Technology, Performing and Visual Arts have a strong emphasis. Professional Development is very generous, both in house and globally. The atmosphere is very professional and there is a high level of collaboration amongst the staff and administration. The housing, travel and salary packages are very generous.

이 학교는 좋은 평가를 받았습니다. 무려 평균이 10점 만점에 9.5점이네요. 이 학교는 근무하기에 판타스틱한 곳이고, 세계 최고 수준의 교육을 제공하는 곳이라고까지 평가되어 있습니다. 교육 환경도 매우 전문적이며, 스태프 사이에도 아주 높은 수준의 협업이 이루어진다고 하며 급여 수준도 아주 훌륭하다는 평가를 받았습니다. 다른 학교의 평가를 보겠습니다.

Academic integrity of school	1
Effectiveness of administration	1
Academic and disciplinary support provided	1
Director's involvement in academics	1
Fair and equitable treatment by board and director	1
School has adequate educational materials on hand	2
Attitude of local community towards foreigners	2
Cost of living in relation to salary (10 = most favorable)	1
Satisfaction with housing	1
Community offers a variety of activities	2
Availability and quality of local health care	5
Satisfaction with school health insurance policy	5
Family friendly / child friendly school and community	2
Assistance with visas, shipping and air travel	6
Extra curricular load is reasonable	3
Security / personal safety (10 = very safe in and out of school)	5
Average Score for Review	2.5

Comments Essentially there is no curriculum teachers teach whatever the feel like. Teachers are required to weekly lesson plans but they are check by the secretary and not the administration so there is zero accountability. The teachers mostly show movies in class, and very little actually teaching or learning occurs. The Headmaster ███████ is completely unqualified to be running a school as far as I am concerned ████████

이 학교는 전체 평균점이 2.5점입니다. 학교에서 선생님들에게 제공하는 커리큘럼이 전무하며, 선생님들에게 주간 수업계획을 제출하라고는 하지만 아무도 그것을 체크하지 않는다고 적혀 있습니다. 선생님들은 수업시간에 영화나 보여주고, 제대로 가르치는 건 없으며, 교장 선생님은 학교를 운영할 자격이 없는 사람이라고 평가되어 있네요.

앞서 말씀 드렸듯이 이곳에 있는 리뷰들은 개인의 주관적인 생각을 바탕으로 쓴 글이기에 참과 거짓을 논하기가 어렵습니다. 그럼에도 불구하고 학부모가 이러한 리뷰를 참고함으로써 학교의 대략적인 평판을 가늠해볼 수는 있다고 생각합니다.

6. 미국 고등학교 랭킹 파악하기

자녀의 미국 유학을 위해 유학원에서 상담을 하게 되면, 종종 들을 수 있는 이야기들이 있습니다.

"어머님, 여기 미국에서 상당한 명문학교에요."
"어머님, 여기는 ○○○주에서 랭킹 7위하는 곳이에요."

이런 말들이 사실 무조건 정확하다고는 보기 힘듭니다. 왜냐면 그 순위라는 기준이 굉장히 모호하기 때문입니다. 기본적으로 미국은 규모가 큰 나라이고, 각 주마다 자치권이 있기 때문에 교육 쪽에서도 단 하나의 절대적인 기준이란 것은 존재하기 어렵습니다. 연방정부에서 어떤 기준을 정한다 해도, 모든 주가 이렇게 하도록 권고한다는 정도의 표현을 사용하지 반드시 규범화된 내용을 지키도록 하는 경우는 드뭅니다. 마찬가지로 학교 랭킹이라는 것도 많은 교육기관과 언론사에서 각자의 기준으로 매년 랭킹을 매겨서 내놓는 것이기 때문에 절대적인 수치는 없습니다. 다만 그중에서 역사가 있고, 신뢰도 있는 기관에서 발표하는 랭킹은 참고할 만합니다. 저는 개인적으로 U.S. News에서 발표하는 랭킹을 선호하는데, U.S. News가 미국에서 영향력 있는 언론사이기도 하고, 매년 관련 자료를 업데이트하기 때문입니다.

학교 랭킹을 확인하는 데 있어 참고할 내용을 다음과 같이 소개합니다.

만약에 유학원 등에서 이 학교는 '○○○주에서 랭킹 ○○위의 명문학교이다'라고 한다면, 정확히 그 자료의 출처와 몇 년도 지표인지를 확인해야 합니다. 지금이 2018년인데 2003년도에 작은 언론사에 발표한 랭킹은 현재 의미 없는 지표에 불과할 수 있습니다. 마찬가지로 랭킹을 발표하는 기관이 별 공신력이 없는 곳이라면 그곳에서 발표한 랭킹은 무의미합니다.

관심 있는 학교가 있다면 다음 사이트들에서 검색해보기 바랍니다. 영어로 된 사이트라 하여 겁먹지 마시고 번역기의 도움을 받거나 영어를 하는 자녀와 함께 검색하여 랭킹을 확인할 수 있습니다.

① U.S. News

미국 고등학교 랭킹을 확인할 수 있습니다. 일반고교, 차터스쿨, 마그넷스쿨, 스템스쿨 등으로 나눠서 랭킹을 제공하고 있습니다. 주별 검색도 가능하니, 학생이 가려는 주에 어떤 학교가 있는지 검색하는 것도 가능합니다.

－U.S. News Best High Schools Rankings

　https://www.usnews.com/education/best-high-schools/rankings-overview

② Niche

최근에 생긴 Niche라는 사이트인데, 학교별로 정리를 잘 해놓았고 나름 합리적인 요소들로 랭킹을 선정해두었습니다. 학생, 학부모의 리뷰도 많이 남겨져 있어서 신뢰가 가네요.

- 명문 보딩학교(기숙사학교) 랭킹

  https://www.niche.com/k12/search/best-boarding-high-schools/

- 명문사립학교 랭킹

  https://www.niche.com/k12/search/best-private-high-schools/

③ Businessinsider

비지니스인사이더에서 기사로 발표한 랭킹입니다.

- 미국 최고의 명문 보딩스쿨 50

  http://www.businessinsider.com/most-elite-boarding-schools-in-america-2016-2

- 미국 최고의 명문사립학교 50

  http://www.businessinsider.com/best-private-high-schools-in-america-2016-3

④ 기타

- 미국 최고의 명문사립학교(데이스쿨) 50

  https://thebestschools.org/features/best-private-day-schools-america/

- 미국 최고의 고등학교 100

  https://www.bestcolleges.com/features/best-high-schools-in-america/

7. 학생 생활 관리가 잘 되는 국제학교를 선별하는 5가지 팁

① 학교 선생님들의 근속연수 확인

선생님도 사람이기 때문에 한 학교에서 오래 근무를 하면 학교와 학생들에 대한 애정이 깊어지기 마련입니다. 7학년으로 갓 입학한 학생이 12학년이 되어 졸업하는 6년의 시간 동안, 그 학생을 꾸준히 지켜보는 선생님들이 있다면 어떨까요? 자연히 학생에 대해서 많은 부분을 파악할 수 있을 것이고, 학생의 학업적인 부분뿐 아니라 개인적인 생활에 대해서도 관심을 가지게 될 가능성이 높습니다. 오랜 시간을 함께하기 때문에 학생과 선생님 간의 신뢰도 지속적으로 쌓이기 때문에 근속연수가 높은 선생님이 많은 학교가 아이들의 생활 관리를 더 잘하는 경우가 많습니다.

그러므로 근속연수가 오래된 선생님이 많은 학교를 선택하는 것이 여러모로 유리합니다. 이 의미는 학교가 선생님에 대한 대우를 잘한다는 뜻도 되고, 이 선생님들에 대한 학생들의 만족도도 높아서 오래 근무한다는 의미가 되기도 하기 때문입니다.

② 입학 조건을 꼼꼼히 확인

대부분의 국제학교는 사립학교입니다. 사립학교는 학교 재정의 많은 부분이 학생이 납부하는 학비로 충당되기 때문에 학교의 비즈니스적인 측면을 간과할 수 없습니다. 그렇기 때문에 일부 비즈니스적인 측면을 더 중요하게 생각하는 국제학교에서는 지원하는 학생은 거의 다 받아주는 경우도 있습니다. 왜냐하면 학교의 특성상 고정비용은 이미 정해져 있기 때문에, 학생을 한 명 더 받는다고 들어가는 비용이 크게 늘어나지 않기 때문에 학생 수가 늘어날수록 학교의 수익은 더 커지기 때문입니다. 하지만 그렇게 대부분의 학생을 다 받다 보면 다른 학교에서 문제가 있었던 학생도 들어오고, 공부에 정말 관심이 없는 학생도 들어오고, 아이의 부모님조차 다루기 힘든 학생들도 들어오게 됩니다. 이렇듯 준비가 덜 된 학생들이 학교에 많아질수록 학교의 면학 분위기는 점점 엉망이 되어갑니다. 자연스럽게 학생들 생활 관리는 학교나 학부모님이 바라는 모습과는 거리가 생기게 되지요. 이 때문에 학교의 입학 조건이 엄격한 학교일수록 상대적으로 준비가 더 잘된 학생들이 지원할 가능성이 높고, 학교가 '비지니스'보다는 '교육'에 우선을 두는 곳일 가능성이 높습니다.

일반적으로 입학시험은 '인터뷰'로 대체된다든지, 검증되지 않은 자체 시험을 본다든지, 지난 학교 성적이 좋지 않아도 큰 상관이 없다는 입학 조건을 가진 학교는 입학을 한 번 더 고려해보는 것이 안전합니다.

③ 퇴학당한 학생들의 현황, 퇴학 사유 등 확인

아마 이 부분은 학교에서 상담을 하는 부모님들이 거의 신경 쓰지 않는 부분일 것 같습니다. 학교는 학교생활을 하는 데 문제가 큰 학생을 퇴학시킬 수 있습니다. 그런데 앞서 말씀드렸듯이 국제학교에서 학생은 가르쳐야 할 대상인 동시에 학교의 재정적 수입과 직결되는 요소인 만큼, 퇴학 결정을 내릴 때 교육적인 면만 고려하기가 쉽지만은 않습니다. 그렇기 때문에 지원하려는 학교에서 지난 학기에 몇 명의 학생이 퇴학을 당했는지, 어떤 사유로 퇴학을 당했는지를 확인해보는 것도 학교의 학생 관리 수준을 가늠해볼 수 있는 좋은 지표가 될 수 있습니다. 물론 학교에서 학생이 왜 퇴학을 당했는지에 대해서는 자세히 알려주지 않을 가능성이 크지만, 대략 어떤 행동을 하면 퇴학당하는지, 몇 명의 학생이나 퇴학당했는지에 대해서는 알려줍니다. 퇴학생이 전혀 없는 학교는 둘 중에 하나입니다. 애초에 들어온 아이들이 너무 훌륭한 아이들이라서 퇴학당할 이유가 없는 경우이거나 아니면 학교에서 웬만한 사건사고로는 퇴학을 안 시키는 경우입니다.

만약에 ①, ②번 조건이 충족되지 않는 학교인데 퇴학생도 없는 학교라면 후자라고 보면 됩니다.

④ 학생 생활 관리 직원들의 경력사항 확인

영미권을 제외한 국가에 위치한 국제학교에는 한국 직원이나 현지 국적을 가진 직원들이 근무하고 있는 경우가 종종 있습니다. 이들은 주로 한국 학생들의 입학 상담, 생활 관리, 기숙사 관리, 행정 관리 등의 업무를 수행합니다. 대부분의 학부모님들이 교사진의 경력사항은 잘 물어보고 체크하면서 행정 관리, 학생 관리, 기숙사 관리를 하는 직원의 경력사항은 확인하지 않는 경우가 많습니다. 사실 학교의 행정 관리, 학생 관리, 기숙사 관리를 하는 데 특별한 경력사항이 필요하진 않습니다. 국제학교 행정이라는 대학 전공이 있는 것도 아니고, 국제학교 기숙사 관리라는 전공이 있는 것도 아니니까요. 다만, 직원들이 최소한 교육 쪽에 관련된 경력이 있는지, 아니면 정말로 아이들을 돌봐주고 챙겨줄 수 있는 따뜻한 마음을 가졌는지 또는 아이들을 관리하기에는 아직 미숙한 연령대는 아닌지, 영어나 현지 언어는 할 수 있는지 등의 사실들은 체크해보는 것이 좋습니다. 대다수의 한국 부모님들이 영어로 소통하는 것이 자유롭지 않기 때문에, 원어민 교사진과 대화를 할 때 직원들의 도움을 받아서 학교와 대화를 하고, 학생들도 마찬가지로 영어가 미숙할 때는 이런 직원들의 도움을 받아서 선생님들과 의사소통을 하곤 합니다. 그런데 이렇게 중간에서 통역하는 역할이 생각보다 매우 중요합니다. 같은 말을 전달해도 아 다르고 어 다르다고 하듯이 통역하는 사람의 역량에 따라서 일이 잘 풀릴 수도, 아예 말도 안 되게 꼬일 수도 있습니다. 그래서 이런 '중간자'의 역량이 학생 생활 관리 부분에서 생각보다 훨씬 큰 부분을 차지합니다.

좋은 학교는 이런 직원을 선발할 때 상당히 신경을 써서 고용하고, 그 직원의 숫자도 충분합니다. 반면, 아직 준비가 덜 된 학교는 이런 중요한 자리를 그냥 저렴한 급여의 현지 직원으로 채우거나, 현지 대학을 갓 졸업하고 언어만 가능한 사람을 고용하거나 또는 한국 유학원이나 학원에서 약간 근무한 경력이 있는 사람으로 채우는 경우가 종종 있습니다. 이런 사람들이 과연 학생들의 생활을 잘 관리할 수 있을까요? 생활 관리는 아이들에게 큰 영향을 미치는 부분인 만큼 이 부분도 소홀히 하지 않고 잘 살펴보아야 합니다.

⑤ 교장 선생님의 경력사항과 역량 확인

국제학교에서 교장 선생님의 역할이 차지하는 비중은 매우 큽니다. 교장 선생님이 어떤 교육철학을 가졌고, 어떤 성향을 가졌느냐에 따라서 학교의 분위기와 교육의 질이 좌지우지될 정도입니다. 교장 선생님이 공립학교 마인드에 젖어서 선생님들의 입장만 대변한다면 학생이든 학부모든 학교와 대화 자체를 나누기가 힘들어질 가능성이 높습니다. 반면, 교장 선생님이 선생님들에게 엄격하고 학생들을 진정으로 생각하는 분이라면 학교 교육의 퀄리티가 눈에 띄게 좋아질 겁니다. 그렇기 때문에 학교를 선택할 때 반드시 교장 선생님과 면담을 하고, 그 교장 선생님이 어떤 분인지 알아보기 바랍니다. 교장 자격증은 있는지, 교육학에 대해서 얼마나 공부하는지, 교장 선생님 경력은 얼마나 되는지, 학교에서는 얼마나 오래 근무하였는지 그리고 아이와 대화할 때는 어떤지 등의 사항을 보면 대충 어느 정도 파악이 가능할 겁니다. 제가 ①번으로 설명했던 교사 근속연수 확인에서 가장 중요한 것이 그 학교에서의 교장 선생님 근속연수입니다. 안정된 학교는 교장이 1~3년마다 한 번씩 바뀌지 않습니다. 교장 선생님은 학교의 기둥과 같은 분인데 이 기둥이 시시때때로 바뀌는 학교는 그 신뢰성이 많이 떨어진다고 보아도 무리가 없습니다.

8. 현업에서 근무하면서 느끼는 유학/국제학교의 트렌드

여기서는 제가 지난 10여 년간 국제학교에 근무하면서 느끼는 유학/국제학교의 트렌드에 대해 이야기해보겠습니다. 제가 처음 해외의 국제학교에서 근무를 시작한 2000년대 중반에는 미국 유학이 압도적으로 많은 시기였고, '유학'이라는 단어를 떠올리면 가장 먼저 대학생들의 '어학연수'가 떠오르는 시기이기도 했습니다. 당시 초등학생들의 유학은 거의 전무했고, 중·고등학생들의 유학은 90% 이상이 미국을 비롯한 영미권 국가로 집중되어 있었으며, 주로 J1 비자를 통한 교환학생제도나 F1비자를 통한 사립학교 유학이 유행했습니다.

대학 진학도 마찬가지였습니다. 국제학교나 해외 조기유학을 한 학생들은 대부분 미국과 영국 대학을 선호했습니다. 왜냐하면 그 당시까지는 미국 대학을 졸업했다는 것 자체가 여러모로 메리트가 있는 시기였기 때문입니다.

그다음 트렌드는 미국을 제외한 국가에 위치한 '국제학교'에 조기유학을 보내는 것이었습니다. 대략 2008~2010년쯤부터 인기를 끌기 시작한 걸로 기억합니다. 아시아의 각 주요 도시에 주재원을 위한 외국인학교들은 이미 성행하고 있었지만, 그러한 학교들은 대부분 Day School이고, 학생비자도 발급해주지 않았기에 한국 학생들이 유학갈 수 있는 환경이 아니었습니다. 하지만 당시 새로 생기기 시작한 국제학교들은 기숙사를 갖추거나 홈스테이를 제공하였고, 학생비자까지 발급해주면서 한국의 유학생들을 흡수하기 시작하였습니다. 학업적인 면에서도 미국의 학제를 기본으로 하되 현지의 언어도 함께 배울 수 있다는 장점을 내세웠으며, 서구권 국가로의 유학에 비해 비용도 저렴한 편이어서 많은 아시아 등지의 국제학교가 인기를 끌었던 것으로 기억합니다.

대학 진학 면에서는 홍콩이나 싱가포르 등지에 있는 대학이 인기를 끌기 시작했습니다. 미국 대학을 간다고 해도 현지에서 스폰서해줄 수 있는 회사를 찾아 H1B비자(워킹비자)를 받는 것이 쉽지 않다는 것을 부모님들이 깨닫기 시작했고, 상위권 대학을 가지 않는 이상 학비만 비싸고 나중에 정작 취업을 할 때도 별 장점이 없다고 생각하기 시작했습니다. 반면 홍콩이나 싱가포르 등지에 있는 대학들은 세계적인 랭킹도 높았고, 무엇보다 수업을 모두 영어로 진행하는 점, 현지에 세계적인 기업들이 많아 인턴십 기회가 많은 점, 졸업 후에 현지 취업도 미국보다는 훨씬 수월하다는 점 등이 큰 점수를 받으며 홍콩이나 싱가포르 대학이 각광을 받기 시작했습니다.

그리고 몇 년 후 한국에서 수시의 비중이 거의 75%까지 확대되면서 한국 대학으로 리턴하는 유학생과 국제학교 학생들이 많아지기 시작했습니다. 일례로 한 분야에서 깊은 지식을 쌓고 있는 학생을 뽑으려는 한국 대학의 수시 선별 방식 덕에 '곤충소년', '터키어 천재소년' 등의 사례도 생기게 되었습니다. 특수한 분야의 지식이 있는 것처럼 학생들을 준비시켜서 상위권 대학에 입학시키려는 사교육도 성행하게 되었지요.

한국에서는 제주도와 송도 등에 교육부에서 정식으로 인가를 받은 '국제학교'가 생기게 되었고, 이와 더불어 미인가 국제학교도 속속 생겼습니다. 구태여 비싼 돈을 들여서 유학을 가느냐? 아이들 관리도 안 되는 유학은 위험하다. 대신 한국에서 똑같은 방식으로 국제학교 교육을 하면 된다고 생각하는 사람들이 늘어나면서 말이지요.

대학입시의 길도 많이 다양해졌습니다. 상대적으로 보수적이던 유럽의 대학들이 수업을 영어로 진행하면서 우수한 학생들을 유치하기 시작하였고, 중국의 명문대로 손꼽히는 칭화대, 북경대, 인민대 등에서도 기존의 중국어 HSK와 자체 중국어 시험으로 학생을 선발하던 것을 SAT2 등의 영어 시험 등을 통해 학생을 선발하기 시작하였습니다. 일본 유수의 대학들도 영어로만 수업을 진행하는 프로그램들을 준비하고, 많은 장학금까지 약속하며 우수한 학생들을 유치하고 있습니다.

'조기유학'을 원하는 학생들의 연령도 점점 낮아지고 있습니다. 10년 전만 해도 초등학생이 유학을 가는 경우는 드물었는데 지금은 엄마와 함께 또는 모든 가족이 자녀 교육을 위해서 해외에 위치한 국제학교에 가는 경우도 빈번합니다. 초등학생들이 참여하는 해외 영어캠프 등도 많은 인기를 끌고 있습니다.

그래서 지금은 가히 춘추전국시대라고 불릴 만하다고 생각합니다. 미국, 캐나다, 영국, 동남아, 중국, 호주, 뉴질랜드 등지에 많은 종류의 국제학교가 있고, 한국에도 외국인학교, 인가 국제학교, 미인가 국제학교 등의 많은 선택지가 존재합니다. 대학교도 마찬가지고 여러 나라의 대학으로 진학할 수 있는 길이 열렸습니다.

이렇듯 현재 많은 선택지가 존재하는 교육시장에서 학생과 학부모가 미래를 위한 현명한 선택을 할 수 있는 방법은 무엇이 있을까요? 개인적인 생각으로는 예전에는 아이가 대학에 가는 것이 중요했다면, 이제는 대학 졸업 후에 무엇을 하느냐가 더 중요해졌다고 생각합니다. 그렇기 때문에 대학에서 선택할 '전공'의 중요성이 점점 부각되고 있으며, 졸업 후에 어느 나라에서 취업을 할지, 어떤 분야의 일을 할지를 조금이라도 더 빨리 결정하는 것이 아이들에게는 훨씬 유리하다고 생각합니다.

간단한 예를 들면, '우리 아이는 어디로 유학을 가야 할까요?'라는 질문보다는, '우리 아이는 이러이러한 분야에서 이러이러한 일을 할 예정인데 이것에 가장 적합한 길은 어디일까요?'라는 질문이 더 많이 필요한 세상이 올 거라 생각합니다.

예전에 제가 학교에 다닐 때는 '경영학과'가 가장 인기가 많았습니다. 가장 일반적인 전공이기도 했고, 추후에 무슨 일을 하더라도 연관이 있는 경우가 많았기 때문입니다. 물론 지금도 인기 있는 전공이긴 하지만, 앞으로 다가오는 세계에는 좀 더 세분화된, 특성화된 전공을 선택하는 것이 더 유리하지 않을까 하는 것이 제 의견입니다.

미국 교장 선생님이 본 한국 국제교육의 새로운 트렌드

이 글은 10여 년 이상 한국의 국제학교에 근무한 미국 교장 선생님의 칼럼을 원문과 함께 번역한 것입니다. 국제학교 현장 전문가의 실질적이고 유용한 정보를 통해 국제학교를 이해하는 데 도움이 되길 바랍니다.

Thinking about my career in international education, I have been lucky enough to work in several schools located in four Asian countries, and the USA. At all these schools, we had many of Korean students. For decades, Korean families have felt great pressure to send their children to the USA for their education. The reason for Koreans going overseas has been due to a difficult education system in Korea and also they feel it's a better path to college.

국제교육에 있어서의 저의 경력을 생각해보면, 저는 운 좋게도 아시아의 4개 국가와 미국에서 근무할 수 있었습니다. 그리고 제가 근무한 모든 학교에는 한국 학생들이 있었지요. 지난 10년간 많은 한국인 가정에서는 자녀를 미국으로 유학 보내야 한다는 생각을 갖고 있었습니다. 한국 학부모님들께서 유학을 선택하시는 가장 큰 이유는, 한국 교육에서의 어려움들과 유학이 대학 진학을 위해서 더 유리하다는 생각 때문이 아니었나 싶습니다.

Things appear to be slowly changing, I feel; and there appears to be less and less reason to leave home for a good school. In 2018, I have been lucky enough to tour some "International Schools" here in Seoul, and I can tell you first hand that there are great options right in your backyard. All the schools I visited I would consider to be above average, in comparison to International

Schools I have seen in China, Japan, and Philippines. Compared to most International Schools in Asia, all of them had better facilities, better teachers, and it's just a simpler experience where the parents have more authority. All schools are sending their graduates to good colleges and are accredited internationally. I know the Korean laws for international schools are complicated, but these appear to be doing just fine.

이러한 경향이 제가 느끼기엔 서서히 변화하고 있는 것 같습니다. 가장 큰 이유 중 하나로는 좋은 학교를 찾아 한국을 떠나야 하는 이유가 점점 줄어들고 있기 때문입니다. 2018년에 저는 운 좋게도 서울에 위치한 몇 군데 국제학교를 방문할 기회가 있었는데, 이 학교들을 기준으로 말씀드리자면, 여러분의 바로 뒷마당에도 좋은 옵션들이 존재한다고 말씀드리고 싶습니다. 제가 방문한 학교들은 제가 경험한 중국, 일본, 필리핀 등지에 있는 학교들과 비교해서 시설이나 교사의 질 등을 고려할 때 평균 이상의 교육 수준을 유지하고 있었습니다. 학부모가 바로 옆에서 아이의 교육에 관여할 수 있다는 것도 큰 장점이라 말할 수 있겠습니다. 거의 모든 학교가 학생들을 명문대학으로 진학시키고 있었으며, 미국 학력인증도 받아 국제적으로도 그 교육의 수준을 인정받는 곳들이었습니다. 한국의 법이 국제학교들에 대해 복잡하게 되어 있다는 것을 듣긴 했지만, 학교 운영상에는 별 문제가 없어 보였습니다.

My perspective might be different from the Parents on this blog, since I was an American Principal. From my perspective, I can tell you that managing an international school in most countries is no walk in the park. Schools must deal with complicated relationships with Chinese partners, visa issues, dorm issues, and all kinds of other things that take away the Principal's focus on Academics. So much time is spent putting out fires, that the administration barely has time to think about the actual experience. Here in Korea, all of those issues are far less severe, and the school can focus on education more than an international school in other Asian countries can.

저의 의견은 미국인 교장으로서의 의견이기 때문에 아마 저의 견해가 몇몇 학부모님들과는 다를 수도 있겠습니다만, 해외에서 국제학교를 운영하는 것은 결코 쉬운 일이 아닙니다. 현지의 파트너와 함께 해결해야 하는 복잡한 문제들, 현지 비자 문제, 기숙사 문제 등의 문제들은 교장이 교육 수준 향상을 위해 노력할 시간을 앗아갑니다. 마찬가지로 행정 관련 직원들의 많은 시간도 이러한 문제들을 해결하기 위해서 쓰이곤 합니다. 반면, 한국에 위치한 국제학교들은 이러한 해외에 위치한 국제학교들에서 생기는 문제들이 훨씬 적기 때문에 학생들의 교육에 더 많은 시간과 비용을 투자할 수 있습니다.

At the same time, it is very easy for schools outside of Korea to hide serious problems from the parents. Bad things can happen, and you will have no idea about it. The dorms at International schools sometimes have terrible management, and students work together to circumvent the rules and very unhealthy cultures can be formed among them.

또한, 해외에 위치한 국제학교들은 학교의 심각한 문제들을 학부모들에게 은폐하기 아주 좋은 환경에 있습니다. 설사 학교에서 좋지 않은 일이 일어난다고 해도, (한국에 있는) 학부모는 그러한 문제들을 전혀 모르게 될 수도 있습니다. 종종 해외에 위치한 국제학교들의 기숙사는 엉망으로 관리되는 경우가 있으며, 그런 학교의 학생들은 학교의 룰을 지키지 않고 굉장히 부적절한 문화 속에서 생활하게 되기도 합니다.

I am aware that there are advantages to leaving the country. For example, full immersion in English is the best way to learn. However, we must be practical and consider that when Korean teenagers go overseas, they often spend most of their time with fellow Koreans. Many international schools are full of Koreans, who tend to stick with themselves; and they are not getting as much face-to-face interaction with native speakers as you might be led to believe. For example, at a school I worked at in the USA, we had about six Korean students. Those students socialized only with the other Koreans. I am sure when they got home, they texted with their Korean friends, read Korean comics, etc. So, if you go overseas and want full immersion, the only way to do that might be to find a school with little or no Korean students. Otherwise, this advantage of going overseas really isn't as big as you might think.

물론 유학을 가서 얻을 수 있는 장점에 대해서도 저는 잘 알고 있습니다. 예를 들어 영어를 배우는 데 영어를 사용하는 환경에서 생활하는 것보다 좋은 방법은 없을 겁니다. 하지만 현실적으로 생각할 때, 한국의 10대 학생들은 유학을 가더라도 같은 한국의 10대 친구들과 어울릴 확률이 상당히 높습니다. 많은 국제학교에 이미 (한국 학생끼리 어울리기를 좋아하는) 많은 수의 한국 학생이 재학하고 있으며, 그렇기 때문에 한국 학생들이 실제로 현지인과 어울리게 될 확률은 생각하시는 것보다는 훨씬 적은 것이 현실입니다. 예를 들어 제가 근무했던 미국 내의 고등학교에는 6명의 한국 학생들이 재학하고 있었는데, 그 학생들은 언제나 한국 학생들끼리만 어울려 다니는 것을 볼 수 있었습니다. 아마도 그 학생들이 집에 가면 한국어로 문자를 보내고, 한국어로 된 만화를 보며 시간을 보냈을 것이라고 생각합니다. 그렇기 때문에 정말 영어 환경에 아이를 보내고 싶으시다면, 한국 학생이 전혀 없거나 한국 학생 재학생 수가 아주 적은 학교를 선택하시기 바랍니다. 그렇지 않으면, 외국에 유학을 보내는 효과가 생각만큼 나오지는 않을 것입니다.

The schools I have toured in Seoul are all professionally run. I think it is not a coincidence that they are all growing rapidly as more parents realize that sending their child overseas might not be as exciting, but does have some clear and practical advantages to going all the way around the world for high school. Staying in Korea certainly has its disadvantages, so my hope is for some to think twice about going abroad, especially if you live in Seoul where these schools are located. You might find what you are looking for in a school here in Korea!

제가 방문한 서울의 국제학교들은 모두 꽤나 전문적으로 운영되고 있었습니다. 그렇기 때문에 그 학교들의 학생 수가 빠르게 늘고 있는 것은 결코 우연이 아니며, 이는 한국 학부모님들이 유학을 보내는 것만이 정답이 아니라는 걸 깨닫고 있는 것에 대한 자연스러운 결과라고 생각합니다. 그렇기 때문에 이러한 국제학교들이 위치한 서울에 거주하고 있는 학부모님들은 유학을 보내기 전, 한국 내 국제학교들의 장단점을 모두 고려하시고 신중한 결정을 내리시길 바랍니다. 어쩌면 여러분이 찾는 옵션을 한국 내에서 찾을 수 있을지도 모르니까요.

3장
국제학교 지원과 입학 전 준비

1. 국제학교, 학년을 올릴까 낮출까?

국제학교를 지원하는 데 있어서, 지원 학년 문제가 많이들 어렵다고 합니다. 인터넷상에 나이/학년 지원표라고 하는 표들이 올라와 있는데 이런 표들을 이해하기가 쉽지 않고 또 각 학교마다 다른 경우도 많아서 더욱 혼란스러울 수 있습니다.

이번 장에서는 국제학교 지원 학년을 가능한 한 이해하기 쉽게 알려드리겠습니다.

우선 이 지원 학년에 대해서 이해하려면 국내와 국외의 차이점에 대해서 인지해야 합니다.

A. 국외는 만 나이를 사용한다. (9월 1학기가 시작되기 전에 만 6세이면 1학년 입학)
B. 국외는 1학기가 8~9월 중에 시작한다. (한국과 학기가 반대)

이 두 가지 차이점으로 인해 한국 학생들이 국제학교를 입학할 때 여러 혼란이 생깁니다.

국제학교에 지원하는 학생들은 대부분 다음 2가지 방법 중의 하나를 선택하게 됩니다.

한 학기 낮춰서 지원하기

학생이 현재 국내 한국학교를 다니고 있다면, 그냥 현재 다니고 있는 학년의 최종 학기를 다시 한번 반복한다고 이해하면 편합니다. 예를 들어 7월 19일 현재, 학생이 중학교 2학년 1학기에 재학 중이라면, 국제학교의 1학기, 즉 9월 학기를 지원할 때, 중학교 2학년(8학년) 1학기로 다시 들어가면 됩니다. 즉 한 학기를 반복하게 되는 것입니다.

이렇든 한 학기를 반복하는 것이 가장 일반적인데, 이는 한국에서 교육을 받다가 갑자기 영어로 진행되는 커리큘럼으로 변화하는 환경에 적응하기 위해서 한 학기 정도의 시간을 반복하는 것이 가장 안전하고, 아이들 적응에도 도움이 되기 때문입니다.

참고로 이 방법을 선택하면 학생은 대학 지원 전까지 총 25학기(12년 반)를 수료하게 됩니다(한 학기 중복).

한 학기 높여서 지원하기

미국 아이들 같은 경우는 미국의 1학기가 시작하는 9월 1일 이전에 아이가 이미 만 6세라면 9월에 Grade 1으로 입학을 하게 됩니다. (영국 학제는 만 5세에 Grade 1 입학)

그렇기 때문에 국제학교의 학제상으로는 현재 학생이 만으로 몇 세인지 따져보고, '−5'를 하면 올해 9월에 입학할 수 있는 미국 학제의 학년이 계산됩니다.

영국 학제의 학년 기준은 미국 학제보다 1년 높기 때문에 만 나이에서 '−4'를 하면 올해 9월에 입학할 수 있는 영국 학제의 학년이 계산됩니다.

예를 들어서 현재 학생이 만 15세이면, 올해 9월에는 미국계 학교에 10학년(15−5)으로 지원할 수 있고, 영국계 학교에는 11학년(15−4)에 지원할 수 있습니다.

즉 생일이 9월 이전인 학생은 한 학년 올라가게 되고, 생일이 9월 이후인 학생은 한국 학년과 같은 학년으로 지원하게 되는 것입니다.

이 방법을 선택하면 생일이 9월 이전인 학생들은 대학 지원 전까지 총 23학기(11년 반), 생일이 9월 이후인 학생들은 25학기(12년 반)를 수료하게 됩니다.

각 국제학교마다 입학 규정이 달라서 1번을 적용하는 곳도 있고, 2번을 적용하는 곳도 있고, 입학시험을 본 뒤에 1번 또는 2번을 결정해주는 곳도 있으며, 학부모에게 1, 2번 중에 하나를 선택하라는 곳도 있습니다. 심지어 어떤 곳은 국내학교에 다니다가 온 학생이 한국 대학 진학이나 한국 고등학교로의 전학을 염두에 두고 있을 경우에는 1번, 그렇지 않으면 2번을 택하라고 하는 곳도 있습니다.

그런데 지원 학년을 1번(한 학기 내림)과 2번(한 학기 올림) 중에서 선택하기 전에 고려해야 할 사항이 있습니다.

한국에서 초등학교 1학년을 3월에 입학한 대부분의 한국 아이들은, 미국에서 grade 1으로 (우리 아이들보다 6개월가량 빠른) 9월에 입학한 미국 아이들보다 한 학기를 덜 공부한 상황입니다. 이런 상황에서 지원 학년도 '만 나이'를 적용해서 미국 학제에 한국 학생의 학년을 맞추게 되면, 한국 아이들은 최종적으로 12년이 아닌 11년 반만 공부하고 졸업하는 상황이 생기게 됩니다.

즉 미국 아이들은 한국 아이들보다 시간상으로 1학기(6개월) 먼저 입학했기 때문에 1학기(6개월) 먼저 졸업하는 게 맞는데, 한국 아이들은 1학기 늦게 입학했으면서 국제학교에 다닌다는 이유로 미국/영국 아이들과 같은 시기에 졸업하게 되니 일반적인 12년 교육을 받지 않고 11년 반만 받게 되는 셈입니다.

또 한편으로 한국 아이들이 한국의 일반학교를 다니다가 갑자기 만 나이로 9월 기준 규칙에 의해 국제학교에 한 학년 높여 지원해서 다니게 되면 많은 어려움이 따를 수 있습니다.

이렇게 한 학기를 높여서 국제학교에 들어가게 되면 가장 흔히 생기는 문제는 학생이 수업을 잘 따라가지 못하는 경우가 생길 수 있을 수 있다는 점입니다. 한국어로 공부하다가 갑자기 영어로 공부하는 학교에 가게 되었는데, 한 학기를 월반까지 하는 경우이니 학생이 웬만큼 우수한 학생이 아니라면 부담이 클 수밖에 없습니다.

또 다른 문제는 학생이 또래보다 나이가 많은 학생과 공부를 하게 되는 경우에 생길 수 있는 문제로, 한국 학생들에게는 꽤나 민감한 나이 차이 때문에 학교 적응 자체에 문제가 생길 수도 있습니다.

일부 부모님들은 우선 한 학기 올려서 지원한 다음에, 아이가 적응을 못 하면 다시 한 학년 내리면 된다고 생각하지만, 어떤 학교는 학년을 낮춰주지 않으므로 학년을 낮추려면 부득이하게 학교를 옮겨야 하는 경우가 생길 수도 있습니다. 그렇기 때문에 이 또한 신중히 결정해야 합니다.

물론 이론상으로는 23학기만 마쳐도, 즉 국제학교에서 정상적으로 고등학교 과정(9~12학년)만 마쳤다면 해외 대학에 진학하는 데 문제는 없습니다.

한국 대학을 진학할 때도, 23학기까지는 인정해주는 추세라 한 학기를 올렸더라도 큰 문제가 없는 경우가 대부분입니다. 하지만 가장 정확한 것은 해당 대학 입학처에 문의하는 것이니 꼭 확인해보기 바랍니다.

국제학교 지원 학년 문제를 정리해보면 다음과 같습니다.

첫째, 한국 공립학교를 재학하던 학생이 미국계 국제학교에 지원할 때는 현재 학년으로 지원하고, 영국계 국제학교를 가면 +1학년을 지원하는 것이 가장 안전하고 일반적이다.

둘째, 한국 국적의 한국학교(국제학교 포함)를 다녔어도 한국 고등학교로 돌아가거나, 한국 대학에 진학할 계획이 전혀 없다면, 자신의 만 나이 -5(영국은 -4)를 해서 나오는 학년에 지원하는 것을 고려해도 된다. 단, 적응에 자신이 있을 때만 하는 것을 추천한다.

셋째, 일반적으로는 국내든 국외든 24학기를 수료하지 못했다고 대학을 지원하지 못하는 경우는 거의 없다고 봐도 무방하다. 24학기를 채우지 못했더라도 중·고등학교 졸업기록이나 검정고시 통과기록이 있으면 모두 지원 가능하다. 만약에 학기 수가 많이 모자란 경우에도(20~22학점), 학생이 재학한 고등학교에서 왜 월반을 하게 되었는지 사유서를 제출하면, 대학에서 그것을 인정해주는 경우도 있다. 하지만 모든 대학의 입시요강이 다르고 또 매년 조금씩 변하기 때문에 지원 대학의 입학처에 직접 문의하는 것을 추천한다.

미국 고등학교에서는 9학년부터 12학년을 뭐라고 부를까요?

물론 그냥 9th grade, 10th grade, 11th grade, 12th grade라고 할 수도 있지만 일반적으로 다음과 같이 일컫습니다.

- 9학년 – Freshman(프레쉬맨)
- 10학년 – Sophomore(소퍼모어)
- 11학년 – Junior(주니어)
- 12학년 – Senior(시니어)

예를 들어서 I'm a freshman이라고 하면 9학년이라는 뜻이 됩니다.

대학교에서도 같은 표현이 쓰입니다.

- 대학 1학년 – Freshman(프레쉬맨)
- 대학 2학년 – Sophomore(소퍼모어)
- 대학 3학년 – Junior(주니어)
- 대학 4학년 – Senior(시니어)

2. 국제학교 입학 전에 무엇을 준비하는 것이 좋을까?

많은 부모님이 국제학교 입학을 결정하고 나서 입학 전에 무엇을 준비하면 좋을지에 대한 질문을 많이 합니다.

준비해야 할 것들이 많겠지만 저는 다음과 같은 것들을 준비하도록 권합니다.

영어 문법, 단어 및 의사소통 기본 다지기

국제학교에서는 영어가 가장 기본이 되기 때문에 영어 문법, 단어 등에 대한 기본을 준비하는 것이 최우선 사항이 되어야 합니다.

국제학교에 진학하면 모든 수업이 영어로 진행되며, 친구들과의 교류도 영어로 하게 되는 것이 대부분입니다. 특히 국제학교 수업에서 학생이 참여하고 발표하는 것이 굉장히 중요한데 많은 한국 학생은 아직 Speaking 능력이 갖춰지지 않아 실제 본인의 영어 실력만큼 말을 하지 못하는 경우가 많습니다. 그래서 국제학교에 가기 전에 학원이나 그룹 과외 등을 통해 원어민 선생님과 대화를 나누는 연습을 먼저 하기를 추천합니다. 즉 영어로 의사소통할 수 있는 방법을 찾아 실전 훈련을 해볼 수 있도록 하면 좋습니다.

사회과목 배경지식 공부하기

학생이 한국에서 한국어로 수업을 하다가 갑자기 영어로 수업을 하는 환경으로 바뀌게 되면 적응이 쉽지 않은 것이 사실입니다. 특히 Social Study(사회과목) 과목 같은 경우는 한국에서 영어로 배우지 않았던 세계사나 미국, 유럽역사 등을 배우게 되기 때문에 수업을 따라가기가 더더욱 어려울 수 있습니다. 그렇기 때문에 사회 과목에서 배우게 될 수업들의 배경지식을 먼저 알고 가면 수업을 이해하는 데 도움이 됩니다.

　개인적으로 다음과 같은 책들을 꼭 한 번씩 정독하고 가기를 추천합니다.

① 이야기 세계사
- 재미있는 이야기 세계사

  http://www.kyobobook.co.kr/product/detailViewKor.laf?ejkGb=KOR&mallGb=KOR&barcode=9788993196146&orderClick=LAG&Kc=#review

- 단숨에 정리되는 세계사 이야기

  http://www.kyobobook.co.kr/product/detailViewKor.laf?ejkGb=KOR&mallGb=KOR&barcode=9788998625054&orderClick=LAG&Kc=#review

② 이야기 미국사
- 상식으로 꼭 알아야 할 미국의 역사

  http://www.kyobobook.co.kr/product/detailViewKor.laf?ejkGb=KOR&mallGb=KOR&barcode=9788958971245&orderClick=LAG&Kc=#review

- 말랑말랑하고 쫀득쫀득한 미국사 이야기

  http://www.kyobobook.co.kr/product/detailViewKor.laf?ejkGb=KOR&mallGb=KOR&barcode=9788971848418&orderClick=LAG&Kc=

③ 이야기 유럽사
- 공부가 되는 유럽 이야기(초등 레벨)

  http://www.kyobobook.co.kr/product/detailViewKor.laf?ejkGb=K

OR&mallGb=KOR&barcode=9788965131007&orderClick=LAG&Kc=

- 세상에서 가장 짧은 세계사(중, 고등 레벨)

http://www.kyobobook.co.kr/product/detailViewKor.laf?ejkGb=K
OR&mallGb=KOR&barcode=9791162201046&orderClick=LAH&Kc=
#review

수학, 과학 준비하기

일반적으로 국제학교의 수학 레벨과 진도는 한국보다 약간 늦거나 낮습니다. 하지만 수학 문제를 풀어나가는 방식이 한국은 계산을 중심으로 하는 데 반해 국제학교는 증명, 추론 등을 중심으로 하기 때문에 한국 학생들은 처음에 그 방식이 생소할 수 있습니다. 물론 영어로 되어 생소한 수학 용어들도 걸림돌이 됩니다. 따라서 수학을 잘하기 위해서는 다음과 같은 방법들을 추천합니다.

① 한국 수학 선행학습

수학은 학생들의 수준에 따라서 조금씩 다르겠지만 학생이 현재 재학 중인 학년의 모든 과정을 선행학습하고 국제학교에 가기를 추천합니다. 예를 들어 학생이 지금 중학교 2학년 1학기에 재학 중이라면, 8~9월에 8학년 1학기로 국제학교에 입학을 하게 되는데, 이런 경우에는 중학교 2학년 과정까지는 모두 선행학습을 마치고 가는 것이 빠른 적응에 도움이 됩니다. 물론 이 기준은 최소 기준이며, 학생이 더 잘하는 학생이라면 더 많은 부분을 선행학습으로 마치고 가면 더욱 좋습니다.

② 수학, 과학 용어 익숙해지기

- 유초등부 K-5 수학 공부 사이트 정보

  https://cafe.naver.com/superschools/2714 (세모국 카페 tekki***님 추천)

- 유초등부 수학, 과학 용어 사전

  https://cafe.naver.com/superschools/3048 (세모국 카페 파랑**님 추천)

- 수학, 과학 용어 정리 - Everything You Need To Ace 시리즈 (중고등부)

  https://cafe.naver.com/superschools/2634 (세모국 카페 yolo****님 추천)

제2 외국어 준비하기

국제학교에서는 일반적으로 제2 외국어 Foreign language 수업이 있습니다. 가장 많이 채택하는 수업이 중국어, 스페인어, 일본어 등입니다. 각 언어별로 제가 개인적으로 추천하는 책은 다음과 같습니다. 워낙 유명한 책들이라 이미 많은 분들이 알고 계실 것으로 생각합니다.

- 301구로 끝내는 중국어회화(중국어)

  http://www.kyobobook.co.kr/product/detailViewKor.laf?ejkGb=KOR&mallGb=KOR&barcode=9788959955398&orderClick=LAH&Kc=

- 민나노 니혼고(일본어)

  http://www.kyobobook.co.kr/product/detailViewKor.laf?ejkGb=KOR&mallGb=KOR&barcode=9788940207031&orderClick=LAH&Kc=

- 말문이 터지는 스페인어 첫걸음(스페인어)

  http://www.kyobobook.co.kr/product/detailViewKor.laf?ejkGb=KOR&mallGb=KOR&barcode=9788967907921&orderClick=LAH&Kc=

국제학교 온라인 수업을 통한 선행학습

앞의 것들을 다 했는데도 더 욕심이 난다면 온라인상의 국제학교 관련 공부를 먼저 수강하면서 준비하는 것도 가능합니다. 별도로 소개되는 미국 교장 선생님의 글에 온라인 사이트 추천글이 있으니 참고하시기 바랍니다.

국제학교 관련 온라인 커뮤니티를 통한 국제학교 정보 선행학습

학부모와 학생들의 국제학교에 대한 관심이 증가하면서 온라인상에 많은 국제학교 관련 커뮤니티가 활발히 운영되고 있습니다. 이런 커뮤니티에서는 많은 국제학교에 대한 관련 정보들이 시시각각 업데이트되기 때문에 이러한 커뮤니티를 이용하면 국제학교에 대한 많은 정보를 얻을 수 있습니다. 현업에 종사하는 사람들의 생생한 칼럼과 학부모의 커뮤니티가 잘 형성되어 있는 네이버 카페 '세상의 모든 국제학교'를 추천합니다.

국제학교 입학 시 영어 인터뷰-질문과 답 예시

1. Please tell us about your family members. 가족사항에 대해서 말해주세요.

There are five people in my family: My dad, mom, older brother, older sister and myself. My dad is a businessman. He runs his own company which produces electronic devices. My mom is a housewife. She takes care of her children with great love. My brother and sister are both high school students. I really get along with them and they are my best friends.

저희 가족은 5명입니다. 아버지는 사업가이신데, 전자제품을 생산하는 회사를 운영하시고 있습니다. 어머니는 가정주부이시고, 사랑으로 자녀들을 돌봐주시고 계십니다. 제 오빠와 언니는 모두 고등학교 학생들입니다. 저는 그들과 아주 사이좋게 지내고 있으며, 그들은 저와 가장 친한 친구들이기도 합니다.

2. Please tell us your relationship with your parents. 부모님과의 관계에 대해서 말해주세요.

I love my parents and they are always there for me. They are always open to listening to my opinion, so I feel respected all the time. I feel like my parents are one of the main reasons I have been able to succeed in school and other parts of life. Their support always makes me feel as if I can do anything.

저는 부모님을 사랑하고, 그들은 언제나 저를 위해 헌신하십니다. 그들은 언제나 저의 의견을 잘 들어주기 때문에 저는 언제나 제가 존중받고 있다는 느낌을 받곤 합니다. 그래서 제가 학교생활과 다른 생활을 성공적으로 하고 있는 이유는 부모님 덕분이라는 생각이 들기도 합니다. 그들의 서포트는 언제나 제가 무엇이든 할 수 있다는 자신감을 갖게 도와줍니다.

3. Do you have siblings? If so, please tell us about your siblings.
형제가 있나요? 있다면 형제에 대해서 말해주세요.

I have one older brother and one younger sister. My brother is in college. He is very kind and is always trying to support me when I need his help. My younger sister is an elementary student. She is a very lovely girl and we have been best friends ever since we were very little. I love my siblings and feel lucky to have them.

저는 오빠와 여동생이 있습니다. 저희 오빠는 대학교에 재학 중입니다. 그는 아주 친절하며 언제나 제가 도움이 필요할 때 도움을 주기 위해서 노력합니다. 저의 여동생은 지금 초등학교에 재학 중인데 그녀는 아주 사랑스럽습니다. 저희는 아주 어렸을 때부터 가장 친한 친구였습니다. 저는 저희 형제들을 사랑하고, 그들을 형제로 가진 것이 매우 행운이라고 생각합니다.

4. Why do you want to study at our school?
왜 우리 학교에서 공부하고 싶나요?

After traveling to the US with my family two years ago, I always wanted to learn about different cultures and languages. So I asked my parents if I can study at an international school, and they found this school and recommended me to study here. I was very happy when I first heard about this school, and now I really hope to study at this great school.

2년 전 가족과 함께 미국을 여행한 이후로 저는 언제나 다른 문화와 언어를 배우고 싶다는 생각을 갖고 있었습니다. 그래서 부모님께 제가 국제학교에서 공부할 수 있는지 물었고, 저희 부모님은 이 학교를 찾아서 여기서 공부하는 게 어떻겠냐고 추천해주었습니다. 저는 이 학교에 대해서 처음 들었을 때 매우 기뻤고, 지금은 이 훌륭한 학교에서 공부할 수 있게 되기를 희망합니다.

5. Please tell us how much you know about our school.
우리 학교에 대해서 아는 것을 말해주세요.

Ever since I heard about this school from my parents, I did a lot of research about it on internet. This school was established in ○○○○.

제가 이 학교에 대해서 저의 부모님께 들은 이후로 저는 인터넷을 통해서 학교에 대한 많은 리서치를 하였습니다. 이 학교는 ○○○○년도에 설립되었으며…. (학교에 따라 다름)

6. Please tell us what you would like to do in the future.
미래에 어떤 일을 하고 싶은지 말해주세요.

I would love to become an international businessman so that I can travel around the world and meet people from different countries. In order to do that, I need to study English and global cultures. I think this school would be a best place for me to prepare for my future.

저는 미래에 국제적인 비지니스맨이 되어서 전 세계를 여행하며 다른 문화에서 온 많은 사람을 만나고 싶습니다. 그렇게 하기 위해서 저는 영어를 공부해야 하며 국제적인 문화를 공부해야 합니다. 저의 미래를 준비하기 위해서 이 학교는 최고의 장소가 될 것이라고 생각합니다.

7. Do you play any sports? 어떤 스포츠를 하고 있나요?

I like all kinds of sports, but if I have to pick one, It would be 'basketball'. I have been playing basketball since 3rd grade, and I have really enjoyed watching NBA games so far. Although I cannot play like Michael Jordan yet, I think basketball is lot of fun, and I can always enjoy it with my friends.

저는 모든 종류의 스포츠를 좋아합니다. 하지만 제가 하나만을 뽑아야 한다면 저는 농구를 뽑고 싶습니다. 저는 농구를 3학년 때부터 시작했으며, 미국 NBA 경기들을 매우 즐겨봤습니다. 비록 제가 마이클조던처럼 플레이

할 수는 없지만, 농구는 제가 매우 좋아하는 스포츠이며, 제가 친구들과 언제나 즐길 수 있는 스포츠이기도 합니다.

8. Do you play any musical instruments? 다룰 수 있는 악기가 있나요?

I have been practicing Piano for the past 7 years, so now I am pretty good at playing Piano. Although it was my parents' recommendation for me to play Piano when I was little, now I really like to play it because it makes me feel better. I really appreciate my parents' choice for me.

저는 지난 7년간 피아노를 연습해왔기 때문에 지금은 피아노를 꽤 잘 칩니다. 비록 부모님의 추천으로 어릴 때부터 피아노를 치기 시작했지만, 지금은 제 기분을 좋게 만들어주는 피아노 연주를 저도 아주 좋아합니다. 그래서 지금은 피아노를 추천해주셨던 부모님의 선택에 아주 감사드리고 있습니다.

9. What do you like to do for your free time?
여가 시간에 주로 무엇을 하나요?

I usually spend my time with my family and friends. We go out for movie, or playing sports together. I also often study to be better prepared for my classes.

저는 일반적으로 가족과 친구들과 함께 보냅니다. 영화를 보러 가기도 하고 스포츠를 함께 즐기기도 합니다. 또한 가끔은 수업을 더 잘 준비하기 위해 예습을 하기도 합니다.

10. Please tell us about your best friend. 가장 친한 친구에 대해서 말해주세요.

As I mentioned earlier, my best friend is my sister, Erin. She is a very sweet girl and has always been there for me. We grew up together and we shared our dreams together. I hope we can be the best friend forever, as we have always been.

앞에서 말씀드렸듯이 저와 가장 친한 친구는 제 여동생 Erin입니다. 그녀는 아주 친절하며 언제나 저와 함께해주었습니다. 저희는 함께 자랐고, 함께 꿈을 공유하며 지냈습니다. 저희가 여태껏 그랬듯이 앞으로도 저희가 최고의 친구로 남았으면 좋겠습니다.

11. What is your favorite subject and why?
가장 좋아하는 과목은 무엇이며 이유는 무엇인가요?

My favorite subject is Math. Although it is sometimes challenging, I think it's a lot of fun to solve difficult problems. I would like to keep studying Math really hard and work in the field where I can use my math skills somehow.

제가 가장 좋아하는 과목은 수학입니다. 가끔은 좀 어렵기도 하지만, 어려운 문제를 푸는 것은 아주 즐거운 일이라고 생각합니다. 앞으로도 열심히 수학을 공부해서 제 수학 실력을 활용할 수 있는 분야에서 일하고 싶습니다.

12. Which country would like to visit the most?
가장 방문하고 싶은 국가는 어디인가요?

I would like to visit USA one day because I heard it's a country where all cultures and people are mixed like a melting pot. I think it's a really interesting country, so I would love to visit the USA one day.

저는 언젠가 미국을 방문해보고 싶습니다. 왜냐하면 미국은 여러 문화와 사람들이 모두 섞여 있는 큰 용광로 같은 곳이라고 들었기 때문입니다. 그래서 저는 미국이 아주 흥미로운 나라라고 생각하고, 언젠가 꼭 방문해보고 싶습니다.

국제학교를 준비하는 저학년 아이의 필독 영어책

국제학교, 유학을 준비하는 유·초등부 학생들에게 감히 최고의 책이라고 추천할 수 있는 『The Oxford Picture Dictionary』를 소개합니다.

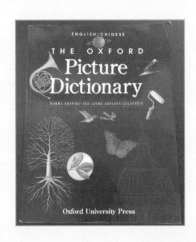

이 책의 제목은 영어 그림사전이지만, 사전처럼 딱딱하게 구성되어 있는 것이 아니라 여러 가지 주제를 정하고 그에 연관되는 영어 단어들을 소개하고 있습니다. 각 나라 언어별로 나왔는데 한국어 버전도 있습니다. 한국어 버전은 표지가 이렇게 생겼습니다.

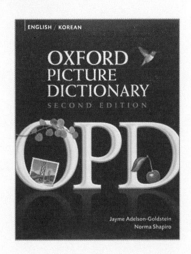

제가 소개할 책은 중국어-영어 버전입니다. 그럼 책 속 내용을 한번 살펴보겠습니다.

1. 영어(Language art)

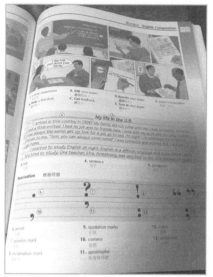 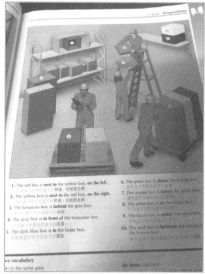

영어의 기본이 되는 문장 구성, 문장 부호에 대한 단어를 예시, 그림과 함께 공부할 수 있습니다. 의외로 영어를 오래 공부한 사람도 문장 부호, 구성에 관련된 단어를 잘 모르는 경우가 많습니다. 이 책에서는 아주 기초부터 간단한 예시, 그림과 함께 공부할 수 있습니다.

아이들이 가장 헷갈려 하는 부분 중에 하나인 위치 관련 부사를 사진과 함께 설명하고 있습니다. 어른들도 종종 헷갈리는 위치 부사인데, 이렇게 그림과 함께 공부하면 기억에 오래오래 남습니다.

Entertainment에 관련된 단어입니다. 이벤트, 즐거운 놀이, 특수 상황에 대한 단어를 그림과 함께 가르쳐줍니다.

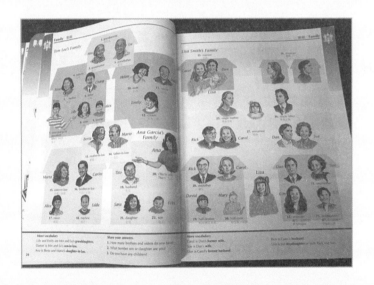

가족의 호칭에 대한 단어를 사진과 가계도를 통해서 배울 수 있습니다. 복잡한 명칭도 쉽게 정리할 수 있습니다.

공사장에 관련된 단어입니다. 토익, 토플에 공사와 관련된 어휘가 종종 나오는데 (특히 리스닝 파트에), 이렇게 한 번에 공부할 수 있어서 참 유용합니다.

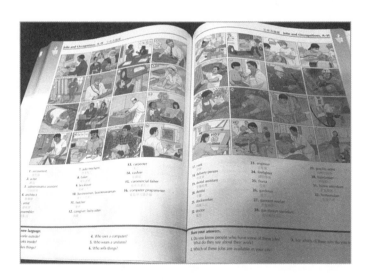

직업에 관련된 단어도 그림과 함께 공부할 수 있습니다.

2. 수학(Mathematics)

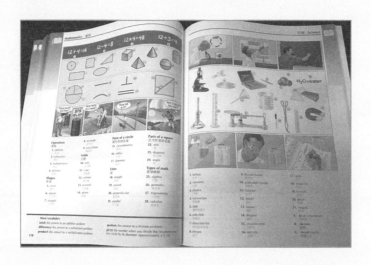

　수학, 과학 기본 용어를 정리해서 보여줍니다. 한국 학생들의 수학 수준은 높은데 처음에 적응을 힘들어 하는 큰 이유 중에 하나가 친숙하지 않은 수학, 과학 관련 영어 단어 때문입니다. 이 책에서는 아주 기초적인 수학, 과학 용어를 그림과 함께 소개하고 있어 아주 유용합니다.

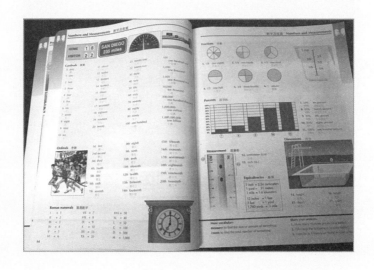

숫자와 단위에 대한 섹션입니다. 이 또한 수학을 준비하려는 학생들에게는 진짜 유용한 역할을 할 것입니다.

3. 사회(Social study)

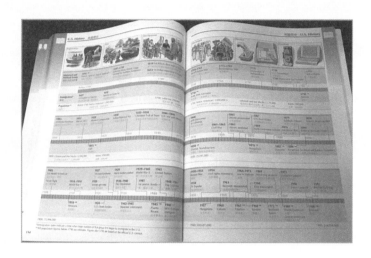

미국 역사를 시간에 맞춰서 보여주고 있습니다. 연도별로 어떤 사건이 일어났는지를 보여주네요. 이런 정보는 유·초등부뿐만이 아니라 중·고등 학생들이 미국 역사를 공부할 때도 큰 도움이 될 것 같습니다.

지리 수업에 큰 도움이 될 지리 관련 단어도 있고요. Social Study 과목에 도움이 될 정부, 정치에 대한 기본 단어도 있네요.

4. 과학(Science)

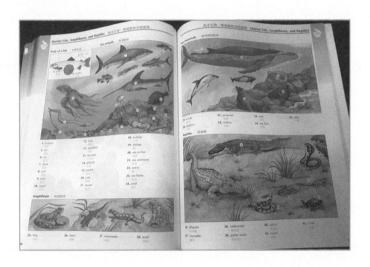

생물 수업에 큰 도움이 될 만한 자료네요. 어류, 파충류에 관련된 단어입니다.

과학 수업에 많은 도움이 될 에너지와 환경에 관한 단어입니다.

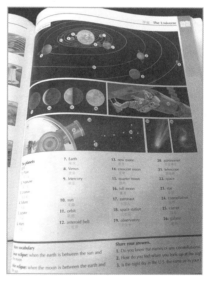

역시 과학 수업에 도움이 많이 될 우주와 천체에 관한 단어들도 있습니다.

5. 정보기술(I.T.)

I.T. 관련 단어도 모아두었네요.

6. 음악(Music)

악기에 대한 단어입니다.

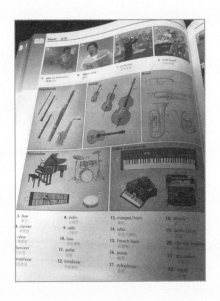

7. 학교생활(School life)

심지어는 학교 수업과 액티비티에 관련된 단어도 모아두었습니다.

즉 이 책 한권으로 영어, 수학, 과학, 사회, 음악, 미술, 체육, 학교생활 등 국제학교 또는 유학을 하는 데 학생이 기본적으로 필요한 거의 모든 기본 영어 단어를 공부할 수 있습니다.

더 유용한 점은 이 책은 한 번 보고 마는 책이 아니라, 국제학교에 재학하는 몇 년에 걸쳐서 꾸준히 보면서 도움을 받을 수 있는 책이라는 점입니다.

이 책에서 언급한 입학 전 준비 내용은, 한국에서의 학업 성적이 평균 정도 되는 영어가 익숙하지 않은 저학년 학생을 기준으로 작성되었습니다. 그렇기 때문에 만약 학생의 수준이 높거나, 고학년이거나, 아니면 학업적인 욕심이 더 많은 학생은 이보다 더 높은 수준의 준비가 필요할 수 있습니다. 그리고 본문에 있는 추천 도서나, 웹사이트는 전적으로 개인적인 추천이기 때문에 직접 서점에 방문하여 책을 살펴보고 인터넷 검색도 해본 뒤에 학생에게 가장 잘 맞는 교재를 선택해야 합니다.

3. IB 프로그램과 AP 프로그램의 비교

많은 학부모님이 IB 프로그램과 AP 프로그램(미국식 커리큘럼)의 차이점에 대한 질문을 합니다. 그래서 여기서는 저만의 방식으로 IB와 AP의 차이점을 설명하려고 합니다.

저는 어떤 개념을 다른 사람에게 설명할 때, 그 개념을 기존에 잘 알려진 것들과 비교하며 설명하는 것을 좋아합니다. 그러면 이해가 훨씬 빠르거든요. 그래서 IB와 AP의 차이점도 좀 더 쉽게 설명할 수 있는 방법이 뭐가 있을까 고민하다가, 애플의 아이폰과 삼성의 갤럭시폰을 빗대어 비교해보면 어떨까 하는 생각이 들었습니다. 좀 더 구체적으로 말하자면 아이폰에서 사용되는 애플의 운영체제 iOS와 삼성 갤럭시에서 사용되는 구글의 운영체제 안드로이드를 이용해서 말이지요.

잘 알고 있듯이 애플의 운영체제 iOS는 애플이 생산한 아이폰에서만 이용할 수 있습니다. IB에서 요구하는 과목들을 2년간 이수해야 완료할 수 있는 IB 디플로마 프로그램처럼 말이지요.

반면, 구글의 운영체제 안드로이드는 삼성, LG, 화웨이, 샤오미 등등 여러 가지 폰에서 사용할 수 있습니다. 이는 마치 자유롭게 선택하여 수강할 수 있는 AP 과목들 같네요.

이런 식으로 IB 프로그램과 AP 프로그램을 애플 iOS와 구글 Android를 통해 비교해봤습니다.

다음 그림은 어느 정도는 재미를 위해서 만든 표이니 '아, 이렇게 비교할 수도 있구나' 정도로만 봐주시면 대단히 감사하겠습니다.

IB＝애플 iOS	AP＝구글 Android
• IB의 허가를 받은 학교만 IB프로그램을 운영할 수 있다. • 애플에서 만든 아이폰에서만 사용 가능하다.	• 컬리지보드의 허락 없이 어느 학교든 AP프로그램을 운영할 수 있다. • 구글의 허락 없이 어느 폰이던 자유롭게 Android를 이용할 수 있다.
• 학교에서 IB프로그램이 어떻게 운영되는지 IB에서 직접 관여한다. • 아이폰에서 iOS가 어떻게 운영되는지 애플에서 직접 관여한다.	• 각 학교에서 AP프로그램을 어떻게 운영하는지에 대한 자유도가 높다. • 각 폰에서 Android가 어떻게 사용되는지에 대한 자유도가 높다.
퀄리티는 평균 이상이다.	• 퀄리티는 시행하는 학교에 따라 천차만별이다. • 퀄리티는 사용하는 폰에 따라 천차만별이다.
전체 점유율이 낮다.	전체 점유율이 높다.
• IB를 시행하는 학교는 일반적으로 가격이 비싸다. • 아이폰은 가격이 비싸다.	• 학교에 따라서 학비는 모두 다르다. • 폰에 따라서 가격은 모두 다르다.
폐쇄적이며 완벽을 추구한다.	개방적이며 자율성을 존중한다.
• IB는 본 고장(유럽)에서 인기가 많다. • 아이폰은 본 고장(미국)에서 인기가 많다.	• AP는 전 세계적으로 널리 사용된다. • Android는 전 세계적으로 널리 사용된다.
• IB에서 제공하는 패키지를 모두 이수해야 한다. • 애플에서 제공하는 iOS를 패키지 그대로 사용해야 한다.	• AP는 마음대로 골라서 수강할 수 있다. • Android는 여러 방식으로 변형해서 사용 가능하다.
• IB에 대한 평가는 극과 극이다. • 애플 iOS에 대한 호불호가 분명하다.	• AP에 대한 평가는 다양하다. • Android에 대한 평가는 다양하다.
• IB를 처음 접하는 사람은 너무 어렵다. • iOS를 처음 접하는 사람은 너무 어렵다.	• AP는 처음 접해도 (기존의 과목들과의 연계성 때문에) 친숙하다. • Android를 처음 접해도 (Window와의 연계성 때문에) 친숙하다.
• IB는 정해진 2년의 커리큘럼을 이수해야 한다. • iOS는 정해진 툴대로만 이용 가능하다.	• AP는 학생 마음대로 선택 수강 가능하다. • Android는 사용자 마음대로 이용 가능하다.
• IB는 사교육이 힘들다. • iOS는 해킹이 힘들다.	• AP는 사교육이 가능하다. • Android는 해킹이 가능하다.

VS

＊ 출처: 네이버 카페 '세상의 모든 국제학교'

비교를 위해 제가 약간 비약한 부분도 있지만, 대체적으로 정말 비슷한 점들이 많지 않나요?

신기하게도 AP와 Android는 모두 A로 시작하고, IB와 iOS는 모두 I로 시작하기도 하네요.

그러니 AP와 IB의 차이점을 아무리 공부해도 잘 모르겠다면 AP는 Android, IB는 iOS라고 기억하면 이해에 좀 도움이 될지도 모르겠습니다.

그래서 AP와 IB 중에 어느 것이 더 나은 프로그램인가라는 질문은 아이폰과 안드로이드폰 중에서 어느 것이 더 나은가라는 질문과도 같습니다.

제가 이런 질문을 받는다면 저는 이렇게 되물을 것 같습니다.

"안드로이드를 어느 폰에서 사용하시는데요? 삼성? 아니면 중국 저가폰?" (AP를 시행하는 학교가 어딘데요? 명문 보딩스쿨? 아니면 허접한 국제학교?)

"개인 취향은 어떠신데요?" (학생 성향은 어떤데요?)

IB 프로그램과 AP 프로그램을 이해하시는 데 도움이 되었기 바랍니다.

4. 자녀를 국제학교에 보내기 전에 읽으면 좋은 글들

한국 부모님들의 큰 착각, 학교에서 다 알아서 해주겠지!

제가 국제학교에 근무하면서 느낀, 한국 부모님들이 가장 많이 하는 착각 중의 하나는 '학생을 학교에 보내면 학교에서 모든 것을 다 알아서 해주겠지'입니다. 결론부터 말씀드리자면 그런 생각은 문화적 차이에서 오는 오해입니다. 이러한 오해는 동서양의 학생에 대한 인식의 차이에서 오는데, 동양에서는 학생들을 성인이 아닌 돌봐주고 지속적으로 지도해주어야 하는 미숙한 존재로 보는 반면, 서양에서는 학생을 독립적으로 생활하고 판단할 수 있는 성인과 동등한 존재로 인식합니다. 그렇기 때문에 서양의 선생님들은 동양의 선생님들처럼 학생들에게 공부해라, 무엇을 해라, 하지 마라 등의 많은 잔소리를 하고 체크하기보다는 학생들이 스스로 준비하고, 본인이 한 행동에 대해서는 학생들이 책임을 지도록 요구합니다.

일례로 일부 한국 부모님이 자녀가 12학년이 되었는데 토플, SAT 점수가 없다는 점에 대하여 자녀가 재학하는 학교에 항의를 하는 사례가 종종 있습니다. 일반적인 미국의 사립, 공립학교의 공식적인 답변은 "그걸 왜 학교에 항의하느냐? 학교는 학생에게 양질의 수업을 제공했고, 대학입시에 대해서도 충분한 정보를 제공했는데, 학생이 토플, SAT 시험에 응시하지 않은 것은 학생의 잘못이다"였습니다. 마찬가지로, 어떤 부모님들은 내 자녀가 비싼 돈을 내고 이 국제학교에 등록했는데 왜 성적이 오르지 않느냐고도 합니다. 한국인인 저는 이러한 부분에 대해서 어느 정도 이해할 수 있지만 미국 선생님들 입장에서 보면 쉽사리 이해할 수 없는 부분입니다. 이 학생에게만 수업을 제공하지 않은 것도 아니고, 학생이 숙제를 제대로 해오지 않거나 공부를 게을리하여 성적이 오르지 못한 것을 왜 학교에 뭐라고 하지?라고 생각하는 경우가 대부분입니다. 물론 학교에서 학생의 학사와 생활에 대해서 관리할 의무가 있는 건 맞습니다만, 그 '정도'에 대해서 한국 부모님과 국제학교와의 생각 차이가 있다는 점을 말씀드리고 싶었습니다.

국제학교에서는 Powerschool, Gradebook wizard, Schoology 등의 온라인 성적관리 프로그램을 통해서 학부모님들과 소통하는 경우가 많습니다. 이러한 프로그램에서 학교 관리자 계정으로 로그인하면 개별 학부모님들이 해당 프로그램에 로그인한 횟수가 나오는데, 학교에서는 이를 통해 학부모님들이 학생의 성적과 생활에 얼마나 관심이 있는지를 파악할 수 있습니다. 재미있는 점은 대체적으로 학부모님의 로그인 횟수와 해당 학생의 학교 적응도, 성적 등이 비례한다는 점입니다. 이는 학생의 학교생활에 대한 부모님의 관심이 높을수록 학생이 학교생활에 더 매진한다는 것을 뜻합니다.

물론 학생이 원래 공부하는 습관이 잘 들여져 있고 학교도 관리를 잘하는 곳이라면 부모님이 신경 쓸 점이 덜 하겠지만, 그렇지 않은 경우에는 학생에 대한 학부모님들의 관심이 절대적으로 필요합니다. 학교 선생님, 관계자들도 사람인지라 학교에 더 연락을 많이 하고 관심이 많은 학부모님의 학생은 더 눈여겨보게 되고 뭐 하나라도 더 챙겨주려고 노력을 합니다. 부모님들도 그렇게 하고 싶은데 영어를 못해서 그렇게 못 하신다고요?

그렇다면 제가 겪은 한 어머님의 사례를 소개하고 싶습니다. 그분은 일주일에 한 번씩 온라인 성적관리 프로그램을 통해서 학생이 공부하고 있는 각 과목 선생님들께 영문으로 메시지를 보내시곤 했는데, 보내는 모든 메시지의 내용이 단 한 문장이었습니다. "My son okay?" 이 한 문장을 모든 과목의 선생님들께 매주 꾸준히 보내셨습니다. 그 결과 많은 선생님이 행정실에 근무하던 저에게 "이 어머님이 원하시는 게 뭐냐?", "이 어머님이 학생 수업에 만족하느냐?", "이 학생이 오늘은 숙제를 해왔다 안 해왔다" 등의 이야기를 하면서 해당 학생에 대해서 지대한 관심을 갖게 되었습니다. 자연히 저는 매주 어머님께 전화해서 학생이 어떻게 지내는지, 수업은 어떻게 하는지에 대해 모든 선생님의 의견을 상세히 업데이트해드릴 수 있게 되었습니다. 그분이 비록 영어는 잘 못했지만 제게는 참으로 현명한 어머님으로 기억에 남았습니다.

학생에 대한 관심이 어려운 것이 아닙니다. 학교가 알아서 잘 해주겠지, 우리 애가 알아서 잘하겠지 생각하면서 너무 손 놓고 있지 마시고, 학교에 문의도 많이 하고, 자녀와 대화도 자주 하면서 학교생활은 어떠한지 공부는 잘되고 있는지 체크해주세요.

그리고 학교에서 사용하는 온라인 성적관리 프로그램에도 수시로 로그인하여 각 과목 선생님들의 학생에 대한 코멘트도 종종 읽어본다면, 자녀의 생활이 어떤지를 비교적 상세히 알 수 있습니다. 요즘 구글 번역기 같은 프로그램이 잘 되어 있어서 영어로 적혀 있어도 어렵지 않게 읽을 수 있으니 참고하기 바랍니다.

용감한(?) 비전문가를 믿고 국제학교를 선택한다?

국제학교 분야에서 전문가가 되기는 여간 쉬운 일이 아닙니다. 왜냐하면 세상에는 많은 수의 국제학교가 운영되고 있고, 각 국제학교들은 모두 다른 국가, 도시, 환경에서 조금씩 다른 커리큘럼과 운영방침을 기반으로 운영하고 있기 때문에 그 모든 부분을 모두 잘 아는 전문가가 되기는 거의 불가능에 가깝습니다. 물론 많은 사람에게 통용되는 일반적인 내용은 존재하지만, 개인적으로 '절대적으로 맞는 내용'이라고 칭할 수 있는 부분은 극히 드물다고 생각합니다. 그렇기 때문에 제가 만난 '국제학교 전문가'들은 어떤 사실에 대해서 설명하거나 또는 어떤 학교를 추천할 때 굉장히 조심하는 모습을 보이곤 합니다. 아는 것이 많을수록 본인이 틀릴 수도 있다는 사실도 알기 때문에 어떤 의견을 표하는 데 있어서도 조심스럽고, 다른 가능성이 있을 수도 있다는 사실을 함께 설명합니다.

반면에, 국제학교에 대해서 약간의 지식을 갖고 있다거나 또는 자녀를 국제학교에 보낸 경험이 있어서 국제학교에 대해서 약간 안다거나 또는 한 학교의 정보만 많이 알고 있는 경우 국제학교를 설명하는 데 굉장한 자신감을 보이는 경우가 있습니다. 이렇게 말씀 드리면 어쩌면 실례가 되겠지만 무식하면 용감하다고 해야 하나요? 어떻게 저렇게 완전히 틀린 내용을, 어떻게 저렇게 문제가 많은 학교를, 어떻게 저렇게 논란의 여지가 많을 수 있는 내용을 저렇게 자신감 있게 말할 수 있지? 하는 생각이 들 정도로 상당히 '단정적인' 표현을 써가면서 본인의 의견을 피력하는 경우가 있습니다. 사실 저는 그런 모습을 보면 이런 생각이 많이 듭니다. 말씀하시는 내용들이 아이들 교육에 대한 내용인데, 혹시 본인의 이야기 때문에 특정 아이들의 교육과 미래에 문제가 생길까 하는 걱정은 들지 않는가 하고요.

그런데 아이러니하게도, 일부 부모님들은 진짜 전문가들의 '겸손하고', '모든 가능성을 열어놓는 완곡한 표현'보다는, 비전문가들의 '단정적인' 표현들에 현혹되는 경우가 많습니다. 왜 그럴까 곰곰이 생각해봤는데, 제 결론은 이렇습니다. 진짜 전문가들은 하나의 정답을 제시하지 않습니다. 대신 여러 가능성을 열어두고, 그 가능성 중에서 부모님이 찾아보고 공부하고 고심해서 가장 좋은 선택을 하도록 도와줍니다. 그런데 이렇게 하는 일은 부모님께 상당히 귀찮은 일입니다. 왜냐하면 부모님 스스로 알아보고 발품도 팔고 고민해야 하기 때문입니다. 반면에, 용감한 비전문가들은 무조건 자기 말이 옳으니 나를 믿고 따르라고 강요합니다. 학부모 입장에서는 '설마 이 사람이 아이 교육에 관한 일인데 거짓말을 하겠어?' 하는 생각도 들고, 또 이것저것 신중히 따지고 알아보기도 귀찮으니, 그냥 그 사람의 말을 따릅니다. 그 사람은 실제로 거짓말은 하지 않았을 수도 있습니다. 다만! 본인이 모르는 큰 위험성에 대해서 알려주지 않은 것뿐입니다.

예를 들어보겠습니다.

A라는 국제학교가 있습니다. A 국제학교는 해당 학교의 일부 학부모에게 신입생을 소개해주면 해당 학부모 자녀의 학비를 할인해주겠다는 제안을 합니다. 그래서 일부 학부모는 그 국제학교에 대한 객관적인 판단을 할 수 있는 충분한 지식도 없는 상태에서 '내 자녀가 다니는 학교가 최고다!'라는 의견을 피력하며 이웃 학부모를 설득하고 다닙니다. 이웃의 학부모는 설마 자기 아이가 다니는 학교를 소개해주는데 나쁜 학교겠어?라는 생각에 잘 알아보지도 않고 덜컥 등록을 합니다. A라는 국제학교가 정말 좋은 학교라면 해피엔딩입니다. 하지만 실제로는 퀄리티가 떨어지는 학교라면 어떨까요? 또는 설득을 한 학부모의 자녀에게는 좋은 학교지만, 새로 등록한 학생에게는 전혀 맞지 않는 학교라면 어떨까요?

이런 일은 생각보다 부지기수로 일어나고 있습니다. 그렇기 때문에 국제학교를 선택할 때는 설령 귀찮고 조금 번거롭더라도 국제학교에 대해 많이 공부하고 발품을 많이 팔아야 합니다. 국제학교 관련 사이트나 도서 등을 통해 많은 전문가의 글도 읽어보고, 해당 학교가 학력인증은 뭘 받았는지, CEEB코드는 있는지, 학교 규모는 어떤지, 재무 상태는 어떤지 등등 많은 부분을 치밀하게 분석하고 비교하는 과정을 반드시 거쳐야 합니다.

어떻게 그런 중요한 결정을 국제학교 전문가도 아닌 '그냥 저 학교 다니는 엄마'의 의견에 의존해서 결정할 수 있는지 또는 '인터넷에서 일대일 채팅 걸어온 그 학부모님' 말에 의존해서 결정할 수 있는지 제 입장에서는 정말 이해하기 어렵습니다.

그렇게 학교를 결정한 뒤에 학교가 마음에 들지 않거나 문제가 있다 해도 그분들이 아이들의 인생을 책임져줄 수 있을까요? 진짜 전문가들은 그 책임의 무게를 알고 있기에 무조건 내 말이 맞고, 무조건 이 학교가 좋으니 여기를 선택하라고 절대 강요하지 않습니다. 여기의 장점은 이렇고 단점은 이렇다고 본인의 의견을 알려주고, 선택은 학부모님과 학생의 몫으로 남겨놓습니다.

마지막으로 용감했던 비전문가의 말을 철썩 같이 믿고 학교를 선택했던 어느 학부모님의 한 사례를 전하면서 글을 마무리하겠습니다.

> 비전문가에게 소개를 받아 선택한 학교는 불행히도 그 학부모님의 자녀에게는 잘 맞지 않는 학교였습니다. 학교를 소개해준 사람에게 항의하니 그분은 이렇게 말합니다. '그건 학교의 잘못이지, 내 잘못은 아니야. 나는 학교가 이야기한 대로 설명해줬을 뿐인데, 아마도 학교가 약속을 안 지켰나보네?' 또는 이렇게 이야기합니다. '그건 당신 자녀의 문제지. 우리 자녀는 아무 문제없었어.'
> 그리고 학교는 이렇게 이야기를 합니다. '어디서 그런 이야기를 들었는지 모르겠지만 우리는 그런 약속을 한 적 없습니다. 뭔가 오해가 있으셨나 보네요.'

시간이 이미 지난 시점이니 누구 말이 맞는지 증명하는 것은 너무 늦어버렸습니다.

반드시 기억하세요! 자녀의 미래는 그 누구도 책임져줄 수 없습니다.

국제학교 전문가를 알아보는 법

자 그럼 어떤 사람들을 '국제학교 전문가'로 볼 수 있을까요? 제 생각은 이렇습니다.

① 실제로 국제학교에 근무한 적이 있는가?

무언가를 직접 경험해본다는 것은 여러 가지 장점이 있습니다. 특히 국제학교를 이야기함에 있어서 본인이 실제로 국제학교의 선생님으로 또는 스태프로 근무를 해본 사람과 그렇지 않은 사람의 차이는 생각보다 큽니다. 그런데 한국인 중에서 실제 국제학교에서 근무한 경험을 가진 사람이 얼마나 될까요? 제가 처음 해외의 국제학교에서 근무를 시작했던 10여 년 전에는 국제학교 한국인 스태프라는 말 자체도 상당히 어색하게 들렸습니다. 국제학교 한국인 스태프라고 하면 기껏해야 학생 모집 담당이나 한국부 담당 정도만 존재했었습니다. 실제로 미국/영국식으로 운영되는 국제학교에서 행정직, 선생님으로 근무하는 사람들의 숫자는 극히 적었습니다. 다행히 시간이 지나면서 많은 국제학교가 생기고 한국에도 인가, 미인가 국제학교들이 생기면서 자연히 국제학교에 근무하는 사람들도 늘어나게 되었지만, 여전히 국제학교에서 실제로 근무한 경험을 가진 사람의 수는 그리 많지 않습니다. 모든 국제학교 근무 경험자가 국제학교 전문가는 아니지만, 국제학교 근무 경력이 있다는 것은 분명히 국제학교를 이해하는 데 큰 플러스 요인이 됩니다. 그래서 국제학교 근무 경력자는 신뢰도 플러스 1점을 주어도 됩니다.

* 주의점: 국제학교 근무 경력이 있다고 하면 그냥 순진하게 믿지 마시고 정확히 물어보세요. 언제, 어디서, 얼마 동안, 무슨 직책으로 근무를 했었는지요. 학생 모집책, 한국 아이들 기숙사 관리직으로 있던 경우에도 모두 국제학교 근무 경력이 있긴 합니다. 해당 학교에 전화를 해서 물어보시면 됩니다. 학교 측에서는 전에 일했던 직원에 대해서 확인을 해주지 않을 이유가 없습니다.

② 영어가 가능한가?

대부분의 국제학교의 공식 언어는 영어입니다. 그렇기 때문에 모든 게 영어로 진행되는 국제학교에 대해 잘 알기 위해서는 영어에 대한 이해가 필요한 것은 당연한 논리입니다. 물론 영어가 잘 되지 않아도 나는 국제학교를 많이 방문하고 공부해서 잘 안다면 그 또한 가능한 이야기겠지만, 영어를 하는 편이 국제학교에 대해서 공부하기에는 훨씬 수월하기 때문에 영어를 할 수 있다는 것이 국제학교 전문가가 되기 위해서는 꼭 필요하다고 생각합니다. 그렇기 때문에 영어가 좀 되는 분이면 플러스 1점을 주어도 됩니다.

* 주의점: 영어만 잘한다고 국제학교 전문가로 인정하라는 이야기는 절대 아닙니다. 유창하게 영어를 구사하지만 잘못된 이야기를 하는 경우도 무척 많으니 무조건 믿지 마시고 하나의 참고 요인으로만 보기 바랍니다.

③ 국제학교에 대해 글을 쓸 수 있는가?

어떤 분야에 대해서 전문적인 글을 쓰는 방법은 두 가지가 있습니다. 하나는 정말 공부를 많이 하거나, 아니면 그 분야에 대한 경험이 풍부하거나입니다. 공부를 많이 한 경우에는 아는 것이 많기 때문에 글을 쓰는 데 자신이 있습니다. 경험이 많은 경우에도 본인이 실제로 겪은 일이기 때문에 글을 쓰는 데 자신이 있습니다. 그렇기 때문에 국제학교에 대한 경험이나 정보를 글로 쓸 수 있는 사람은 어느 정도 국제학교 전문가일 가능성이 높습니다. 이런 경우에도 플러스 1점을 주어도 됩니다.

* 주의점: 이 사람이 정말 이 글을 쓴 건지 잘 모르겠다고요? 인터넷에서 퍼온 거면 어떻게 하냐고요? 학교에서 준 정보를 그대로 베껴 쓴 것은 아니냐고요? 글의 진위성에 대해서 확인하는 방법은 간단합니다. 그 글에 대해 질문을 해보세요. 본인이 글을 쓴 경우에는 질문에 흔쾌해 답해줍니다. 연설문을 혼자 읽고 내려가는 사람과 연설이 끝난 후에 질의응답까지 하는 사람의 차이로 비유될 수 있습니다.

④ 국제학교에 대해 많은 정보를 가지고 있는가?

국제학교는 여러 학제가 존재하며, 전 세계 여러 곳에 위치하고, 각기 다른 문화에서 여러 인종이 섞여서 공부를 하는 곳이기 때문에 정말 다양한 정보가 있습니다. 그렇기 때문에 스스로 객관성을 유지하려는 진짜 전문가들은 다양한 정보를 얻기 위해 노력합니다. 그래야 비교를 할 수 있기 때문입니다. 객관성을 유지하려고 노력을 하는 분들은 자연히 본인의 의견은 덜 내세웁니다. 많은 정보를 수집하고 객관적인 자세를 견지하고 겸손한 사람이라면 플러스 1점을 주어도 됩니다.

* 주의점: 정보를 얇고 넓게 아는 경우, 다양한 정보는 있지만 전문가로 보긴 어렵습니다. 본인의 전문 분야에 대한 해박한 지식이 기본이 되어야, 추가로 알고 있는 다양한 정보가 더 빛을 발합니다. 잘 살펴보아야 합니다.

⑤ 학생에 대한 책임감과 애정이 있는가?

어쩌면 가장 중요한 포인트입니다. 어떤 사람들은 학교를 설명하는 데 있어서 아이는 몇 학년인지, 현재 성적은 어떤지, 아이 성향은 어떤지, 영어 실력은 어떤지, 이런 것들은 전혀 관심이 없고 "이 학교가 최고다! 무조건 이 학교 보내라!"라고 하며 학교에 대한 정보만 줄줄 읊어댑니다. 이런 사람들은 굉장히 위험하고 무책임한 사람들입니다. 학교를 추천하는 행위는 한 학생의 미래에 큰 영향을 미칠 수 있는 행동입니다. 그렇기 때문에 학생에 대한 정보는 안중에도 없고 무작정 학교를 추천하는 행위는 반드시 지양해야 할 행위입니다.

진정한 국제학교 전문가는 학생에 대한 애정이 있고, 학생의 미래를 진심으로 신경 씁니다. 앞서 이야기한 국제학교 근무 경력도 있고, 지식도 많고, 영어도 잘하고, 다양한 정보를 다 알더라도 아이의 미래에 대한 책임감과 아이에 대한 애정이 없다면 절대 국제학교 전문가가 될 수 없고, 되어서도 안 됩니다. 국제학교에 대해 문의를 할 때 '학생'에 대한 질문을 먼저 자세히 물어보는 경우라면 플러스 10점을 주고 시작해도 됩니다.

* 주의점: 그런데 학생에 대한 충만한 사랑만 강조하는 분들이 종종 있습니다. 예전에 필리핀에서 한 한국 선교사라는 분이 학생에 대한 충만한 사랑으로 (물론 많은 돈을 받고) 아이들을 돌보고 가르치시다가 고등학교 졸업을 시키지 못해서 저를 찾아온 적이 있습니다. 아이 성적표를 보여달라고 하니 고 1 아이 성적표에 영어, 채플 딱 두 과목만 있는 걸 보고 경악한 적이 있습니다. 관심과 애정만 있어서도 안 되니 잘 살펴야 합니다.

국제학교 홈페이지를 제대로 보는 법

우리는 인터넷에서 국제학교에 대한 정보를 찾아볼 경우가 생기고, 이 정보는 학교에 대한 첫인상을 결정하게 합니다. 첫인상은 매우 중요하며, 만약에 학교가 다른 국가에 위치해서 직접 방문할 수 없는 경우라면, 그 중요성은 더 커지겠지요. 그런데 한 가지 사실은, 꽤 많은 수의 학교가 정확한 정보를 전달하는 홈페이지를 제공하기 위해서 그리 많은 노력을 들이지 않는다는 겁니다. 심지어 몇몇 명문학교들조차 그저 일반적인 정보만 제공하는 홈페이지를 운영하는 경우가 있기 때문에 홈페이지 방문만으로는 알 수 있는 정보가 제한되어 있기도 합니다. 교육계는 사실, 다른 분야에 비해서 온라인 활용도가 꽤나 뒤처져 있는 것 같습니다. 그럼에도 불구하고 학교 홈페이지를 보면 해당 학교에 대한 많은 정보를 얻을 수 있습니다. 여기서는 학교 홈페이지에서 어떤 정보를 얻어야 하는지에 대하여 설명해보도록 하겠습니다. 만약에 학교의 홈페이지가 다음의 몇 가지에 해당한다면, 학교의 신뢰도에 대해서 조금 고민해야 할지도 모르겠습니다.

① 홈페이지가 영어로 되어 있지 않다.

만약에 학교에 외국 학생들이 재학을 하고 있다면, 당연히 홈페이지는 영어로 구성되어 있어야 합니다. 그렇지 않다면 학교는 현지 학생들을 위한 현지 학교일 가능성이 큽니다.

② 학교의 Mission Statement(교육 강령)이 홈페이지 어디에도 나와 있지 않다.

Mission Statement는 모두가 쉽게 볼 수 있는 곳에 게재되어 있어야 하며, 이는 학교가 추구하고 있는 교육 목표를 보여주는 지표이기도 합니다. 그렇기 때문에 이 부분은 홈페이지에 명시되어 있어야 합니다.

③ 같은 외국인 학생이 많은 사진에 나와 있다.

홈페이지를 둘러보다가 같은 외국 학생이 사진에 반복적으로 나와 있는 것을 발견한다면, 이는 아마도 그 학교에는 외국인 학생의 숫자가 적다는 것을 의미하는 것일 수도 있습니다. 일반적으로 학교들은 얼마나 다양한 학생들이 학교에 재학하고 있는지를 보여주고 싶어 하기 때문에, 가끔은 과장해서 학교가 국제화되어 있다는 것을 강조하기도 합니다. 그러니 같은 학생 사진이 중복되어 나와 있다면 한번쯤 의심해볼 만합니다.

④ 정기적으로 정보가 업데이트되지 않으며, 소셜미디어에도 연결되어 있지 않다.

좋은 학교들은 홈페이지를 정기적으로 업데이트하며, 학교의 Facebook이나 Twitter 같은 소셜미디어 계정도 홈페이지에 함께 게재하고 있는 경우가 많습니다. 심지어 학교 식당의 메뉴를 지속적으로 게재하기도 합니다. 물론 이런 것들이 학교 운영에 반드시 필요한 것은 아니지만, 만약에 학교 홈페이지가 전혀 업데이트되고 있지 않다면, 주의하는 것이 좋습니다.

⑤ 교사진의 정보가 없다.

교사진의 사진과 기본 정보는 홈페이지 어딘가에 게재되어 있어야 합니다. 교사진의 경력은 학교 수준을 보여주는 가장 중요한 부분 중의 하나이기 때문입니다.

⑥ 가짜 사진을 사용하고 시설이 과도하게 좋아 보인다.

저는 자신들의 시설이 아닌 '가짜' 사진을 홈페이지에 올려놓는 학교를 많이 보아왔습니다. 가짜 사진은 온라인에서 쉽게 구매할 수 있고, 가끔씩은 사실로 보기에는 너무 좋아 보이는 경우도 있습니다. 가짜를 분별하는 것은 생각보다 어렵지 않으며, 만약에 학교가 이러한 가짜 사진을 사용하고 있다면, 그건 아마도 그 학교 자체에 좋은 시설이 없고, 무언가를 숨기고 싶어 하기 때문으로 해석해도 됩니다.

⑦ 학력인증 정보가 없다.

학교들은 일반적으로 학교의 신뢰도를 크게 올려줄 수 있는 학력인증 정보를 홈페이지에 자랑하고 싶어 합니다. 그렇기 때문에 홈페이지에 학력인증 정보가 없다면, 이는 99%는 학력인증 자체가 없기 때문일 가능성이 높습니다. 학력인증이 전혀 없는 학교는 좀 더 주의를 기울이는 것이 좋습니다.

이 밖에 국제학교를 선택할 때 체크해야 할 사항으로, 해당 학교에 대해서 구글이나 네이버 등 포털사이트를 통해서 검색을 해보는 것입니다. 인터넷상에는 학교에 대해 많은 피드백을 남길 수 있는 사이트들이 존재합니다. 물론 학교에 대한 모든 피드백을 다 믿을 수는 없겠지만, 많은 피드백을 참고하여 객관적인 판단을 내리는 것이 당연히 더 안전할 것입니다.

마지막으로 다시 한번 말씀드리지만, 홈페이지가 모든 정보를 말해주진 않습니다. 하지만 홈페이지를 통해서 많은 정보를 얻을 수 있으므로 홈페이지를 한번 훑어보는 것은 학교에 대한 전반적인 평가를 하는 좋은 첫걸음이 될 수 있습니다. 물론 학교를 직접 방문하거나 학교 재학생, 관계자를 만나보는 것이 가장 좋습니다.

제2부
국제학교 입학에서 졸업까지

1장
국제학교 적응하기

이제는 국제학교 입학 후 졸업할 때까지 학교생활에 잘 적응하기 위해 학생들이 알아두면 좋을 실용 팁을 전하고자 합니다. 오랜 국제학교 실무 경험에서 얻은 내용을 사례 중심으로 알려드리니 국제학교 재학생을 둔 부모님은 바로 적용해보길 바랍니다.

1. 학교생활을 잘하기 위해 꼭 필요한 것

눈을 보고 말해요.

한국에서는 아이가 어른의 눈을 똑바로 바라보고 말하면 건방지다거나 당돌하다고 하는 경우가 많습니다. 어른끼리 대화를 할 때도 눈을 바라보고 말하면 상대가 공격적이거나 예의가 없다고 이야기하기도 합니다. 하지만 서구권에서는 눈을 보고 대화하는 것은 매우 자연스러우며 상대에게 신뢰를 주는 행동입니다. 외국 선생님은 학생이 눈을 마주치지 않고 이야기하면 이 학생이 무언가 거짓말을 하고 있거나, 자신과의 대화에 집중하지 않고 있다고 오해할 수도 있습니다. 외국인 선생님과 대화하거나 친구들과 대화할 때 꼭 눈을 보고 대화하기를 권합니다.

그런데 눈을 보라는 것이 눈을 뚫어지게 바라보며 대화를 나누라는 것은 아닙니다. 상대의 미간 사이를 보면서 자연스럽게 대화를 나누면 됩니다. 상대의 미간 사이에 시선을 고정시키고 대화를 하면 상대방에게 편안함과 신뢰감을 줄 수 있습니다.

Draw an imaginary inverted triangle on the other person's face around their eyes and mouth. During the conversation, change your gaze every five to 10 seconds from one point on the triangle to another. This will make you look interested and engrossed in the conversation.

* 출처: Lifehacker
https://lifehacker.com/use-the-triangle-technique-to-make-engaging-eye-contact-1586412923?utm_campaign=socialflow_lifehacker_facebook&utm_source=lifehacker_facebook&utm_medium=socialflow

또는 두 눈과 입을 연결해서 삼각형을 그리고, 대화 중에 5~10초마다 삼각형의 각 꼭짓점으로 자연스럽게 시선을 옮겨 가는 것이 도움이 된다고 합니다. (사진 참조)

물론 그대로 따라할 필요는 없고 자연스럽게 눈을 바라보며 대화를 하는 것이 중요합니다.

그런데 이렇게 눈을 보고 대화를 나누는 일이 하루아침에 자연스럽게 되지 않으니 부모님들은 집에서 아이와 꼭 연습을 해보길 추천합니다. '이야기할 때 엄마 눈을 보고 해볼래?'로 시작하여 아이가 자연스럽게 눈을 보며 대화할 수 있도록 계속 연습을 해보는 것이 중요합니다. 의외로 상대방의 눈을 바라보지 못하며 대화를 나누는 아이들이 상당히 많습니다. 그래서 아이들도 학부모님들도 꼭 연습이 필요합니다.

눈은 마음의 창이라고 하지요? 학생과 선생님이 눈을 보고 대화하다 보면 외국 선생님들도 이 아이가 지금 내 수업을 잘 따라오고 있는지, 지금 내 말을 이해 못 하고 있는지 또는 지금 억울해하고 있는지 등등 아이의 감정을 파악할 수 있게 됩니다. 그래서 아이 컨택은 외국인 선생님과 좋은 관계를 유지하는 데 가장 기본이 되는 중요한 스킬이므로 아이들이 꼭 익힐 수 있게 해야 합니다.

첫째도 스마일, 둘째도 스마일

옛말에 '웃는 얼굴에 침 못 뱉는다'라는 말이 있습니다. 이 말이 국제학교에서는 100% 적용됩니다. 학생의 영어가 완벽하지 않은 이상 선생님과 학생의 대화에서 얼굴 표정이 차지하는 부분은 대단히 중요합니다. 그렇기 때문에 언제나 생글생글 웃고 있는 학생들이 학교생활에 있어서는 유리한 점이 아주 많습니다. 물론 사회생활도 마찬가지겠지요?

서양 사람들은 웃을 때 이를 드러내고 환히 웃습니다. 그에 반해 한국 사람들은 이를 드러내지 않고 살짝 웃거나 미소만 짓는 경우가 많습니다. 물론 웃는 모습은 다르고, 또 각자 웃는 얼굴에 매력이 있겠지만, 아이들에게 이를 드러내며 활짝 웃는 연습을 시켜보세요. 적어도 외국인 선생님이 많이 있는 국제학교에서는 많이 웃는 친근한 아이로 기억될 확률이 아주 높아질 겁니다. 처음에는 이를 드러내고 웃는 것이 많이 어색할 수도 있습니다. 하지만 자주 웃고, 의식적으로 활짝 웃다 보면 나중에는 자연스럽고 예쁜 미소를 지을 수 있게 될 것입니다.

무조건 Yes 하지 말기, 많이 어필하기

한국 학생들의 고질적인 문제점이 있습니다. 바로 무조건 Yes 하기입니다.

사례를 하나 들어볼까요?

하루는 행정실에서 여느 때처럼 업무를 보고 있는데 ESL을 담당하는 원어민 선생님이 헐레벌떡 행정실로 달려 들어왔습니다.

"세모! 너의 도움이 필요해! 이 학생이 대체 무슨 생각을 하는지 모르겠어!"

그래서 함께 교실로 가서 보았더니 이번 학기에 국제학교에 갓 입학한 7학년 준혁이가 큰 눈을 껌뻑거리면서 서 있었습니다.

"Hey Jun, now Mr. Semo is here so please tell him why you never keep your promise."
(준, 여기 세모 쌤이 오셨으니 네가 왜 자꾸 약속을 지키지 않는지에 대해서 말씀드려)
"음, 준혁아 무슨 일이야? 선생님께서 네가 계속 약속을 지키지 않는다고 하시는데?"
"네? 제가 약속을 안 지켰다고요? 무슨 약속이요? 선생님은 왜 화가 나신 거예요?"

"He is not understanding what promise you're talking about. Could you please tell me more details?"
(준혁이가 무슨 약속인지 모르겠다고 하는데요. 무슨 일인지 좀 자세히 말씀해주실래요?)

"Jun didn't do his homework yesterday so I told him he should do his homework and I would help him if he has any problems with the questions. When I asked him if he understood the questions, he said 'yes' and when I asked him if he would do the homework next time, he also said 'yes'. But he didn't do the homework again this time!"
(준은 어제 숙제를 안했어요. 그래서 내가 숙제를 꼭 해야 한다고 말해주고 만약에 숙제에서 이해 안 가는 부분이 있으면 도와주겠다고 했어요. 내가 질문들에 대해서 이해를 한 게 맞느냐고 물어봤을 때 준은 'Yes'라고 했고, 그래서 다음에는 숙제를 해오겠냐고 물었을 때도 'Yes'라고 했어. 근데 오늘 또 안 해왔더라구!')

"준혁아, 너 어제 선생님이 숙제 안 해서 숙제 내용 잘 이해한 거 맞느냐고 물어봤을 때 그렇다고 대답했고, 오늘 숙제를 해올 거냐고 물어보셨을 때도 알았다고 했다며? 왜 알았다고 하고서 해오지 않았어? 그러니까 쌤이 화가 나셨지."

그제야 '아,' 하더니 활짝 웃는 준혁이.

"아, 그게 그말이었구나. 저는 숙제 안 해왔다고 화나신 거 같아서 그냥 yes, yes한 거예요. 사실 쌤 말이 너무 빨라서 못 알아들었어요. 그리고 No라고 하면 화내실 거 같아서."

준혁이의 대답을 통역해주니 황당한 표정을 짓는 선생님

"Then why did he say 'Yes' for all the questions that I asked?"
(아니 그럼 왜 내가 한 모든 질문에는 Yes라고 한 거야?)

물론 요즘의 국제학교 학생들은 준혁이처럼 말을 거의 못 알아

듣고 Yes를 남발하는 경우는 많지 않습니다. 하지만 많은 한국 학생이 수업 내용을 잘 이해하지 못했는데도 다른 학생들에게 방해가 될까 봐 또는 혼자만 모른다고 하면 부끄러워서 모르는 내용들을 그냥 넘기곤 합니다.

또 다른 예를 들어보도록 하겠습니다.

제가 미국에서 대학수업을 들을 때의 일이었습니다. 수업 내용도 쉬운 내용이 아니었거니와 교수님의 말 속도도 엄청 빨라서 수업 내용에 집중하고 있었습니다. 중간중간 이해가 가지 않는 내용도 꽤 있었지만, 내가 다른 학생들보다 모자라서 또는 원어민이 아니라 영어가 부족해서 못 알아들었다고 교수님이나 다른 학생들이 생각하지는 않을까 하는 걱정에 질문도 못 하고 대충 이해하면서 넘기고 있었습니다.

그때였습니다. 제 옆에 앉아 있던 미국인 친구가 손을 번쩍 들더군요.

"I have a question Professor!"

그리곤 모두의 주목을 받아가면서 질문을 하는데 질문 내용이 뜻밖에 너무나 기초적인 내용이었습니다. '아니 어떻게 저런 기초적인 내용을 이해를 못 하고 여태까지 수업을 들었지?'라고 할 정도로 쉬운 질문을 했기에 저는 내심 속으로 '이 자식 진짜 뻔뻔한 놈이네. 아니 어떻게 저걸 저렇게 당당하게 물어보냐. 교수님이 화내시겠다.' 하고 생각하고 있었지요.

근데 놀랍게도 교수님은 이렇게 말씀하셨습니다.

"That's a great question!" (그것 참 훌륭한 질문이야!)

교수님은 친절하게 그 질문에 대해서 다시 설명한 뒤에 학생들을 보며 다 이해됐는지 다시 한번 확인하는 것이었습니다.

저는 그때 정말 큰 문화적 충격을 받았습니다. 아마 한국 대학에서 그런 질문을 했다면 다른 학생들은 아니, 저런 것도 몰라서 질문을 하냐는 식으로 질문한 학생에게 눈치를 줬을 것이고 어쩌면 교수님은 그것도 모르냐고 타박을 했을지도 모릅니다. 하지만 미국 대학 교수님이 아주 기초적인 질문에도 훌륭한 질문이라고 칭찬하며 친절히 대답해주는 것을 보면서, 이게 바로 '질문을 권장하는' 미국 교육의 힘이라고 느꼈습니다.

틀릴까 봐 또는 물어보기 부끄러워서 대충 알았다고 하고 넘어간다면, 국제학교 선생님은 학생이 모두 이해를 했기 때문에 '질문도 없이' 넘어간다고 생각합니다. 그리고 나중에 사실 몰랐다고 한다면, 그거야 말로 정말 이해를 못합니다. 선생님은 아마도 '몰랐는데 왜 물어보지 않았어?'라고 이야기할 것입니다.

모르면 그냥 넘어가지 마세요. 애매한 점이 있으면 반드시 물어보세요. 선생님은 학생이 완벽히 이해할 때까지 도와야 할 의무가 있습니다. 질문을 많이 해야 합니다.

사실 선생님들도 질문을 많이 하는 학생들을 아주 좋아합니다. 왜냐하면 이런 학생들이 가르치는 보람을 느끼게 해주는 학생들이기 때문입니다.

미국 문화(서양 문화)는 '우는 아이 떡 하나 더 주는' 문화입니다. '어필하는 만큼 더 인정받는 문화'이기도 하고요. 이 사실을 명심하고 우리 학생들도 한 번 더 울고(물어보고), 한 번 더 어필해서(의견을 말해서), 떡 하나 더 받아먹는(더 많이 배우는) 학생이 되었으면 합니다.

2. 무조건 기억해야 할 마법의 표현(Magic words)

 학생들이 국제학교에 다닌다면 무조건 기억하고, 습관적으로 사용해야 할 몇 가지 표현이 있습니다. 저는 이 표현을 마법의 표현 또는 'Magic words'라고 부르는데요, 너무나도 흔하고, 모두가 알고 있지만 실제로 한국 학생들이 이런 표현을 자주 쓰는 경우는 생각보다 많지 않습니다.

 그러므로 부모님들은 아이들이 습관적으로 다음 표현을 잘 쓸 수 있도록 강제로라도 교육하기를 강력히 추천합니다. 이런 표현을 자연스럽게 쓰는 습관이 되면 성공적인 국제학교 생활은 물론 장래 실생활에서도 큰 도움이 될 것이라고 제가 감히 보장합니다.

Hello Sir, Hello Ms. ○ ○ ○

 너무나도 당연하지만 선생님들을 마주치면 반드시 해야 하는 표현입니다. 국제학교에 재학 중인 한국 학생들 중에는 복도나 교정에서 외국인 선생님을 마주치게 되면 아무 말도 하지 않고 어색하게 그냥 지나가는 경우가 생각보다 많습니다. 이러한 태도는 종종 무례하게 받아들여질 수 있기 때문에 선생님과 마주치면 활짝 웃으면서 눈을 보고 'Hello Sir' 또는 'Hello, Mr. ○○○'이라고 인사를 하는 것이 좋습니다. 가끔 학생들은 한국 어른에게 하듯이 고개를 숙이면서 '헬로우 티쳐' 하는 경우도 있는데, 외국인 선생님은 의외로 이러한 한국식 인사법도 좋아합니다. 아주 예의가 있어 보인다고요. 그러므로 '헬로우' 하는 게 어색하다면, 차라리 한국식으로 배꼽인사를 하는 것도 아주 좋은 방법입니다.

 헬로우가 너무 식상하다면 Good morning, Good afternoon 등의 표현도 사용할 수 있겠지요?

(심지어는 곰들도 서로 만나면 인사합니다. 꼭! Hello! 인사는 합시다!)

Excuse me?(Pardon me?) / **Could you please repeat?**(I did not understand)

한국 학생들이 외국인 선생님의 이야기를 알아듣지 못했을 때 가장 많이 하는 행동이 있습니다.

쌤: 헤이, 블라블라블라블라

학생: ⋯⋯⋯⋯⋯⋯

(옆으로 고개를 휙 돌려서 친구를 보며)

"뭐래?"

이것은 외국인 선생님들이 가장 싫어하는 반응 중의 하나입니다. 대화는 본인과 하고 있는데, 갑자기 본인은 못 알아듣는 한국어를, 그것도 옆에 있는 한국 학생에게 하기 때문이지요. 이럴 때는 'Excuse me? Could you please repeat? I did not understand'라고 이해하지 못했음을 정확히 알리는 것이 좋습니다. 어떤 학생들은 잘 알아듣지 못했음에도 불구하고 무조건 'Yes'를 남발하는 경우도 있는데, 이는 그냥 가만히 있는 것보다 더 안 좋은 결과를 가져올 수 있으니, 절대 그러면 안 됩니다. 모르면 반드시 모른다고 이야기하고 다시 물어봐야 합니다. 그런 학생을 선생님들이 훨씬 더 좋아하고, 도와주려고 하기 때문입니다.

　Excuse me라는 표현은 한국어로 '실례합니다'라는 표현과도 같이 사용되기 때문에, 누군가의 옆을 지나갈 때, 상대의 대화에 끼어들 때 등에도 사용할 수 있습니다. 미국인은 아마 하루에 20번 이상 사용할 만큼 자주 사용하므로 학생들도 이 표현이 습관적으로 나올 수 있도록 연습하는 것이 좋습니다.

* 출처: Classroom language by Belen Saez Hernaez
　　https://www.slideshare.net/Belenbasico/classroom-language-5426068

Please

한국 사람들은 종종 'please'가 왠지 비굴한 표현이라고 생각하는 경우가 있습니다. 그건 단어를 배울 때 '제발'이라고 배워서 그런 영향이 있는 것 같습니다. Please에는 물론 '제발'이라는 뜻도 있지만, 실상 영어에서는 거의 모든 문장을 부드럽고 예의 바르게 만들어주는 데 사용됩니다. 따라서 학생들은 선생님과의 대화에서 Please를 많이 사용하는 것이 좋습니다. 한국에서 선생님께 반말로 이야기하지 않듯이 영어로도 선생님께 예의를 갖춰서 이야기해야겠지요?

Could you **please** repeat?

Would you **please** repeat what you just said?

Please help me.

Please wait a minute.

Can you **please** tell me where the science lab is?

* 출처: 영화 '슈렉3'

May I∼

저는 약 20년 전에 캐나다 빅토리아라는 아름다운 섬에서 영어 공부를 한 적이 있습니다. 그때 맥도날드에 가면 많은 사람이 'May I have∼'라는 표현을 쓰기에, 저는 주문을 할 때는 'May I∼'라는 표현을 쓰는 거라고 생각했습니다. 그런데 몇 달 후 미국 시애틀을 방문했을 때, 맥도날드에 가서 깜짝 놀랐습니다. 그곳에서는 주문을 할 때 'Can I have∼', 심지어는 'Let me have', 더더욱 심지어는 그냥 'Big Mac!'이라고 표현하고 있었습니다.

이 표현들의 차이를 한국어로 바꾸면 아마 이쯤 될 겁니다.

빅맥 주실 수 있을까요? → May I have

빅맥 주세요. → Can I have

빅맥 줘. → Let me have

빅맥! → Big Mac!

그제야 저는 빅토리아에 살던 사람들이 참 친절하고 예의 바른 표현을 쓰고 있었다는 걸 깨달았던 기억이 납니다. 이 경험에서 알 수 있듯이 친절하고 예의 바른 표현인 'May I∼'를 사용하는 것이 좋습니다. 학교에서 선생님께 어떤 허락을 구하거나, 요청을 할 때는 'May I∼'라는 표현을 사용하면 좋습니다.

예를 들면 다음과 같습니다.

May I ask you a question?

May I go to the bathroom?

May I sit here?

May I ask why I received B in Algebra 2 class?

May we go now?

* 출처: stella ELM, Classroom English
  https://stellaelm.net/flashcards-classroom-english/

Thank you!

영어에서 감사하다는 표현은 수없이 사용됩니다. 국제학교 학생이라면 Thank you라는 표현을 본인이 생각하는 것보다 조금 더 많이 사용하기를 추천합니다. 선생님이 무엇을 주실 때, 선생님이 질문에 대해 대답을 해주었을 때, 심지어는 선생님이 무언가를 건네주었을 때도 모두 사용할 수 있습니다. 아마도 한글로 '네, 알겠습니다'라는 표현을 쓸 곳에 Thank you를 대신 써도 될 정도입니다. Thank you의 효과와 파워는 정말 대단하니 꼭 습관화하길 바랍니다.

이제까지 이야기한 5가지 표현 모두는 기본적으로 누구나 알고 있는 표현이지만, 이런 표현을 일상생활에서 자연스럽게 사용하는 한국 학생들은 그리 많지 않습니다. 그렇기 때문에 부모님들께서는 아이들이 이러한 표현들을 자주, 자연스럽게 사용할 수 있도록 습관을 길러주어야 합니다. 이런 표현을 잘 사용하는 아이라면 학교에서는 물론 사회에 나가서도 '이 사람은 언제나 예의 바르고 매너가 좋은 사람'이라는 꼬리표가 붙게 될 것입니다.

이것은 부모가 자녀에게 IB 기출문제를 구해주는 것보다, 100배는 더 큰 선물이 될 수 있습니다. 물론 가장 좋은 방법은 부모님이 자녀 앞에서 이런 표현을 자주 쓰는 것입니다.

미국 교장 선생님이 본 한국 학생들의 장점과 단점

이 글은 저와 친분이 있는 현직 미국 교장 선생님께 의뢰해서 미국인 교장 선생님이 느낀 한국 학생들의 장점과 단점에 대해 허심탄회하게 서술한 글입니다. 참고가 될 수 있도록 영어 원문과 해석을 함께 싣습니다. 해석에는 다소의 의역이 있음을 밝힙니다. 이 글을 통해 현직 미국인 교장 선생님의 눈에 비친 우리 아이들의 모습을 보시고 우리 아이들을 이해하는 데 도움이 되길 바랍니다.

As diligent parents who want to send your children to competitive universities throughout the world, I would like to share my experiences working with Korean students in international schools. At the current school I work at, we have students from 16 countries, many of whom are from Korea, so I have a fair and balanced perspective on how Korean students compare to students from other countries in the world. For sure, I have enjoyed working with Korean students for over 12 years, and have come to understand the good aspects, as well as shortcomings, of Koreans in comparison to other countries. So here, I wanted to share my experiences with the good and bad aspects of Korean students.

자녀들을 전 세계의 경쟁력 있는 대학교에 보내려고 열심히 노력하시는 부모님들께 제가 국제학교에 근무하면서 한국 학생들과 있었던 경험들에 대해서 공유해보고자 합니다. 제가 현재 근무하고 있는 학교에는 16개국에서 온 학생들이 재학 중이며, 그중 많은 학생이 한국에서 온 학생들입니다. 그래서 제가 꽤나 공평하고 균형 잡힌 시선으로 한국 학생들과 다른 나라 학생들을 비교할 수 있을 것이라 생각합니다. 물론 저는 지난 12년의 시간 동안 많은 한국 학생들을 접하면서 학생들과 즐거운 시간을 보냈고, 그래서 지금은 다른 나라의 학생들보다 한국 학생들의 장점과 약간 부족한 점에 대해서 더 많이 이해를 하게 되었다고 생각합니다. 그래서 이 글에서는 한국 학생들의 장점과 단점에 대해 저의 생각을 공유해보고자 합니다.

[The Good: 장점]

Work Ethic 근면성(열심히 하려는 자세)

In general, Korean students tend to take school more seriously than students from other countries. They usually have a stronger work ethic and this is given from their parents who tend to be more concerned about education than parents from other countries. Oftentimes, they have a very clear idea of what they want to do in the future, and from 7th or 8th grade already know their college major and make their plans accordingly. I think this aspect also comes from the parents who, like you, want what is best for them.

일반적으로 한국 학생들은 다른 나라에서 온 학생들보다 학교생활을 좀 더 진지하게 받아들이는 경향이 있습니다. 그들은 일반적으로 공부를 열심히 해야 한다는 생각이 강하고, 그건 다른 나라의 학부모님들보다 교육에 관심이 더 많으신 한국 학부모님들의 영향이 큰 것 같습니다. 흔히 한국 학생들은 그들이 미래에 무엇을 하고 싶은지에 대한 명확한 목표가 있으며, 심지어는 7, 8학년 때부터 대학에서 공부하고 싶은 전공을 결정하고 그에 따라 학업 계획을 세우는 경우도 꽤 있습니다. 제 생각에는 이런 장점들도 학생들을 위한 최선의 결과를 바라는(글을 읽으시는 학부모님 같은) 학부모님의 영향 때문이 아닌가 생각합니다.

Ambitions 야망(공부에 대한 욕심)

It is great that Korean students are motivated and are willing to challenge themselves. Most Korean students want to take Advanced Level courses and push themselves to succeed. Sometimes they are misguided and some take this too far, but it's great that they enjoy academic challenges. I have worked in schools where students refuse to take on any challenges, and so having students who want to improve is really great.

한국 학생들은 동기부여가 잘 되어 있고, 좀 더 어려운 것들에 도전하는 태도가 참 훌륭합니다. 대부분의 한국 학생들은 높은 레벨의 수업들을 듣고 싶어 하고, 성공적인 결과를 위해 열심히 노력합니다. 가끔씩은 학생들이 이를 잘못 이해하고 너무 과하게 할 때도 있긴 하지만, 그래도 학생들이 높은 레벨에 계속 도전하는 태도는 아주 훌륭하다고 생각합니다. 저는 예전에 어려운 것은 전혀 도전하지 않으려는 학생들이 있는 학교에서도 근무를 한 적이 있기 때문에, 이처럼 언제나 발전하고자 노력하는 학생들과 함께하는 것은 정말 좋은 일이라 생각합니다.

Academic Superiority 학업적 우수함

Korean students on the whole are superior academically to most students from the United States and Europe and are able to earn high scores, even while doing school in their 2nd or 3rd language. In general, they are better at math and science, but Koreans can be better-rounded than students from other countries. When a Korean student focusses on art or music, I find they perform better than students from other countries. Korean students are able to manage stress better than other students and will usually dig in their heels to get a job done.

한국 학생들을 전체적으로 볼 때, 미국이나 유럽의 대부분의 학생들보다 학업적으로 우수하며, 더 우수한 성적을 받습니다. 그들의 모국어가 아닌 언어로 공부를 하는데도 말이지요! 일반적으로 한국 학생들은 수학과 과학에서 우수성을 보이긴 하지만, 사실 전체적으로 봐도 다른 나라의 학생들보다 다방면에서 우수한 경우가 많습니다. 예를 들어 한국 학생들이 예술이나 음악에 집중을 하면 일반적으로 다른 나라의 학생들보다 더 좋은 성과를 보입니다. 또한 한국 학생들은 다른 나라의 학생들보다 학업에서 받는 스트레스를 더 잘 관리하며, 본인이 해내야 할 일을 잘 마치기 위해서 집중합니다.

Social Co-Operation 사회적 협업능력

The fact that they can perform well with such a disadvantage is quite impressive and is usually done by their superior willpower and the way in which they help each other to do well. With some exceptions, Korean students tend to have strong social bonds with other students and they help each other succeed more than other nationalities do.

한국 학생들이 언어적 불리함에도 불구하고 훌륭한 모습을 보여주는 것이 상당히 인상적인데, 이는 그들의 우수한 의지와 한국 학생들끼리 서로 도움을 주고받는 문화 때문이라 생각합니다. 몇몇 경우를 제외하면, 한국 학생들은 같은 한국 학생들과 강력한 유대관계를 갖고 있는 경향이 있으며, 서로의 성공을 위해 서로 협동하고 돕는 경향이 다른 나라의 학생들보다 강합니다.

Friendly and Clean Behavior 친근하고 순수한 행동

Students from Korea tend to be more polite and less aggressive than students from other countries. They will greet the teachers more often and it is great that they are extremely rarely involved in drugs, alcohol, and sex. In other countries, these can be big issues within a school, so in Korea it's very nice that students usually have a conservative lifestyle and come from good family structures. In 12 years working with Koreans, I have never once had a student involved in drugs, which I think is a miracle; I know that even Americas' Top High Schools deal with this issue regularly.

한국에서 온 학생들은 다른 나라의 학생들보다 좀 더 예의가 바르고 겸손한 경향이 있습니다. 학생들은 선생님들에게 인사도 잘하며, 다른 나라의 학생들에 비해 마약, 알코올, 성에 관련된 문제에 연관되는 경우도 극히 드뭅니다. 다른 많은 국가에서는 이와 같은 문제들이 학교의 큰 문제인 경우가 많은 점을 감안하면, 한국 학생들은 일반적으로 보수적인 생활방식을 갖고 있고, 훌륭한 가정교육을 받고 있다고 생각합니다. 저는 지난 약 12년의 시간 동안 한국 학생들을 접하면서 단 한 번도 마약에 관련된 학생을 보지 못했는데, 이는 거의 기적에 가까운 일이라고 생각합니다. 왜냐하면 미국 최고의 고등학교에서도 이와 같은 문제들이 주기적으로 발생하고 있다는 사실을 저는 잘 알고 있기 때문입니다.

[The Bad: 단점]

Excessive Cheating 지나친 부정행위

I mentioned above that Koreans help each other succeed a lot. I think this can be a good thing, but often times they go too far in helping their friends, and do things that are considered to be cheating in an American or International school. As the Principal, I tried to understand the Korean students' perspective, but at the same time the American teachers had different expectations. For this reason, it was very important for the school to clearly define cheating and also explain to teachers the way to prevent cheating so that it did not occur.

앞서 제가 한국 학생들이 서로의 성공을 위해서 많은 도움을 주고받는다는 말씀을 드린 바 있습니다. 이는 아주 훌륭한 행위이지만, 가끔씩은 친구를 너무 많이 도와주려는 시도가 지나쳐서 미국학교나 국제학교에서는 부정행위로 간주되는 행위를 하는 경우가 있습니다. 학교의 교장으로 근무하면서, 저는 한국 학생들의 관점을 이해해보려고 노력하기도 했지만 많은 미국 교사들은 다른 기대치를 갖고 있었습니다. 그런 이유로 학교에 서는 부정행위가 무엇인지에 대해서 명확하게 규정하고 교사들에게도 부 정행위를 방지하는 방법에 대해서 설명하는 것이 굉장히 중요한 일 중에 하나였습니다.

Need for Negative Reinforcement 처벌의 필요성

In my experience, it is sometimes difficult to use positive reinforcement to motivate Korean students to follow the school rules. Koreans tend to follow more what their peers are doing and are less likely to follow school rules; unless there is a consequence attached. For example, if the school nicely asks students to not eat food in the classroom, maybe 40% of Korean students who will totally ignore the kind request and just keep doing it. I would say that maybe 10% of other nationalities would ignore the request. However, if the school sternly announces the rule and then explains that violators will get a detention, then those students will get the point and most will stop. This makes managing the students a little bit harder, since there is a need to bring forth negative consequences while we want to manage the school in a peaceful way and we do not enjoy punishing students for minor things.

제 경험상으로는 가끔씩은 긍정적인 격려나 주의를 통해 한국 학생들이 학교 규정을 잘 지키도록 하는 것은 어려운 일이었습니다. 한국 학생들은 학교 규정을 어기면 엄격한 처벌이 있는 경우가 아닌 이상, 학교의 규정을 지키기보다는 다른 친구들이 하는 것을 따라가는 경향이 있는 것 같습니다. 예를 들어서 학교에서 학생들에게 교실에서 음식을 먹지 말라고 부드럽게 이야기를 하면, 제 경험상 약 40% 정도의 한국 학생들은 학교의 친절한 요구를 완전히 무시하고 음식을 먹습니다. 다른 나라의 학생들은 아마도 약 10% 정도가 학교의 말을 듣지 않는데 말이지요. 반면에, 학교에서 엄격하게 규정을 발표하고, 규정을 어기는 사람은 처벌을 받는다고 한다면 그제야 한국 학생들은 이해를 하고 규정을 어기지 않습니다. 이런 점들은 한국 학생들을 관리하는 것을 좀 더 어렵게 하며 이는 학교가 평화롭고 긍정적인 방법으로 학생들을 관리하려 하고, 학생을 처벌하는 것을 좋아하지 않는데도 불구하고, 어쩔 수 없이 처벌을 중심으로 하는 방식을 사용하게 합니다.

Inefficient Study Habits 비효율적인 공부습관

Korean students are probably the hardest working students of all, but I find that many have poor study habits, and so much of the time they spend studying is wasted. They will try to read a difficult textbook for hours, but have little comprehension of what is being said. I recommend that all of them take a study skills course so that they can have an effective study strategy. This is extremely important, especially when they transfer from a Korean school to an International School, where the expectations are different.

한국 학생들은 아마도 가장 열심히 공부하는 학생층에 속할 것입니다. 하지만 제가 발견한 것은 많은 학생이 좋지 못한 공부 습관을 갖고 있어서 많은 시간을 허비하고 있다는 것이었습니다. 그들은 어려운 교재들을 몇 시간씩 읽지만, 사실 그 내용은 별로 이해하지 못합니다. 그래서 제가 추천하고 싶은 건 모든 학생이 효율적으로 공부를 할 수 있는 공부 방법을 배우는 수업을 들어보라는 것입니다. 이것은 매우 중요하며, 특히 한국학교를 다니다가 환경과 기대치가 많이 다른 국제학교로 옮겨갈 때 특히 더 필요합니다.

Excessive Nurse Visits 너무 잦은 양호실 방문

This might seem like a minor issue, but it's actually quite serious. At the schools I worked at, many Korean students took advantage of the nurse office and went there all the time for unnecessary reasons. In fact, I found that Korean students were 11X more likely to visit the nurse than all other nationalities. This means that they more often times had absences from class, which hurt them academically.

이 문제는 아마도 별로 중요한 문제로 보이지 않을 수도 있지만, 사실은 꽤나 심각한 문제입니다. 제가 근무했던 학교에서는 많은 한국 학생이 양호실에 갈 수 있는 기회를 이용해서 불필요하게 양호실을 이용한 일이 많이 있었습니다. 사실 제 경험에 의하면 한국 학생들이 다른 국가의 학생들보다 약 11배나 많이 양호실을 찾았더군요. 이것이 의미하는 것은 곧 학생들이 더 많이 수업을 빠졌다는 뜻이기도 하고, 이는 학생들의 성적에도 악영향을 미칩니다.

The school has a hard time prohibiting students from going to the nurse, and teachers were very frustrated with this situation. Another aspect was that some Korean parents supported their child's excessive nurse visits; some of them thought this was fine and acted as if the school has no right to question it. Maybe in Korean schools it is normal for students to do this, but at American or International Schools, it's a problem. Academic Research studies find that students who are bullied tend to visit the nurse more often. I know that social pressure and bullying are more common in Korea, and so this might be the root cause of the situation.

학교는 학생들의 양호실 출입을 제한하는 데 어려움을 겪었고, 각 과목 선생님들은 이 점에 대해서 많은 스트레스를 받곤 했습니다. 또 다른 문제는 한국 부모님들이 학생들의 이런 잦은 양호실 방문을 옹호해주셨다는 점입니다. 몇몇 분은 이런 잦은 방문이 괜찮은 일이며, 학교는 이에 대해 관여할 권리가 없다고 생각하시는 같았습니다. 한국학교에서는 이러한 일들이 괜찮은지 모르겠지만, 미국이나 국제학교에서는 이는 문제가 될 수 있습니다. 아카데믹 리서치의 연구에 의하면 학교에서 다른 학생들에게 괴롭힘을 당하는 학생들은 좀 더 자주 양호실을 방문하는 경향이 있다고 합니다. 제 추측으로는 한국에서는 사회적 압박과 괴롭힘들이 좀 더 흔한 일이라 이런 현상이 일어나는 이유가 아닌가 싶기도 합니다.

Lacking Social Confidence with Foreign Adults
외국 성인에 대한 사회적 자신감 결여

Maybe they are shy because their English is not native fluent, but it is often difficult to get Korean students to speak up in class and engage in a conversation. I find that students from other countries are much more open to having conversations with American adults in the classroom and outside, while Koreans are so shy and often appear nervous and embarrassed and just stay away from adults as much as possible. Korean students care greatly about what their friends think of them, and so maybe they are afraid they will make a mistake in front of their friends. In my opinion, Korean peer pressure is at the root of many of the problems facing many Korean students in an International School.

어쩌면 학생들의 영어 실력이 원어민처럼 유창하지 않아서 부끄러움이 있어서 그런지는 모르겠지만, 한국 학생들을 수업시간에 발표하게 만들거나 대화에 참여하게 만드는 것은 종종 쉽지 않습니다. 제가 발견한 사실은 다른 나라의 학생들은 수업시간에 외국인과 대화하는 데 주저함이 거의 없는 반면, 한국 학생들은 대체로 부끄러움이 많고, 종종 너무 긴장해 보인다거나 해서 외국인과 대화하는 것을 최대한 피하는 것처럼 보인다는 점입니다. 한국 학생들은 다른 한국 학생들이 자신을 어떻게 생각하는지에 대해 매우 신경 쓰기 때문에, 다른 친구들 앞에서 실수하는 것에 대해서 두려움을 갖고 있는 것 같습니다. 제 생각에는, 다른 학생들의 시선을 의식하면서 생기는 압박이 국제학교에서 한국 학생들이 주로 보이는 문제점들의 근본적인 문제가 아닌가 싶기도 합니다.

So this is it! 5 Good Points and 5 Bad Points. I am fully aware that the above does not universally apply. These are just general observations of Koreans in comparison to those from other nations, and there is no intention to disrespect. This is just food for thought on how Korean students can be even better and productive at International Schools. I look forward to seeing your thoughts about these.

자, 이 글을 통해서 한국 학생들의 다섯 가지 장점과 다섯 가지 단점에 대해서 이야기해보았습니다. 물론 제가 이 글에서 언급한 내용들이 다 맞는 것은 아니라는 점은 저도 잘 알고 있습니다. 제 글은 그저 제가 경험한 한국 학생들과 다른 나라의 학생들에 대한 일반적인 비교일 뿐이며, 한국 학생을 의도적으로 비하하려는 뜻은 전혀 없습니다. 그저 제 글을, 앞으로 한국 학생들이 국제학교에서 더 생산적으로 발전할 수 있는 데 도움이 될 수 있는 하나의 참고사항으로 생각해주시면 대단히 감사하겠습니다.

3. 미국 대학에서 고등학생에게 일반적으로 요구하는 학점

미국은 한국처럼 교육부에서 모든 초·중·고등학교를 직접적으로 관할하지 않기 때문에, 각 고등학교의 커리큘럼도 조금씩 다르고, 각 대학의 입학 자격조건도 다릅니다. 하지만 대부분의 미국 대학입시는 9, 10, 11, 12학년의 4개 학년, 즉 8학기의 성적을 제출하도록 요구하며, 일반적으로 요구하는 고등학교 학점은 다음과 같습니다.

Language Arts	8	semester credits (1 must be in Speech)
Math	6	semester credits
Social Studies	7	semester credits* (including courses in geography, civics U.S. & world history, and economics)
Science	6	semester credits* (2 must be in Biology)
Physical Education	2	semester credits
Health	1	semester credit
Fine Arts/Performing Arts	2	semester credits
Technology	1	semester credit
Foreign Language	8	semester credits (4 in the same language)
Elective	10	semester credits*

이를 보면 평균적으로 한 학기당 약 6과목의 학점을 요구하며, 언어, 수학, 외국어, 과학 등의 기본 과목들이 필요한 것을 알 수 있습니다. 이 학점표는 예시일 뿐이며, 고등학교의 수준에 따라 또는 사정에 따라 달라질 수 있습니다.

이 외에 AP라고 알려져 있는 대학 학점 선행학습 제도(Advanced Placement)는 우수한 학생들이 대학 레벨의 수업을 고등학교에서 먼저 수강하는 것을 말합니다. AP 코스를 수강하고 AP 공인시험에서 좋은 성적을 받았다는 것은 학생이 우수하다는 것을 뜻하기 때문에, 이는 대학입시에 유리하게 작용하며, AP 시험을 통해 얻은 학점은 추후 대학에서 학점으로 인정해주기도 합니다.

미국 교장 선생님이 콕 집어주는 고등학교 수업 선택

As a school principal, I get asked all the time what classes high school students should take in order to get into a good college.

학교의 교장으로 근무하면서, 좋은 대학교에 진학하기 위해서 어떤 고등학교 수업들을 수강해야 하냐는 질문을 언제나 받고 있습니다.

This question is important and varies from student to student. There are some general basic points that all students and parents should consider when requesting which courses to take at an American School.

이 질문은 중요한 질문이며, 학생들의 상황에 따라 모두 다릅니다. 이 글에서는 모든 학생과 학부모님들이 미국학교에서 수업을 선택하는 데 필요한 일반적인 요소에 대해서 다뤄보도록 하겠습니다.

1. Starting in Grade 10, try to take at least one AP course. The easiest AP subjects to take at this grade level are Geography, Environmental Science, and Biology. These ones will give you good exposure to college-level material and are a good start. For Grade 11 and 12, students should take 3~4 APs each year. It is important to get at least a 4 on the exams.

   10학년에 들어가면서 최소 하나 정도의 AP 코스는 수강하도록 노력하세요. 이 레벨에서 수강하기에 가장 수월한 AP 과목으로는 Geography, Environmental Science, Biology 등의 수업이 있습니다. 이 수업들은 대학 레벨의 수업을 경험하는 데 좋은 과목들이고 AP를 처음 시도하는 데 훌륭한 시작점이 될 수 있습니다. 11학년과 12학년의 학생들은 매년 3~4개의 AP 수업을 듣는 것이 좋습니다. 물론 AP 시험에서는 4점(5점 만점) 이상의 점수를 받는 것이 중요하겠지요.

2. Do not be too eager to take the hardest courses possible at a very young age. I have seen many students in Grade 9 attempt to take courses way above their ability in Grades 9 and 10. There is no point in doing this when you have time to take it after building your foundations. I have seen many instances of Koreans wanting to take AP classes in grade 9 (even some in Grade 8!) and this is just pointless and can actually be counter-productive.

어린 나이에 가장 어려운 수업을 수강하려고 너무 노력하지 마십시오. 저는 많은 9학년의 학생이 자신의 능력보다 훨씬 높은 수업을 들으려고 하는 것들을 수없이 보아왔습니다. 기초를 닦을 수 있는 시간이 충분이 있는 상황에서 이러한 시도를 하는 것은 별 의미가 없습니다. 저는 많은 한국 학생이 9학년 때부터(심지어는 8학년 때부터!), AP 수업들을 들으려고 노력하는 것을 보아왔는데 이러한 것들은 별 의미가 없으며 오히려 효율성 면에서 역효과가 날 수도 있습니다.

3. Focus more on getting high scores than taking the hardest classes. Frankly speaking, for college admissions, it is better to have an A in regular Biology than to get a D in AP Biology. Some (mid and lower level) colleges only look at the final GPA at the end of the transcript, and for such schools AP subjects might not make a large difference.

가장 어려운 수업을 수강하려는 노력보다는 일반 과목에서 좋은 점수를 받는 데 집중하십시오. 솔직히 말씀드려서 대학입시에서, 일반 World history 과목에서 A를 받는 것이 AP World History에서 C-D를 받는 것보다 더 유리합니다. 특히 일부 중/하위권의 대학교들은 학생들의 성적표에서 최종 GPA만을 주목합니다. 그렇기 때문에 그러한 대학들의 입시에서는 AP 과목들은 큰 영향을 미치지 않을 수도 있습니다.

4. Do not forget a subject. I have reviewed hundreds of transcripts and seen many instances where a school neglected to give a student a balanced schedule of classes. They might be totally missing a math, science, or Language arts class, for example. Unless there are really good reasons, be sure to have 1 math, 1 science, 1 social studies, 1 language arts, 1 foreign language, and some electives. If you forget a course area, it might disqualify you from applying to some colleges.

과목의 중요성을 잊지 마세요. 저는 개인적으로 수많은 학생의 성적표를 리뷰해왔습니다. 그리고 그중에는 학교들이 학생들의 스케줄을 만드는 데 있어서 소홀히 한 경우들을 많이 볼 수 있었습니다. 어떤 경우에는 수학, 과학, 언어 등의 과목들이 빠진 경우도 있었습니다. 1학기의 스케줄에는 특별한 이유가 있지 않은 이상, 1 math, 1 science, 1 social studies, 1 language arts, 1 foreign language 그리고 몇 개의 선택 과목이 들어가야 합니다. 만약에 이러한 기본적인 사실을 잊는다면, 나중에 대학입시에 불이익을 받을 수도 있습니다.

5. Be sure to get the complete sequence of science courses, including Biology, chemistry, and Physics. Taking 4 years of math is also important. Some students fulfill the minimum math requirements, and then do not want to take math in 12th grade. This is a bad idea, especially if you want to go to a respectable college.

Biology, Chemistry, Physics 등 일련의 과학 과목들을 반드시 수강해야 합니다. 마찬가지로 4년간 꾸준히 수학 과목을 수강하는 것도 잊지 마세요. 어떤 학생들은 학교에서 요구하는 수학 학점이 적다는 이유로 12학년 때 수학을 듣지 않는 경우도 있습니다. 이건 그다지 좋은 생각이 아닙니다. 특히 모두에게 인정받는 좋은 학교에 진학하려면 말이지요.

6. If you have a special interest such as art or computer science, try to take as many electives in these areas, but do not sacrifice the core subjects.
만약에 학생이 한 분야에 관심이 있다면(예를 들면 computer science), 그 분야와 연관된 선택 과목을 많이 수강하도록 노력하세요. 물론 주요 과목을 수강하는 데는 영향이 없어야 합니다.

The above points, are just a starting point and general principles for making a schedule. Every student is different, so these rules are not set in stone.
모든 학생의 상황이 다르기 때문에 이 부분에 대해서 섣부른 일반화는 힘들겠지만, 앞서 말씀드린 내용은 학생의 스케줄을 결정하는 데 있어서 가장 기본적이고 일반적 내용입니다.

미국 교장 선생님이 말하는 교사자격증보다 더 중요한 것들

Have you ever wondered about teacher's licenses? Many parents have asked me over the years whether it matters or not that a teacher holds a license to teach. Some parents look at the teachers' licenses to decide whether a school is of good quality or not.

교사자격증에 대해서 궁금해하신 적이 있으신가요? 지난 몇 년간 많은 학부모님들이 교사들이 수업을 하기 위해서 교사자격증을 보유하고 있는 것이 문제가 되느냐는 질문을 해왔습니다. 어떤 학부모님들은 교사들이 자격증이 있느냐 없느냐를 통해서 학교 교육의 질을 판단하시기도 하십니다.

This is a complicated issue. I'll try to explain my opinion about it. As an International school principal, I feel that my outlook is a little different from other Principals who work at Public Schools in the United States. At American Public Schools, having a State-issued license is crucial for teachers, and schools are often required by law to hire a certain percentage of teachers with licenses. American Public School principals tend to be of the belief that a license is the top priority of hiring and that the license by itself is almost a guarantee that the teacher is competent.

이것은 상당히 복잡한 문제인데, 이에 대해 제 의견을 말씀드리겠습니다. 국제학교의 교장으로서의 제 의견은 아마도 미국의 공립학교에서 근무하는 교장 선생님들과는 조금 다를 것이라 생각합니다. 미국 공립학교에서는 각 주에서 발급한 교사자격증을 보유한 선생님들을 보유하는 것이 매우 중요하며, 종종 법적으로 몇 퍼센트 이상의 선생님이 자격증을 보유해야 한다는 요구를 받기도 합니다. 그렇기 때문에 미국 공립학교의 교장 선생님들은 교사의 교사자격증 보유 여부는 선생님의 자질을 판단하는 데 가장 중요한 고려 요소라는 신념을 가지고 있기도 합니다.

I agree that having a State license is a bonus for a teacher and will definitely prefer the license holder. However, I am more flexible in an international environment. Here is a short list of things I view as just as important, in an International School environment:

저는 교사가 교사자격증을 보유하는 것이 큰 도움이 된다는 의견에 동의하며, 저 자신도 교사자격증이 있는 선생님을 선호하기도 합니다. 하지만 저는 국제적인 환경에서는 좀 더 유연성을 갖고 있습니다. 다음의 리스트들이 국제학교 환경에서 교사자격증만큼이나 중요한 것입니다.

College Major/Degree 대학 전공, 학위

For example, the math teacher should have a degree in math or science, unless there is a special reason. If they are teaching below Algebra 2, then maybe other majors can be acceptable.

예를 들어 수학 선생님은 특별한 이유가 없는 한 수학이나 과학 학위를 가지고 있어야 합니다. 하지만 만약에 선생님이 Algebra 2 이하의 수업을 가르친다면, 다른 전공을 했더라도 용납될 수 있습니다.

Personality and Work Ethic 성격과 업무 윤리

These are by far the most important traits. Do they care about the students? Do they work hard? Do they treat them professionally and will they go out of their way to help if needed?

이 점들은 아마도 가장 중요한 요소일 것입니다. 교사는 학생들에 대해서 진정으로 신경 쓰고 있습니까? 본인 일을 충실히 수행합니까? 학생들을 전문성을 갖고 대하며, 학생이 도움을 청할 때 기쁘게 응할 준비가 되어 있습니까?

Dedication to child's learning and motivation
학생의 배움과 동기부여를 향한 헌신

Of course, these are far better for the school than the person holding a license. Does the teacher connect with your child and motivate them?

이러한 특징을 가진 선생님은 단순히 교사자격증을 보유한 선생님보다 학교에 훨씬 큰 도움이 됩니다. 선생님이 당신의 자녀와 긴밀한 관계를 유지하고 있으며 언제나 자녀에게 동기를 부여하려고 노력합니까?

Ability to follow instructions 기본 업무 관련 지시를 따를 수 있는 능력

As I said before, some Americans working abroad are not the highest caliber teachers. Do they score and enter grades in a timely manner? Do they follow school policies? Do they come to work on time and not take too many days off?

제가 이전에 언급했듯이 해외에서 선생님으로 근무하는 미국인은 최고 등급의 선생님들이 아닙니다. 그들이 성적을 잘 채점하고, 그 결과를 부모님과 적절한 시간 내에 잘 업데이트합니까? 그들이 학교의 규정은 잘 지킵니까? 수업시간을 잘 준수하며, 불필요한 휴가를 사용하지는 않습니까?

Willingness to learn and improve 배우고 발전하고자 하는 의지

The things learned when getting a teaching license or a degree in Education are not rocket science. With a little bit of effort, a hard working and responsible person can learn the practical techniques of teaching and reach a high level. This does not require a license or fancy degree. It's just a matter of them caring and wanting to improve. This is a very important piece.

교사자격증이나 관련 학위를 취득할 때 배우는 것들은 아주 어려운 일은 아닙니다. 열심히 일하고자 하는 자세와 책임감 그리고 노력하는 자세를 가진 사람은 누구나 가르치는 기술을 배울 수 있고 높은 경지에 이를 수 있습니다. 이러한 요소들은 학위나 자격증을 필요로 하지 않습니다. 다만 가르침에 대해서 교사가 얼마나 신경을 쓰는지, 계속 발전하고자 하는지가 관건입니다. 이는 아주 중요한 요소입니다.

A rule of thumb I always tried to follow is that at least 65% of the teachers at the school should have a license. In my experience, I have worked with awful teachers with a State license AND Masters in Education; while, I have also worked with Excellent ones who had neither. If your child's school has50% or more licensed teachers, you are probably OK and should not worry too much, as long as the quality is acceptable and they are knowledgeable, trustworthy, and professional. If it's much less than half, then I suggest you find out why and take a closer look at how they are doing.

저 개인적으로 국제학교에서 선생님을 고용하는 데 있어서 갖고 있는 원칙은 최소 65% 이상의 선생님들이 교사자격증을 갖고 있도록 하는 것입니다. 저는 교사자격증과 석사학위가 있는데도 불구하고 교육적으로는 최악인 선생님과 근무한 적도 있고, 반면에 교사자격증이나 석사학위가 없는데도 아주 훌륭한 선생님과 근무한 적도 있습니다. 그렇기 때문에 만약에 지금 자녀를 보내고 있는 국제학교의 선생님들의 절반 이상이 교사자격증을 가지고 있고, 수업의 질이 나쁘지 않고, 선생님들이 가르치는 수업에 대해서 잘 알고 있어서 믿을 만하다면, 크게 걱정하지 않아도 될 것 같습니다. 하지만 만약 선생님의 절반 이상이 교사자격증이 없는 학교라면, 그 이유에 대해서 알아보시고 좀 더 많은 주의를 기울이기를 추천합니다.

2장
학부모님들이 알아야 할
국제학교 생활

1. 아이가 국제학교에 적응을 못해요

학교생활을 즐기게 해주세요.

　아이들에게 공부를 따라가는 것보다 더 중요한 건, 학교생활을 잘하는 것입니다. 새로운 친구는 누구를 만나고, 밥은 누구랑 같이 먹고, 같은 관심사를 가진 아이들은 누구인지 학부모님들은 지속적인 관심을 가져야 합니다. 아이들이 부모님을 따라서 해외로 이주하며 또는 유학을 떠나거나 한국의 국제학교에 입학하게 되면, 아이들은 '영어 환경에서의 생활', '부모님을 떠난 생활' 등의 일생일대에 큰 변화를 겪게 됩니다. 그러한 변화의 시기에 아이들이 새로운 환경에서 공부를 잘 따라가는 건 두 번째로 중요한 점입니다. 첫 번째로 '학교생활 적응'이 잘 되어야, 그를 기반으로 '학교공부'도 잘 따라갑니다.

　아이가 친구 관계보다는 학업적인 부분에 더 열정이 넘치는 학생이라면 별 걱정할 필요가 없겠지만, 대부분의 아이들은 친구 관계에서 그리고 선생님, 부모님과의 관계에 따라서 학교 성적이 큰 영향을 받습니다. 그렇기 때문에 우리 아이가 학교에서 왕따를 당하는 건 아닌지, 밥은 누구와 먹는지, 어떤 친구들과 어울리는지, 선생님과의 관계는 어떠한지 등에 대한 관심이 자녀의 성적에 대한 관심보다 더 중요합니다.

아이가 왜 성적이 오르지 않지? 왜 수업을 잘 못 따라 가는지에 대한 답은 '우리 아이가 영어가 부족해서', '우리 아이가 아직 학업적으로 준비가 덜 되어서'라기보다는, 아이가 아직 학교 공부를 즐거워하지 않아서, 좋은 친구가 없어서, 선생님과 덜 친해져서가 정답인 경우가 훨씬 많습니다. 아이가 학교생활을 좋아하고 즐기게 된다면 학교 성적은 자연히 따라옵니다.

자신감을 불어넣어주세요.

학교에서 근무하다 보면, 정말 대단한 학생들이 많습니다. 학교 커리큘럼을 잘 따라가서 GPA도 3.8 이상을 유지하고, 거기에 AP 수업도 따로 3개나 하고, 거기에 토플 점수도 잘 나오고, 거기에 SAT 준비도 합니다. 그리고 학생회에서 회장으로 활동하고, Yearbook 클럽에서 Yearbook도 만듭니다.

어른인 제가 봐도 아니 '어린 나이에 어떻게 저렇게 많은 일을 동시에 잘할 수 있지?' 싶을 정도로 무엇이든 열심히 하고 잘하는 학생이 꼭 한 명씩은 있습니다. 그런데 이상하게도 이런 학생들이 많은 학부모님이 생각하는 국제학교 학생의 '기준'이 됩니다. 왜냐하면 이런 학생은 학생의 부모님이나, 재학하는 학교에서 자랑스럽기 때문에 많은 사람의 입에 오르내리기 때문입니다. 학교 홍보에도 당연히 이런 학생이 모델이 되지요. 해당 학생의 부모님은 SNS나 학교 모임을 통해서 자랑스럽게 자녀에 대한 이야기를 하곤 합니다. 우리 아이는 월반해서 국제학교 들어갔는데 GPA가 4.0이라던가, AP

를 7개 하고 있다던가, 토플은 지금 9학년인데 110점을 받았다든가 또는 SAT도 시험 삼아 한번 봤는데 1500점 정도 나왔다는 등의 내용들이 그렇습니다.

그런데 실상 일반적인 학생의 현실은 이렇습니다.

한국에서 중학교 1학년까지 다닌 학생이 있다고 가정해보지요. 이 학생이 부모님을 따라서 해외로 나가 국제학교를 다니게 됩니다. 환경이야 한국에서 외국으로 바뀌었으니 180도 달라졌고, 거기에 학교 수업도 갑자기 모두 영어로 합니다. 그리고 배우는 과목들까지도 한국에서는 접해보지 못한 과목들이 많습니다. 수학 문제 푸는 방법도 다르고, 과학 시간에는 이게 과학 수업인지 영어 수업인지 헷갈립니다. 거기에 이제는 미국 역사에 유럽 지리까지 배워야 하네요. 심지어 친구들도 모두 새 친구들이고 거기에 외국인들도 끼어 있습니다.

이런 환경에서 한국에서의 성적을 유지하거나 더 좋은 성적을 처음부터 받는 게 오히려 이상한 겁니다. 그렇기 때문에 처음에 아이가 수업을 어려워하고 성적이 잘 나오지 않더라도 조급해하지 말아야 합니다. 아이가 먼저 '자신감'을 갖도록 격려하고 도와주어야 합니다. 다음은 격려와 칭찬의 말의 예들입니다.

"세모야, 네가 지금 수업을 잘 따라가지 못하는 건 아주 자연스러운 거야. 엄마는 네가 정말 대견해. 갑자기 다 영어로 공부하는 환경으로 바뀌었는데 그걸 'B'나 받아온 거야? 네가 정말 자랑스럽다. 정말 대단해!"

"세모야, 네가 다른 아이들보다 영어 못한다고 주눅들지 마. 너희 학교 스티브는 뭐 한국말 할 줄 아니? 너는 이미 한국어도 하고 영어도 하잖아! 너는 벌써 2개 국어를 하니까 스티브보다 네가 훨씬 똑똑한 아이야! 그렇지 않아? 자신감을 가져."

"네가 같은 반 '네모'보다 영어를 못 하고 성적이 낮다고 너무 주눅들지 마.

네모는 여기 국제학교에 너보다 3년이나 먼저 들어온 아이잖아. 너는 대신에 지난 3년간 한국학교에서 친구들도 많이 사귀었고 네모가 못 배운 것들도 배웠지? 그러니까 걱정하지 말고 여기서 다시 열심히 하면 돼! 엄마 아빠는 널 믿어!"

이러한 대화로 아이들을 격려해주세요. 예를 든 이야기는 모두 거짓말이 아니고 사실입니다. 입장을 바꿔서 생각해보기 바랍니다. 학부모님들이 중·고등학교에 다녔을 때 갑자기 해외에 있는 국제학교로 전학을 가서 영어로 AP나 IB 수업을 한다고 가정해보세요. 아마 대부분의 학부모님들께서는 그런 상황을 생각만 해도 아찔하실 겁니다. 안 그래도 공부하기 어려운데, 갑자기 모든 환경이 바뀌고, 거기에 수업까지 모두 영어로 진행해야 한다니 말이지요.

국제학교에 다니는 우리 아이들, 정말 대단한 일을 하고 있는 겁니다. 그러니 많이 격려해주세요

부모님의 역량이 중요합니다.

공부를 잘하는 우수한 아이와 좀 부족한 아이들에게는 결정적인 차이가 있습니다. 바로 부모님의 '역량'입니다. 부모의 역량이라니? 어떤 것이 아이들에게 도움이 되는 부모의 '역량'일까요? 다음 두 가지로 설명드릴 수 있습니다.

한 가지는 제가 앞서 이야기한 아이들에게 '자신감'을 불어넣어주고 잘 적응할 수 있도록 '관심'을 가져주는 역량이고, 또 한 가지는 국제학교 교육에 관한 '지식과 정보'에 대한 역량입니다.

대체로 성적이나 생활 면에서 우수한 학생의 부모님들은 공통적으로 이 두 가지 역량을 모두 갖추고 있습니다. 물론 두 역량이 모두

갖춰져 있다면 가장 좋겠지만 둘 중에 더 필요한 역량을 하나만 고르라고 한다면 저는 지식과 정보에 대한 역량보다는 학생에게 관심을 가져주시는 역량을 고르고 싶습니다.

관심과 지식이 모두 없는 학부모님들은 별 대책 없이 한숨만 많이 쉽니다. 그래서 고민이 가장 많습니다. 학생에 대한 관심이 중요한지는 생각도 안 하시고, 뜬 구름 잡듯이 지식과 정보만 찾으러 다닙니다.

관심만 있는 학부모님들은 그래도 아이에게 힘을 줍니다. 하지만 아이에게 플러스알파의 도움을 줄 수는 없습니다.

반면 지식만 있는 학부모님들은 아이에게 굉장한 압박감을 심어주며, 이는 되레 마이너스로 작용할 수도 있습니다.

관심과 지식을 모두 갖고 있는 학부모님의 자녀는 반드시 잘 되게 되어 있습니다. 불변의 진리입니다.

이 글을 읽는 학부모님은 위의 네 가지 경우 중에 어디에 속하시는지요?

이 중 관심을 가져주는 역량은 그 어디에서도 가르쳐주지 않습니다. 대치동의 수백, 수천만 원 하는 학원 컨설팅 업체에서도 이런 수업은 없습니다. 오히려 부모님의 불안감을 이용해서 돈을 벌 궁리를 하는 곳이 더 많습니다. 공부하는 데 인성이 무슨 상관이냐, 돈만 많이 쏟아 부으면 또는 우리 학원수업 들으면 다 잘 될 거라고 자신 있게 이야기를 하는 경우도 있습니다. 그런데 정말 그럴까요? 제 생각은 많이 다릅니다. 아이들은 공부하는 기계가 아닙니다. 심리적으로 작은 것에 상처받고 영향을 받습니다. 그리고 그것이 성적으로 직결되는 경우를 저는 너무나도 많이 봐왔습니다. 이런 부분을 가장 먼저 알아차려 보살펴주실 수 있는 사람은 부모입니다. 그래서 '관심을 가져주는 역량'에 대해서 언제나 고민하고 신경 써야 합니다.

사실 지식에 관한 역량은 쉽게 갖출 수 있습니다. 이 책에 소개된 글들만 꼼꼼히 읽어보셔도 필요한 정보의 대부분은 얻으실 수 있다고 자신합니다.

결론을 짓자면 현재 아이가 국제학교에서 성적이 기대한 만큼 나오지 않고 적응이 조금 늦더라도, 너무 걱정하시거나 조급해하지 않아도 된다는 말씀을 드리고 싶습니다. 걱정하거나 조급해하는 데 시간과 에너지를 쓰기보다는 우선 부모로서의 역량을 기르고, 아이를 믿고 돌봐준다면 아이의 상황은 분명히 좋아질 겁니다.

미국 교장 선생님이 추천하는 효율적인 공부법

I wanted to share my perspective as an educator on a major issue that is often times over-looked by parents and schools. I mentioned in a previous article that Korean students at times have inefficient study habits. What I mean is Koreans are certainly willing to spend large amounts of time studying, but too often have ineffective habits, which results in a large amount of their time being wasted. Parents sometimes assume that time and effort will automatically result in good scores, but this is an incorrect over-simplification. It is crucial to have an effective strategy.

저는 교육자로서 학교와 학부모들이 간과할 수 있는 중요한 문제들에 대해 저의 관점을 공유해보고자 합니다. 저는 앞에서 한국 학생들의 공부 습관이 종종 비효율적이라고 말씀드린 적이 있는데, 이는 한국 학생들은 확실히 공부를 위해 많은 시간을 투자하고 있지만, 효율적이지 못한 방법으로 공부를 하고 있기 때문에 시간 낭비가 많다는 뜻이었습니다. 학부모님들은 종종 학생의 공부 시간과 그 결과가 비례한다고 생각을 하시는데, 이는 상황을 너무 단순화시킨 잘못된 생각이며, 그래서 효율적인 공부 전략을 짜는 것은 매우 중요합니다.

Sending your child to the best school, arranging the best tutors, and taking TOEFL/SAT courses are all important steps indeed, but these efforts are greatly undermined when a student studies ineffectively and earns poor grades as a result.

학생을 최고의 학교에 보내고, 좋은 튜터를 붙여주고, 토플, SAT 수업 등을 듣게 하는 것은 물론 모두 아주 중요한 점이지만, 이런 노력들도 학생들이 비효율적으로 공부를 한다면 그 효과가 현저히 저하되어 좋지 않은 성적을 받을 수밖에 없습니다.

Research has shown that sleep is an extremely important component in the learning process. When musicians arestruggling with a new difficult piece, after practicing and then getting a goodnights sleep, they often come back and can play it perfectly the nextday. They call this "learning while sleeping" and it's a common expression in music. We see in all parts of life that sleep is essential to the process of creating long-term memories. I observe this to be especially problematic for Koreans. For cultural reasons, many Koreans seem to be night owls. I have often seen babies staying up until midnight in Korea, whereas in the USA this would be unusual. Rather than forcing a student to study all night and wake up early to study (I've seen it many times), they are much better off sleeping 8 hours while having an overall effective studylife style. In the long run, this is much more sustainable.

많은 연구에서 충분히 잠을 자는 것이 배움에서 매우 중요한 요소라고 이야기하고 있습니다. 일례로 뮤지션들이 어려움이 닥쳤을 때, 충분한 잠을 자고 난 다음 날이 되어서야 완벽하게 악기를 연주할 수 있는 경우가 종종 있습니다. 뮤지션들은 이런 것을 '잠을 자면서 배운다'고 표현하며, 이는 음악계에서는 흔히 알려져 있는 표현입니다. 이와 같이 충분한 잠은 삶의 전반적인 부분에서 장기적인 기억력에 도움을 준다는 사실을 찾을 수 있습니다. 저는 이 점이 한국 학생들에게는 문제점이 될 수 있는 부분이라 생각합니다. 제 경험으로는 문화적인 이유 때문인지 한국 학생들은 야행성이 많은 것 같습니다. 저는 한국의 아기들이 종종 밤늦게까지 깨어 있는 경우는 보곤 했는데, 이는 미국에서는 아주 드문 경우입니다. 제 생각에는 아이들에게 밤늦게까지 공부하게 하고, 공부하기 위해 아침 일찍 일어나게 하는 것보다 하루에 8시간은 반드시 자게 하고, 규칙적인 공부 습관을 갖게 하는 것이 훨씬 효율적이라고 생각합니다. 길게 보았을 때도, 이 방법이 훨씬 안정적이기도 합니다.

In my career, I have seen Korean students stare blankly for hours at a textbook that they do not understand.

Here are some tips and habits that I've gathered for Korean students to think about.

제 경험상, 저는 많은 한국 학생들이 그저 멍하니 교과서를 보고 있으며 시간을 낭비하고 있는 경우를 보았습니다. 다음 몇 가지 사항은 제가 한국 학생들에게 도움이 될 만한 팁들을 모은 것들입니다.

Review The Material Everyday. 매일 꾸준히 복습하세요.

Probably the most common thing that causes students to fall behind is that they will wait until 1-2 days before the test to start studying and by that time it's too late. It is FAR better to study everyday, even for 10~20 minutes so that the information is retrieved continuously. When we sleep at night, information is coded in our brains and so the more times you learn and then sleep, learn and then sleep, the better.

아마도 학생들이 시험을 잘 보지 못하는 가장 큰 이유 중의 하나는 학생들이 공부하는 것을 시험 하루 이틀 전까지 미뤘다가 한꺼번에 하려고 하기 때문인 것 같습니다. 이렇게 몰아서 공부하는 것보다, 하루에 10~20분만이라도 매일 꾸준하게 공부하는 것이 훨씬 좋습니다. 이렇게 하게 되면 처음 습득한 지식을 매일 반복적으로 봄으로써 그 기억이 훨씬 지속적으로 오래가게 됩니다. 우리가 잠을 자게 되면, 그날 배운 지식들이 뇌에 입력되기 때문에 이런 식으로 매일 공부하고 자고, 공부하고 자고를 반복하다 보면 훨씬 좋은 결과가 나올 것입니다.

Focus on memorization work right before sleeping.
암기할 것은 잠자기 직전에 공부하세요.

Studies have shown that if you need to memorize information, it is best to review it right before sleeping. This allows your brain to more easily process and remember it. I always used this strategy in school. For memorization, you might want to consider using flash cards.

많은 연구에서 어떤 것을 암기해야 한다면 잠자기 직전에 하는 것이 효율적이라고 말합니다. 이렇게 하면 뇌가 정보들에 좀 더 쉽게 접근하고 기억할 수 있습니다. 또 하나 제가 학교에서 근무하면서 많이 사용한 방법은 암기를 위해 플래시 카드를 이용하는 것입니다. 이는 많은 도움이 되니 사용해보시길 권장합니다.

Keep a planner/calendar. 플래너와 캘린더를 사용하세요.

Keep a planner/calendar to write homework assignments and upcoming test dates. VERY few students do this, and it's really a shame since this basic habit can have incredible benefits for organization. This will allow students to manage their time better and know which subjects to focus on each day. This is a skill needed for most careers, so might as well start young.

숙제와 앞으로 공부할 것들을 기록하기 위해 플래너와 캘린더를 사용하세요. 이 습관이 엄청난 효율과 장점이 있는데도 불구하고, 아주 소수의 학생들만 이 방법을 사용하고 있습니다. 이 방법은 학생들이 시간을 어떻게 관리하고, 매일 어떤 과목에 더 집중해야 하는지 알게 해줍니다. 이 부분은 추후 어떤 일을 하던지 필요한 스킬이기 때문에, 한 살이라도 어릴 때 습관화시키길 추천합니다.

Neatly organize worksheets and notebooks. 인쇄물과 노트를 잘 정리해두세요.

When a teacher gives a worksheet or quiz, be sure to keep it neatly organized so that it can be re-studied again in the future. Students frequently throw old documents and papers away, but it's better to keep it for future studying.

수업 중 선생님이 인쇄물이나 퀴즈 등을 나눠줬을 때, 나중에 다시 공부할 수 있도록 잘 정리해두는 습관을 가지세요. 학생들은 종종 이런 문서들을 그냥 버리는 경우가 있는데, 미래를 위해서 이를 잘 정리해서 보관하는 것도 중요합니다. (저자 보충: 각 과목별로 바인더를 만드시길 추천합니다.)

Take Notes Effectively OR Listen to the Teacher.
효율적으로 필기를 하거나 그렇지 않으면 선생님 말씀에 집중하세요.

I find that high school students sometimes are very bad at note taking. It's important to listen to the teacher and identify the important information and write ONLY the important parts. Remember then when you are writing notes you CANNOT listen well. So be careful about taking time in the class to focus on writing notes, because you might miss something important being said. If the teacher says, "This is Important", then that should be written. Therefore, try to get an electronic copy of the notes or presentation (PPT) from the teacher so that you do not need to waste mental energy in class writing. It is a far better habit to take notes ONLY on what is important, not on everything. Also, try to re-write your notes and organize them in a hierarchy. Also, making diagrams of important information can be helpful.

종종 한국의 고등학생들이 필기를 하는 기술이 많이 부족한 것을 발견할 수 있습니다. 수업시간에는 선생님의 강의를 경청하는 것이 중요하며, 중요한 정보만 선별해서 노트에 필기하는 것이 중요합니다. 한 가지 기억하실 점은, 노트 필기를 하는 동안에는 선생님 수업을 잘 들을 수 없다는 점입니다. 그렇기 때문에 노트 필기를 위해 수업시간을 투자하느라 선생님의 중요한 강의 내용을 놓치는 것은 조심해야 할 문제입니다. 물론 만약에 선생님이 '이 부분은 중요한 부분이야'라고 이야기를 한다면, 그런 부분은 노트 필기를 해야 하겠지요. 그렇기 때문에 가능하다면 선생님에게 강의에 대한 전자 파일이나 PPT 파일을 달라고 요청해보세요. 그렇게 하면 노트 필기를 하는 데 정신적인 에너지를 소비하지 않아도 됩니다. 중요한 부분만 필기하는 습관은 모든 걸 다 필기하려고 하는 것보다 훨씬 더 효율적이며 중요합니다. 그리고 수업시간 이후 필기한 것을 본인의 방식대로 전체 이야기를 다시 써보는 습관을 들이세요. 이때 다이어그램 같은 그림을 그려가면서 수업 내용을 정리하는 것도 큰 도움이 됩니다.

Study in Groups. 그룹으로 공부하세요.

Studies show that students who study in teams tend to do better. This is because they allow each other an opportunity to teach one another and ask questions. Studying alone is much harder, since there is nobody to ask questions. Even if you are a better student than those you study with, it is beneficial because they will ask you questions, and the process of explaining the information helps you remember it better.

연구 결과에 의하면 그룹으로 공부한 학생들이 더 좋은 결과를 낸다고 합니다. 이는 학생들끼리 서로 모르는 내용을 물어보고 알려줄 수 있기 때문인데요, 혼자 공부를 하려면 모르는 것을 물어볼 사람이 없기 때문에 공부하는 것이 더 어렵습니다. 설사 본인보다 성적이 좋지 않은 학생과 함께 공부를 하게 되어도 이 또한 나쁘지 않습니다. 왜냐하면 그 학생의 질문에 대답을 하면서 나의 생각이 정리되고 나중에 그 기억이 잘 떠오를 수 있는 장점이 있기 때문입니다.

First look at the pictures in the textbooks. 교과서의 그림에 집중하세요.

In English, we have a saying that "a picture is worth 1000 words." Usually, textbook publishers show pictures or illustrations of the main concepts of the chapter. Before reading, students should look only at the pictures and see what they can learn from this. After learning as much as possible from the pictures, then try reading.

영어로 '사진 한 장이 1,000개의 언어보다 낫다'라는 표현이 있습니다. 일반적으로 교과서에서는 각 챕터당 가장 중요한 부분들을 사진이나 그림으로 보여주고 있습니다. 그렇기 때문에 내용을 읽기 전에 학생들은 먼저 그림과 사진들을 보고, 그것에서 무엇을 배울 수 있는지에 대해 생각할 필요가 있습니다. 먼저 사진과 그림을 보고 최대한 많이 이해하고 배운 뒤에 읽기 시작하세요.

Focus and do not multi-task. 집중하고, 한 번에 여러 가지를 하지 마세요.

Our brains can handle one thing at a time. Go to a quiet place to study, remove distractions, such as email, texting, social media, and even music. All of these have been shown to be harmful to studying well.

우리의 뇌는 한 번에 한 가지 일에만 집중할 수 있습니다. 조용한 곳에 공부하러 가서 이메일, 문자, SNS, 음악 등의 방해 요소를 제거하세요. 이런 모든 것들은 공부에 방해가 됩니다.

Like all things in life, we must think of study time as a trade-off of inputs and outputs. It should be the goal of students to maximize inputs per outputs, and so having a good strategy is very important for this. I often tell weak students that the smart students are usually not much brighter than they are. In fact, sometimes the struggling students have more raw intelligence than those with a 4.0; they are just not using their time wisely or have bad habits. Willpower in humans, especially teenagers, is incredibly weak, and so we are best off finding ways to program ourselves to have good habits. I think this is definitely worth considering and look forward to your comments.

인생의 많은 부분처럼 우리는 공부하는 시간도 투자 대비 결과를 고려해야 합니다. 그래서 학생들이 공부에서도 투자 대비 최고의 결과를 얻는 것을 최고의 목표로 삼아야 합니다. 저는 종종 성적이 좋지 않은 학생들에게, 너보다 공부를 잘하는 아이들이 일반적으로 너보다 똑똑한 것은 아니라고 이야기하곤 합니다. 사실 기본적으로 타고난 지능이 존재하는 것도 사실이지만, 대부분은 시간을 효율적으로 사용을 못 하거나 좋지 않은 습관을 가지고 있기 때문에 그 차이가 벌어집니다. 사람의 의지는, 특히 10대 학생들의 의지는 매우 약하며, 그렇기 때문에 우리는 좋은 습관을 우리 스스로에게 강제로 프로그래밍시켜주는 것이 중요합니다. 제 생각에 이 부분은 분명히 고려할 만하다고 보고 여러분의 의견도 기대하겠습니다.

2. 당당한 국제학교 학부모 되기

처음 아이를 국제학교에 보내는 학부모님들에게 '학교에 연락할 때마다 너무 긴장된다', '영어가 부족해서 학교에 연락하기 겁난다' 등의 이야기를 종종 들을 때가 있습니다.

실제로 사회적으로도 아주 성공했으며 비싼 학비까지 납부하면서 자녀를 국제학교에 보내고 있는 학부모님이 국제학교의 스태프나 외국인 선생님을 대할 때면 왠지 위축되는 경우를 보았습니다. 그 이유는 내가 괜히 말을 잘못했다가 괜히 우리 아이가 피해를 보진 않을까 하는 걱정 때문일 수도 있고, 영어에 자신이 없어서 일수도 있습니다.

개인적인 생각으로 학부모님들이 국제학교에 당당하게 권리를 요구하지 못하는 가장 큰 이유는 국제학교에 대한 정보가 부족하기 때문이라고 생각합니다. 학부모님들이 국제학교를 다녀본 적이 없는 경우가 대부분이니 어찌 보면 당연한 이야기입니다.

국제학교에 대한 배경지식이 많지 않으니 어떤 문제가 있어도 잘 따질 수가 없고, 거기에 언어의 장벽까지 존재합니다. 학교의 시스템이나 수업이 어떻게 진행되어야 하는지도 잘 모르기 때문에 아이가 학교를 잘 다니고 있는지 아닌지도 알기가 힘듭니다. 그렇기 때문에 학부모님들은 국제학교에 당당한 권리를 요구하려면 국제학교에 대한 '공부'를 해야 하고, 국제학교 교육의 기본이 되는 '영어'에 대한 공부도 게을리하지 않아야 합니다. 그래야 외국인이 진행하는 수업의 질을 평가할 수 있는 안목이 생기고, 자녀를 위해 학교에 의견을 전달할 수 있습니다.

국제학교에 대한 공부는 이 책을 통해서 하면 됩니다. 책을 통해 국제학교 관련 정보들을 천천히 공부하시고, 이와 함께 다른 학부모님들과의 국제학교에 대한 정보 교류를 통해 자녀가 다니는 국제학교를 '객관적'으로 평가할 수 있는 안목을 기르면 됩니다. 그래서 제가 매번 '양방향 정보교류의 중요성'을 강조하고 있으며, 학부모님들은 조금 번거롭더라도 세모국과 같은 국제학교 학부모 정보 공유 사이트를 통해 서로 많은 정보를 공유하기 바랍니다. 그래야 정보가 쌓이고 양방향 교류가 이루어지며, 이를 통해 학부모님들은 비로소 객관적인 안목을 가질 수 있게 됩니다.

학부모님들이 이와 같은 '안목'을 갖추게 되면, 학교에 당당해질 수 있습니다. 물론 당당해진다는 것은 학교에 갑질을 하는 학부모가 되라는 말이 아닙니다.

저는 국제학교에서 10여 년이 넘는 기간을 근무하면서 많은 학부모를 접해왔습니다. 그중에는 막무가내로 그냥 우기기만 하는 분도 있었고, 영어를 능숙하게 잘하는 분도 있었고, 아이에 대한 관심은 많지만 국제학교나 입시에 대한 정보는 전혀 없는 분도 있었습니다. 그런 학부모 중에서 저를 가장 긴장하게 만들었던 경우는 국제학교에 대한 풍부한 정보력을 갖고 제가 근무하던 학교의 약점을 정확하게 지적하던 그런 분들이었습니다. 그분들이 모두 영어를 잘했냐고요? 그렇지 않습니다. 영어를 못 하면 지인을 통해서 또는 아이를 통해서 선생님이 제시간에 들어오지 않는다, 수업시간에 개인적인 이야기를 한다, 숙제만 내주고 검사를 안 한다는 등의 수업상의 문제점을 정확히 지적하셨고 그런 날카로운 지적들에는 설사 교장 선생님이라 하더라도 정중한 사과를 할 수밖에 없었습니다.

개인적으로 국제학교에 근무하며 교육적 자부심이 매우 강한 교장 선생님이나 외국 선생님들에게 한국 부모님의 불만을 전달하는 것은 쉽지 않은 일이었습니다. 그렇기 때문에 종종 안목을 갖춘 학부모께서 학교의 문제점에 대해서 날카로운 지적을 해주실 때면 중간자 역할을 하는 저에게도 이는 큰 도움이 되었습니다. 저의 개인적인 의견으로 오랜 경력의 외국인 교장 선생님에게 학교의 이런 점이 잘못되었으니 고쳐달라고 요청하는 것은 그분의 자존심을 상하게 할 수 있어 굉장히 조심스러운 일이었지만, 합리적인 의견을 학부모의 이름으로 전달하는 것은 저에게는 훨씬 쉬운 일이었습니다. 그래서 이런 부모님들은 학교 직원인 저에게도 정말 감사한 분들입니다.

이러한 당당한 부모님들이 학교에 많아질수록 학교의 수준은 자연히 올라가게 되고, 외국 교사진도 한국 학부모의 기대치와 안목이 높다는 것을 인식하고 더 열심히 학생을 가르치게 됩니다.

그런데 그렇게 학교에 당당하게 권리를 요구하면 우리 아이가 불이익을 받지 않느냐고요? 사실 전혀 그렇지 않습니다. 합리적인 자세를 갖춘 선생님들과 스태프들이 근무하는 국제학교라면 그런 부모님들에 대해서 오히려 더 좋은 평가를 합니다. 불이익보다는 '세모 군의 엄마는 정말 예리하고 만만치 않아. 그러니깐 세모 군에게는 특별히 더 관심을 쏟아야 해. 대충 가르치다간 그 엄마가 가만히 있지 않을 테니까'와 같은 생각을 하게 될 가능성이 훨씬 높으며, 이는 아이에게도 긍정적으로 작용합니다. 만약 정당한 지적이나 요구를 했다는 이유로 아이에게 불이익을 주는 선생님이나 스태프가 있는 학교라면, 당장 새로운 학교를 찾아보시길 권합니다. 아마 머지않아 학교가 문 닫을 확률이 크기 때문입니다.

정리를 하자면, 국제학교에 자녀를 보내고 있는 학부모님께서는 다음 몇 가지 점은 꼭 기억하길 바랍니다.

- 학부모님은 국제학교에 적지 않은 학비를 지불하고 있고, 학교는 학부모님이 내는 학비가 아니면 존재할 수 없습니다. 그렇

기 때문에 학부모님이 지불한 학비에 대한 합당한 권리를 주장할 수 있습니다.

- 합당한 권리에 대해서 주장하려면, 학부모님이 어떤 권리를 가지고 있는지에 대해서 잘 알아야 하고, 자녀가 학부모님이 납부한 학비만큼의 가치가 있는 교육을 받고 있는지에 대해 판단할 수 있는 지식과 역량이 필요합니다.

- 그렇기 때문에 학부모님은 국제학교에 대해서 지속적으로 공부해야 하고 아이와 학교의 교육 수준에 대해 지속적으로 관심을 가져야 합니다.

- 학부모님은 단지 '영어'가 조금 부족하다는 이유로 본인의 모국어로 수업을 하는 외국인 선생님이나 스태프에게 위축될 필요는 전혀 없습니다. 외국인 선생님은 학부모님이 영어를 사용하는 만큼 한국말을 못 하는 경우가 대부분입니다. 학부모님이 고객이고, 학교는 교육서비스 제공자입니다.

미국 교장 선생님이 본 한국 학부모님들의 장점과 단점

I've written articles in the past comparing Korean students with Western students, and so today I'd like to compare my interactions with Korean Parents to parents from other countries. I worked for 6 years as a Principal of an International school, and we had parents from many countries all the time at the school: Europeans, Chinese, Koreans, Americans, Africa, pretty much all parts of the world. It was an interesting experience, because I got to see the differences in attitudes between all these cultures. Of course, parents should be considered on a case-by-case basis; there were great Korean parents and awful ones. So here, I wanted to write the distinct characteristics (good and bad) of the many Koreans I met.

제가 앞에서 한국 학생과 서양 학생들을 비교하는 글을 썼습니다. 그래서 이번에는 제가 한국 학부모님들을 경험한 것과 다른 나라 학부모님들을 경험한 것들의 차이점에 대해서 써보려고 합니다. 저는 약 6년 동안 국제학교에서 교장으로 근무했으며, 제가 근무했던 학교에는 유럽, 중국, 한국, 미국, 아프리카 등등 세계 여러 국가에서 오신 학부모님들이 계셨습니다. 이는 굉장히 흥미로운 경험이었는데, 그것은 이분들에게서 문화에 따른 다양한 태도의 차이점을 관찰할 수 있었기 때문입니다. 물론 모든 학부모님이 다 다르시기 때문에 그중에는 아주 훌륭한 한국 부모님도 계셨고, 최악의 한국 학부모님도 계셨습니다. 그렇기 때문에 이 글에서는 제가 경험한 한국 학부모님들에게서 눈에 띄는 특성들(장점과 단점)에 대해서 적어보도록 하겠습니다.

[The Good(장점)]

Korean parents care deeply about their child's education and are willing to make sacrifices. Korean families typically will spend a big chunk of the income on school tuition and hakwons and other things to improve their child's chances in life. These are great characteristics. Many American parents are perfectly happy to send their kids to free (and poorly performing) public schools while they can afford something better. I think in Korea, such a mindset would be extremely rare. Some of them take this a bit too far, but I would say that overall they care more about school than just about any other country. I think this is an extremely huge advantage and does outweigh all the negative points below.

한국 학부모님들은 자녀의 교육에 깊은 관심을 갖고 있으며, 교육을 위해서라면 희생을 할 각오도 되어 있습니다. 한국의 가족들은 일반적으로 자녀의 미래를 위해서라면 학비, 학원비, 그 외의 교육 관련 비용으로 전체 수입의 큰 부분을 지출할 준비가 되어 있으며, 이는 아주 훌륭한 특이점입니다. 많은 미국의 학부모는 자녀에게 더 좋은 교육을 해줄 수 있는데도 불구하고, 완전 무료인 (그리고 별로 잘 운영되지도 않는) 공립학교에 보내는 것에 대단히 만족하곤 합니다. 아마도 한국에서는 이러한 마인드를 가진 분은 극히 드물 거라 생각합니다. 몇몇 분들은 너무 무리해서 교육에 투자하시기도 하지만, 대체적으로 한국 학부모님들의 교육에 대한 투자와 관심은 그 어떤 나라도 따라올 수 없다고 생각합니다. 제 생각에 이런 점은 아주 큰 장점이며, 제가 추후에 언급할 모든 단점을 상쇄할 정도로 훌륭하다고 생각합니다.

Korean parents are also more keen to build a relationship with the school through PTA meetings and just visiting the school often to get to know the teachers and staff. Some principals dislike this characteristic and find parents to be a nuisance. They think the Korean parents are too picky and are a negative influence. However, I think they should better understand the way to interact with them. Without bragging, I'll say that I really like this trait, since it just makes the job so much easier. I get to know the parents more easily, they know me, and over time we develop trust in one another. There is more skin in the game, and this is vital to success in anything. It's also a great way to get feedback and to hear about what we are doing right and what we are doing wrong. To illustrate this point, I also worked at a boarding school where I almost never got to meet the parents. In this situation, I always felt as if I was working with a blindfold on, since it was much harder to get feedback and take the school in the direction the community wants. So, overall I welcome the Korean parents to be active in the school and community since it's very helpful.

또한 한국 부모님들은 PTA(학부모, 선생님 미팅) 등의 기회와 선생님과 교직원을 만나기 위해 학교를 자주 방문함으로써 학교와의 관계를 형성하는 것에 관심이 많습니다. 그래서 몇몇 교장 선생님들은 이런 점에 대해서 귀찮아하기도 하고, 한국 부모님들이 너무 깐깐하고 부정적인 영향을 미친다고 생각하기도 합니다. 하지만 제 생각에는 그런 교장 선생님들은 한국 학부모님들과 더 잘 소통하기 위한 방법을 먼저 이해해야 한다고 생각합니다. 제 자랑을 하는 건 아니지만, 저는 개인적으로 한국 부모님들의 이러한 특징을 굉장히 좋아했는데, 그 이유는 이렇게 해주시는 것이 저의 일을 굉장히 쉽게 만드는 데 많은 도움을 주셨기 때문입니다. 저는 개개인 학부모님들에 대해서 알게 되었고, 학부모님들도 제가 어떤 사람인지 알게 되었기 때문에 서로에 대한 신뢰를 쌓는 데 큰 도움이 되었으며, 이렇게 직접적인 만남을 많이 가지는 것이 무엇을 하든 성공적으로 하는 데 큰 도움이 된다고 생각합니다. 또한 이런 만남은 학교가 무엇을 잘하고 있고, 무엇을 잘못하고 있는지에 대한 피드백을 받을 수 있었기 때문에 큰 도움이 되었습니다. 이에 대한 한 가지 예를 들자면, 제가 기숙사가 있는 보딩스쿨에서 근무할 때는 거의 학부모님을 직접 만날 기회가 없었습니다. 이때는 학교를 어떤 방향으로 운영해 나아가야 할지에 대한 피드백을 얻기가 훨씬 어려웠기 때문에, 저는 마치 눈가리개를 하고 일을 하는 기분이었습니다. 그렇기 때문에 저는 일반적으로 학교에 많은 도움을 주는 한국 부모님들의 활발한 학교 관련 활동을 긍정적으로 생각합니다.

They are also more willing to help the school. They organized parent parties, volunteered, and did their best to promote the wellbeing of the school.

한국 학부모님들은 또한 다른 국가의 학부모님들보다 학교 관련 일을 돕는 데 더 열성적입니다. 그들은 학부모 파티를 열기도 하고 자원봉사도 많이 참여하며, 무엇이든 학교에 도움이 되는 것이라면 최선을 다해서 참여하곤 했습니다.

[The Bad(단점)]

In my experience, I have witnessed many times when Korean moms would complain about the tiniest things at the school, even started crying and getting emotional about them. These moms never complained about the academics: such as teachers, classes, and curriculum. Instead, they would come to school and bring up issues I didn't even imagine someone would think are important. Things like: the cafeteria is not using good quality rice; or, the blinds in the classroom are not good; or, the sidewalks don't have a cover so my child will get wet if it rains (use an umbrella!!). When listening to these problems, it can be discouraging, since it just expands the scope of things the school needs to think about while everyone is already working hard. In these instances when the moms cared too much about unimportant things, I honestly came to the conclusion that they had something else going on in their life and they just want someone to talk to. For some reason, other Asian parents NEVER care about these kinds of things. Americans can be picky in some instances, but the percentage who are is less.

제 경험상 한국 어머님들이 학교의 아주 작은 부분에 대해서 불평을 하고, 심지어는 우시거나 감정적이 되는 경우를 자주 보아왔습니다. 그런 어머님들은 선생님, 수업, 커리큘럼 등의 아카데믹한 것들에 대해서는 불평을 하지 않습니다. 그 대신 그분들은 제가 미처 생각조차 하지 못했던 것들, 예를 들면 '식당에서 좋은 품질의 쌀을 쓰지 않는다', '교실 내에 블라인드가 좋지 않다', '야외 보도에 가림막이 없어서 우리 아이가 젖는다'(우산을 쓰세요!) 등과 같은 불평을 하곤 합니다. 이러한 문제점들에 대해서 듣는 것은 상당히 좌절스러운 일인데, 그 이유는 학교의 모두가 이미 열심히 일하고 있는 상황에서, 신경 써야 할 것들의 범위를 더 넓혀야 하기 때문입니다. 이와 같이 어머님들이 학교의 덜 중요한 부분까지 모두 신경을 쓰는 상황이 되면, 저는 솔직히 이런 어머님들이 일상에 다른 일이 생겨서 그냥 이야기를 나눌 사람이 필요한 건가 하는 생각이 들기도 했습니다. 무슨 이유인지 모르겠지만, 예를 들어 다른 아시아 국가의 학부모님들은 이러한 일로는 학교를 방문하진 않고, 많은 경우에 상당히 까다로울 수 있는 미국의 학부모님들도 이런 일로 학교를 방문하는 경우는 매우 드물었습니다.

There were others who were pretty ignorant about how American/International schools should be run, but would show up to PTA meetings and strongly state their opinions about just about anything. For example, some moms at a PTA meeting boldly stated in front of everyone that electives such as P.E., music and art should just be an automatic 'A' so that kids can focus on the more important classes. I'm not sure where they got the confidence to think they knew so well how things ought to be done, but this happened more often than I'd like.

어떤 학부모님들은 미국학교나 국제학교가 어떻게 운영되는지에 대해서는 잘 알지 못하시는데도 불구하고 PTA 미팅에 참석해서 거의 모든 문제에 대해서 강력하게 의견을 표출하기도 하였습니다. 예를 들어, 어떤 학부모님들은 PTA 미팅에서 PE, 음악, 미술 같은 선택 과목들은 모두 자동으로 A를 줘야 한다고 말씀하신 분도 있었습니다. 그래야 아이들이 좀 더 중요한 과목들에 집중할 수 있다고 말이지요. 그분들이 어디서 그런 자신감이 생기셔서 그런 것들이 그렇게 처리되어야 한다고 말씀했는지는 모르겠지만, 이러한 일들은 사실 꽤나 많이 있었던 일입니다.

And finally, they can sometimes have unrealistic expectations for their child and push them a bit too much. Too many hakwons, and not enough time in the day for the kids to do everything. This gives a lot of stress to students. I know some American principals who think this is a big problem, but I disagree and think it's rarely taken too far. In my opinion it's actually way better than the approach taken by American parents which is sometimes too lackadaisical and less often encourages children to be excellent at what they do. For this reason, Koreans are far better students overall and have a wider variety of skills, such as playing violin or learning multiple languages at a young age.

그리고 마지막으로, 어떤 학부모님들은 자녀들에 대해서 비현실적인 기대감을 갖고 학생들을 너무 몰아붙이기도 합니다. 이런 분들은 아이들이 하루 동안 모든 것을 할 수 있는 시간이 부족한데도 불구하고 너무 많은 학원을 보내곤 합니다. 그리고 이러한 행동들은 아이들에게 많은 스트레스를 줍니다. 이런 점들에 대해서 많은 미국 교장 선생님들이 이런 것들이 한국 부모님들의 큰 문제점이라고 생각하고 있긴 하지만, 개인적으로는 사실 이렇게 무리하게 학생들에게 요구를 하는 부모님들이 그렇게 많지는 않다고 생각합니다. 이것이 좀 무리가 가는 행동이긴 하지만, 그래도 학생들에게 큰 동기부여가 될 수 있는 기회를 준다는 점에서 그래도 아무것도 하지 않는 미국 부모들보다는 나으니까요. 그래서 한국 학생들이 다른 나라 학생들보다 더 어린 나이에 바이올린을 켜거나 여러 나라 언어를 할 수 있는 능력이 생긴 것이라고 생각합니다.

Again, these are just my own personal observations from my own interactions.

다시 한번 말씀드리지만, 제 글은 어디까지나 제가 관찰하고 경험한 개인의 의견일 뿐입니다.

3. 컴플레인도 스마트하게!

국제학교에 자녀를 보내다 보면 많은 일을 겪게 되는데요, 그중에서도 가장 난처한 경우가 학교에 불만을 이야기해야 하는 경우입니다. 우선 언어의 장벽이 있는 학부모님들이 대부분이고, 국제학교의 시스템도 친숙하지 않아서 뭔가 어필할 것이 있고, 문제를 제기해야 할 경우가 생겨도 적절히 대응하지 못하는 경우가 많습니다. 여기서는 제가 국제학교에 불만이나 문제점을 제기할 때 알아두면 유용한 팁 몇 가지를 소개하겠습니다.

한국인 스태프를 닦달해도 소득이 없다.

국제학교에는 한국인 스태프가 근무하는 경우가 있고 그렇지 않은 경우가 있습니다. 해외에 위치한 국제학교에서 근무하는 한국인 스태프는 일반적으로 학생 모집을 담당하거나 통역을 담당하는 경우가 대부분입니다. 이번 이야기는 국제학교에 근무하는 한국인 스태프에 대한 이야기이기 때문에 학교에 한국인 스태프가 없는 국제학교에 자녀를 보내는 학부모님들은 이 글은 지나쳐도 좋습니다.

한국인 스태프가 근무하는 국제학교에 자녀를 보내는 학부모님들의 경우, 학교에 불만이 있을 때 가장 먼저 통화하는 사람이 한국인 스태프입니다. 아이의 상황에 따라서 화가 많이 난 학부모들이 한국인 스태프에게 엄청난 불만을 토로하거나 화를 내고 심지어는 막말이나 욕설을 하기도 합니다. 그런데 이런 방식은 문제를 해결하는 데 전혀 도움이 되지 않고 도리어 마이너스가 됩니다. 왜냐하면 이 한국인 스태프는 대부분 학부모님의 의견을 원어민 선생님이나 교장, 교감 선생님에게 '전달'하는 역할을 하기 때문에, 이 한국인 스태프에게 감정적으로 접근을 하게 되면, 자연히 이 한국인 스태프가 교사진에게 학부모님의 입장과 의견을 전달할 때 부정적인 방향으로 의견을 전달하게 될 가능성이 크기 때문입니다.

예를 들어보겠습니다.

학부모: 아니 선생님! 왜 우리 애가 어제 본 US History 수업 숙제를 7점을 받았나요? 다른 애들은 다 10점 맞았다고 하던데.

스태프: 아, 네 어머님, 원하시면 제가 담당 선생님께 왜 학생이 7점을 맞았는지에 대해서 확인해드리겠습니다. 그렇게 여쭤봐드릴까요?

학부모: 아니 애한테 들으니 선생님이 가르치는 것도 형편없다고 하던데, 다른 애들만 신경 쓰고 우리 애한테는 관심도 별로 보이지 않는다고 하네요. 그 선생 제대로 된 선생 맞아요? 왜 애를 편애해요? 학교에서 이상한 사람 데려다가 쓰는 거 아니에요?

스태프: 아, 저도 자세한 상황은 선생님께 확인해봐야 알 거 같은데요. 제가 선생님께 확인하거나 교장 선생님께 이 부분을 말씀드릴까요?

학부모: 아니 학교에서 일하면서 그것도 몰라요? 애들한테 관심이 있기나 하긴 한 거예요? 무슨 이따위 학교가 다 있어. 일 똑바로 안 해요?

스태프: 아, 네 어머님. 죄송합니다. 제가 선생님께 또는 교장 선생님께 어머님 의견 말씀드리고 답변 받아서 전화드리도록 할게요.

'뚝'

실제로 몇 년 전에 제가 근무하던 학교에서 있었던 일입니다. 전화를 끊은 스태프는 통화를 마치고 엎드려서 펑펑 울었습니다. 평소에도 이 학부모님께서는 이 스태프에게 막말을 자주 하셨는데, 이 전화를 받고 그동안 쌓였던 것들이 확 터져버린 것이었지요. 이 스태프가 그렇게 펑펑 운 사실은 다른 스태프와 선생님, 교장 선생님 귀에까지 들어갔고, 자연히 이 학부모님께 학교에서 나간 대답은 굉장히 '부정적'이었습니다.

'아이가 숙제를 제대로 안 해와서 7점을 받은 것이고, 학교에서는 이에 대해서 전혀 문제가 없다고 생각한다.'

한국 속담에 이런 말이 있지요? '팔은 안으로 굽는다'라는 속담처럼 학교 스태프에게 무례하게 대하는 학부모님께 호의적으로 응대하는 선생님이나 교장 선생님은 많지 않습니다.

그런데 만일 그 학부모님이 이렇게 통화를 하였다면 어땠을까요?

학부모: 아 선생님 안녕하세요. 여쭤볼 것이 있어서요. 저희 아이가 어제 US History 수업 숙제에서 7점을 받았는데 혹시 이유를 알 수 있을까요? 다른 아이들은 다 10점 맞았다고 하던데요.

스태프: 네, 어머님. 원하시면 제가 담당 선생님께 왜 학생이 7점을 맞았는지에 대해서 확인해드리겠습니다. 그렇게 여쭤봐드릴까요?

학부모: 네 그렇게 해주시면 감사할 것 같아요. 아이가 숙제를 정말 열심히 했거든요. 점수에 불만이 있는 건 아니고, 왜 그렇게 점수를 받았는지 알게 되면 다음에 더 잘할 수 있을 것 같은데, 아이도 그 이유를 잘 모르더라고요.

스태프: 네 알겠습니다. 제가 선생님이랑 확인해보고 연락드릴게요.

학부모: 감사합니다. 선생님, 언제나 저희 아이 많이 신경 써주시고 이렇게 매번 전화드릴 때마다 친절하게 도움주셔서 정말 감사해요.

스태프: 아니에요, 어머님. 제가 당연히 해야 하는 일인 걸요.

이렇게 정중하고 상냥한 학부모님의 전화를 받은 한국인 스태프는 담당 선생님에게 학부모의 문의사항을 최대한 학생의 편에서 선생님이 기분 나쁘지 않도록 조심스럽게 전달합니다. 거기에 이 학부모님은 참 정중하신 괜찮은 분이라고 칭찬도 곁들여줍니다. 실제로 학부모님이 본인에게 정중하게 대하셨고, 학생을 많이 신경 써준다며 감사의 표시까지 하셨으니 자연스레 최선을 다해서 상황 해결을 위해 노력합니다. 그렇게 학생을 도와주고 싶다는 한국인 스태프의 마음은 그 담당 선생님께도 자연히 전해지고, 대부분의 선생님들은 문제해결을 위해 함께 노력해줍니다. 친절하게 그런 일이 일어난 일에 대해 설명을 해주는 것은 물론이고, 심지어는 7점 맞은 것이 너무 안타깝다면, 한 번 더 기회를 줄 테니 숙제를 보충해서 가져오면 추가 점수를 줄 수도 있다는 제안까지도 합니다.

이 두 대화의 차이점이 보이시나요?

실제로 한국인 스태프가 학부모님의 의견을 '어떻게' 원어민 선생님께 또는 교감, 교장 선생님께 전달하느냐에 따라서 그분들의 응답과 결정이 다르게 나타나는 것을 저는 너무도 많이 봐왔습니다.

다시 한번 말씀드리지만, '한국인 스태프'는 주로 학부모님의 의견을 '전달'하는 사람이지, 무언가를 직접 '해결'할 수 없는 경우가 대부분입니다. 따라서 이 한국인 스태프에게 아무리 불만을 강하게 토로하고, 화를 내도 그러한 만큼 좋은 결과를 얻는 경우는 드뭅니다. 오히려 역효과가 나는 경우가 훨씬 많습니다. 그렇기 때문에 정보 전달자인 한국인 스태프와 대화를 할 때는, 최대한 정중하게 하지만 명확하게 어떤 불만을 가지고 있는지, 어떤 선생님께 이 말을 전달해줄 것이며, 언제까지 답변을 받아서 연락을 줄 건지 등에 대해서만 이야기하는 것이 좋습니다.

컴플레인하는 데도 절차가 필요하다.

국제학교에서 학생이 부당한 처우를 당했을 때는 컴플레인에 훨씬 신중을 기해야 합니다. 제가 조언하는 절차는 다음과 같습니다.

① 만약에 문제의 시작이 아이의 이야기에서 시작되었다면, 우선

아이 이야기의 진위를 최대한 파악해보기 바랍니다. 제가 경험한 바로는 아이의 이야기와 선생님의 이야기가 전혀 다른 경우가 생각보다 많았습니다. 그렇기 때문에 아이의 말만 듣고 컴플레인을 하러 갔다가 되레 얼굴만 붉어져서 오게 되는 경우가 있을 수 있습니다. 아니, 그런 경우가 사실 더 많습니다. 그렇기 때문에 먼저 반드시 아이의 말이 정확히 맞는 이야기인지, 객관적인 것인지 여러 루트를 통해서 확인하도록 하세요. 아이들은 거짓말을 하지 않더라도, 위기를 모면하기 위해 중요한 사실을 빼고 말하거나 또는 본인에게 유리한 사실만 부모님에게 말하는 경우가 종종 있습니다. 모든 사실을 객관적으로 바라보고, 그래도 이건 정말 문제가 있구나 싶으면 다음 단계로 넘어갑니다.

② 선생님을 납득시킬 수 있는 확실한 이유와 증거를 확보하세요. '우리 아이가 그러는데 선생님이 우리 아이를 덜 신경 쓴다', '선생님이 수학을 잘 못 가르친다', '선생님이 인종차별주의자다' 등의 증명하기 어려운 애매한 컴플레인이나 '우리 아이가 농구팀 주장이 되지 못했다' 등의 다른 아이들과의 상황을 고려하지 않은 이기적일 수 있는 컴플레인은 문제 제기를 하러 갔다가 되레 아무런 결과도 얻지 못하고 역효과만 날 수 있습니다. 아마도 선생님에게 '아이가 집중을 안 한다' 또는 '수학의 기초가 너무 안 되어 있다', '아이의 영어가 부족해서 인종차별주의자라고 오해한 거다' 등의 답변을 들을 가능성이 높습니다. 명확한 증거의 예는 '선생님이 성적 입력을 2주일째 안 한 경우', '선생님이 수업시간에 Korean smells like kimchi라고 말한 것' 등의 부정할 수 없는 명확한 컴플레인 이유를 준비하기 바랍니다. 모두 준비가 되어 있다면 다음 단계

로 넘어갑니다.

③ 한 번 더 생각합니다. 문제가 있는 것이 확실하고 증거도 있지만, 이게 정말 우리 아이를 한 학기 동안 가르칠 선생님에게 문제 제기를 해서 고쳐야 하는 문제인지에 대해 다시 한번 고민해봅니다. 컴플레인은 한번 제기하면 문제가 해결되거나 그렇지 않거나의 두 가지 결과밖에 없고, 결과와 상관없이 선생님과의 관계는 껄끄러워질 수 있기 때문입니다. 정말로 컴플레인을 해야 할 중대한 문제인가에 대해서 신중하게 생각해보고, 어떻게 하면 최대한 정중하게 합리적으로 할 것인가에 대해서 고민해야 합니다.

④ 이 모든 과정을 거쳤다면, 그다음 결정은 담임/담당 선생님께 직접 문제 제기를 하느냐, 아니면 선생님의 관리자에게 바로 문제를 제기할 것이냐를 결정해야 합니다. 담임/담당 선생님께 직접 문제 제기를 하는 경우는 '이런 문제가 처음이거나', '선생님과 이미 친분이 있거나', '문제 해결법이 비교적 간단하거나'의 경우입니다. 반면 관리자에게 바로 연락하는 경우는 '해당 선생님 자체의 문제가 너무 커서 선생님이 스스로 고칠 수 없는 문제이거나', '해당 선생님과의 대화가 꺼려지는'의 경우입니다.

⑤ 문제 제기는 최대한 빠른 시일 내에 한국인 스태프 또는 담임 선생님을 통해서 하는 것이 좋습니다. 7~12학년 학생이라서 담임 선생님이 없는 경우에는 학생이 문제를 겪고 있는 과목 선생님께 문제를 제기하면 됩니다. 꾹꾹 참고 모았다가 불만을 제기하면서 지난번에는 이랬었고, 그전에는 이랬었고, 2달 전에는 이랬었고 같은 이야기들은 하지 않는 것이 바람직합니다. 지난 일을 모았다가 이야기한다면 학교는 '왜 예전 이야

기를 이제 하시는 건가요? 왜 그때 바로 말씀하시지 않았습니까?라고 반응하며 부모님을 비이성적인 분으로 간주할 수 있습니다. 그렇기 때문에 문제 제기는 최대한 빠르게, 즉시 하는 것이 좋고, 문제 제기를 하지 않기로 결정했다면 앞으로도 다시 언급하지 않는 것이 좋습니다.

⑥ 담임 선생님 또는 담당 선생님과 면담을 할 기회가 생기면 반드시 기억할 점이 있습니다. '불평을 먼저 이야기하지 마시고' 먼저 '물어보시기' 바랍니다. 말투도 불평을 이야기하는 말투가 아니라, 이게 어찌된 일일까요? 하고 물어보는 말투가 훨씬 문제가 해결될 가능성이 높습니다. 왜냐하면 불평을 이야기하면 선생님이 방어적이 되고 잘못을 인정하지 않으려 할 가능성이 높아지지만, 뭔가를 먼저 물어본다면 선생님이 해명을 할 기회를 주는 것이기 때문에 선생님도 함께 문제를 해결하려고 할 가능성이 더 높아집니다. 예를 들면 '오해가 있었다거나', '그런 줄 몰랐다거나' 등의 이야기를 하시면서 아마 학부모님을 이해시키고 아이를 더 도와주려는 제스처를 보일 가능성이 높습니다.

⑦ 담임 선생님의 답변과 해결 방안이 만족스럽다면 컴플레인의 과정이 끝나게 됩니다. 하지만 답변이 만족스럽지 않거나, 약속한 것을 지키지 않는다거나, 똑같은 일이 또 일어나거나 또는 확실한 증거가 있는데도 잘못을 인정하지 않고 변명만 늘어놓는 경우도 있습니다. 각 학교의 상황에 따라서 조금씩 다르겠지만, 이 경우에는 선생님들의 관리자, 즉 Head of 해당 과정 또는 Deputy Head of 해당 과정, 문제가 학생 간의 Discipline (행동, 규율)에 관한 문제라면 Dean of Students(학생 주임), 이런 선생님들이 따로 계시지 않는다면 Vice principal(교감 선생님)이

나 Principal(교장 선생님)께 직접 연락을 할 차례입니다. 이 단계까지 진행되었다면 반드시 문제를 해결하겠다는 의지를 가지고 끝까지 가는 것이기 때문에 준비도 잘 해야 하고 마음의 준비도 단단히 해야 합니다.

⑧ 국제학교의 교장, 교감 선생님은 한국의 전통적인 공립학교 교장, 교감 선생님에 비교해서 학생들과 좀 더 직접적인 소통을 자주 합니다. 교감 선생님은 주로 선생님 관리와 학생의 행동 규율적인 부분을 담당하며, 교장 선생님은 대외적인 부분(학부모 면담 등)을 담당합니다. 그렇기 때문에 국제학교에서 교감이나 교장 선생님에게 학부모님이 면담을 요청하는 것은 아주 자연스러운 일이고 이는 학부모님의 권리이기도 합니다. 특히 대부분의 국제학교들이 사립학교이기 때문에 최대 고객인 학부모님들의 불만사항을 잘 처리해주어야 할 의무가 학교의 수장인 교장, 교감 선생님한테는 있습니다.

교장, 교감 선생님께 연락하는 방법에는 여러 가지가 있습니다. 이메일을 쓰는 방법도 있고 면담을 신청할 수도 있습니다. 이메일을 쓰면 문제를 정확히 전달할 수 있다는 장점과 답변도 서면으로 받을 수 있다는 장점이 있습니다. 단점은 문제점과 불만을 영어로 직접 작성해야 한다는 점과 (한국직원에게 부탁할 수도 있습니다) 학부모님의 직접적인 심정과 마음을 전달하기 어렵다는 것입니다. 면담을 하게 되면, 통역 선생님의 역량이 중요해진다는 점, 상황을 조리 있고 합리적으로 설명해야 한다는 점 등이 중요합니다.

만약 어떤 문제를 교장, 교감 선생님과 함께 해결해야 하는 상황까지 진전되었다면, 교장, 교감 선생님은 아이에게 어떤 일이 일어났으며, 선생님이 그 부분에 대해서 어떻게 처리했는지, 학부모와 선생님의 입장은 어떤지 등에 대해 이미 모두 파악하고 있을 것입니다. 그렇기 때문에 학부모님들은 팩트 기반의 합리적인 대화와 요구를 할 수 있도록 미팅 전에 많은 준비를 해야 합니다.

만약에 불만을 제기하는 미팅을 한다면, 다음과 같은 표현들이 도움이 될 수 있습니다.

- 나는 이 학교에 많은 학비를 내고 있는 학부모이다.
- 이 학교에 아이를 보냈을 때는 큰 기대를 갖고 보냈다.
- 학교는 아이가 입학을 고민할 때 나에게 이러 이러한 약속을 했지만 지켜지지 않았다.
- 선생님께 문제 제기를 했지만 고쳐지지 않았다.(명확한 증거 필요)
- 선생님 선에서 해결하고 싶었지만 그렇게 되지 않아서 교감, 교장 선생님에게 올 수밖에 없었다.
- 진상을 조사하고 해결책을 서면으로 보내달라.
- 학교의 리더인 만큼, 합리적인 판단을 기대하겠다.

이와 같이 다소 강력한 표현을 종종 써야 하는 이유는 교장 선생님 선에서 문제가 해결이 되지 않으면 더 이상 갈 곳이 없기 때문입니다. 종종 학부모님께서는 교장, 교감 선생님에게까지 불만사항이 전달되면 우리 아이에게 무언가 불이익이 생기는 것이 아닌지 걱정하기도 하는데 그런 점은 크게 염려하지 않으셔도 괜찮습니다. 학부모가 정당하고 합리적인 컴플레인을 하고 있다면, 사실 이미 교장, 교감 선생님이 그 담당 선생님의 문제를 이미 인지하고 있을 가능성이 크고, 그런 점을 인지하고 있는데도 불구하고 선생님을 옹호하려 든다면 자칫 교장, 교감 선생님의 명성에도 큰 오점이 될 수 있기 때문입니다. 그리고 대부분의 선생님들은 공과 사를 구분하기 때문에 자신에 대한 불만을 이야기했다고 해서 학생에게 불이익을 주는 경우는 거의 없습니다. 오히려 눈치를 보면 봤지 학생에게 분풀이를 했다가는 자신에게 더 큰 불이익으로 들어온다는 것을 잘 알고 있기 때문입니다.

흥분은 금물, 컴플레인은 이성적이고 합리적으로

제가 국제학교에 근무하면서 정말 이해할 수 없는 것이 있었습니다. 평상시는 그렇게 인격적으로 훌륭하고 합리적이던 학부모님들이 본인 자녀에 관한 일이 생기면 완전히 비이성적으로 돌변한다는 것입니다. 예를 들어, 아이가 학교에서 다른 아이들과 함께 어떤 사건에 연루되는 상황 등이 오면 분명히 공동의 책임이 있는 일임에도 불구하고 많은 학부모님은 우리 아이의 잘못이 아니고 같이 있던 다른 아이의 잘못이라며 책임을 회피하는 경우가 많았습니다. 세 명의 학생이 뭔가 잘못을 저질렀는데, 세 분의 학부모님이 모두 같이 있던 다른 아이의 잘못이라고 주장하는 경우이지요. 그분들의 말이 모두 맞다면 잘못한 아이는 하나도 없는 셈이 됩니다. 학교 입장에서는 정말 난감한 일이 아닐 수 없습니다. 특히나 학교 측을 더 힘들게 하는 건 학부모님들이 감정적으로 그리고 흥분을 하면서 컴플레인을 할 때입니다. 흥분을 하면 생각을 정리하기가 힘들어지고, 감정적이 되면 합리적으로 생각할 수 없게 됩니다.

자연히 학교에 전하고자 하는 내용은 정리가 되지 않고 비이성적으로 들릴 수 있으며, 상대적으로 사건을 객관적으로 볼 수 있는 학교 스태프나 선생님과의 미팅에서 불만사항을 제대로 전달할 가능성은 점점 더 낮아집니다. 거기에 영어라는 언어의 장벽까지 더해지면 학부모님 입장에서는 정말 답답하고 억울한 상황이 벌어지게 됩니다. 문제는 학부모님 입장에서는 정말 억울하고 분한데, 학교 입장에서는 '비합리적'이고 '감정적인' 학부모가 와서 말도 안 되는 불만을 이야기하고 있다고 느낄 수 있는 상황이 벌어질 수 있습니다. 그렇기 때문에 학교 스태프나 선생님과 미팅을 하기 전에 다음 사항을 반드시 기억해야 합니다.

① 누구와 미팅을 할 것인지 고민하세요.

우선 미팅을 어떤 선생님과 할지를 고민해야 합니다. 간단한 일이면 학교에 근무하는 한국 행정 직원이나 일반 행정 선생님께 전달을 해도 됩니다. 담임 선생님이나 담당과목 선생님과 문제가 있고, 그 문제를 선생님께 정중히 말씀드려 해결될 것 같으면 그 선생님께 직접 미팅을 요청해도 됩니다. 하지만 그 선생님 본인의 문제가 크고, 그 선생님이 직접 문제를 해결할 수 없는 문제일 경우에는 그 선생님을 관리하는 헤드티처나 교장, 교감 선생님과 직접 미팅을 하는 것이 더 효율적입니다.

② 하고 싶은 이야기를 메모해가세요.

학교에 전달하고 싶은 내용을 미리 노트에 메모해가면 훨씬 정확하고 침착하게 의견을 전달할 수 있습니다. 하고 싶었던 말을 잊어버려서 못 하게 되거나, 주제에 벗어난 이야기를 하게 될 경우를 방지하기 위해서 메모하는 것을 추천하며, 이메일을 통해서 연락하는 것도 좋은 방법입니다.

③ 원하는 바를 확실히 정하고 가세요.

학교에 그냥 불만을 계속 늘어놓는 것은 큰 도움이 되지 않습니다. 불만에 대해서 언급하시고, '이것이 어떻게 고쳐질 것인지 알려달라 또는 내가 원하는 것은 이것이다' 등으로 구체적으로 언급해주는 것이 훨씬 수월합니다.

④ 객관적이고 이성적인 태도를 유지하려고 노력하세요.

자녀가 연관된 일에 객관적인 태도를 유지하는 것은 매우 어려운 일이지만, 그래도 미팅 시에는 최대한 상황을 객관적으로 보려고 노력해야 합니다. 그래야만 합리적인 컴플레인을 할 수 있고, 원하는 결과를 얻을 가능성이 더 높아집니다.

⑤ 미팅 시간을 너무 오래 끌지 마세요.

의견을 관철시키기 위해 같은 이야기를 계속 반복해서 하다 보면 그 내용의 심각성과 중요성이 점점 더 떨어지게 됩니다. 듣는 사람은 지치게 되고, 오래 미팅을 하다 보면 미팅 내내 무슨 말을 했는지, 요점이 뭐였는지, 어떤 해결책을 원하는지에 대해서 기억도 나지 않는 경우가 많습니다. 그렇기 때문에 미팅을 너무 오래 끄는 것은 좋은 해결 방법이 아닙니다.

미국 교장 선생님이 알려주는 자녀가 학교에서 실수를 했을 때 대처하는 최고의 방법

Let's imagine you are at home, watching your favorite TV show, and suddenly your child's school calls to tell you of something horrible your child has done at school. Let's say he was caught smoking in the bathroom, or something equivalent to this. Every parent dreads this, but this can sometimes happen to well-behaved students, as it's normal for teenagers to make mistakes.

이런 가정을 해봅시다. 학부모님이 집에서 가장 좋아하는 TV 프로그램을 평안하게 보고 있는데, 갑자기 학교에서 학부모님의 자녀가 학교에서 끔찍한 실수를 했다는 전화가 옵니다. 자녀가 화장실에서 담배를 피다가 적발되었다거나 또는 이에 준하는 실수를 저질렀다고 가정하지요. 아마 모든 부모님들은 이러한 상황이 실제로 일어날까 봐 매우 두려우시겠지만, 이러한 일은 평소 행실이 바르던 학생에게도 가끔씩은 일어날 수 있습니다. 십대 학생들이 이러한 실수를 하는 것은 사실 흔한 일입니다.

With the exception of a few very serious violations, most schools will not expel a student on their first violation. For sex acts, drug use, or violence a good school will expel on the first incident, but usually schools are willing to give students a second chance for less serious things. The truth is, schools usually do not want to expel students and do so only when the student becomes a problem for other students or is a safety risk to have them on campus. Believe me, private schools are usually reluctant to lose $20,000+ in tuition, and almost all schools only do this when it is necessary. From the outset, private schools are biased towards giving the benefit of the doubt to the child.

그런데 아주 심각한 학칙위반을 한 것이 아니라면, 대부분의 학교는 첫 번째 학칙위반으로는 학생을 퇴학시키지 않습니다. 물론 우수한 학교들은 성적인 문제, 약물 사용 등의 심각한 문제들로는 단번에 학생을 퇴학시키겠지만, 대부분의 학교는 이 정도로 심각한 일이 아니라면 학생에게 한 번의 기회를 더 줍니다. 사실 학교는 학생들을 퇴학시키는 것을 원치 않습니다. 퇴학을 시키는 경우는 학생이 다른 학생들에게 악영향을 끼친다거나, 그 학생을 학교에 재학시키는 것만으로 안전상의 문제가 생길 경우가 대부분입니다. 제가 단언컨대, 사립학교들은 학생을 퇴학시킴으로써 2만 달러 이상 되는 학비 수입을 포기하고 싶어 하지 않기 때문에, 정말 필요한 경우가 아니라면 학생을 퇴학시키지 않습니다. 그러한 이유로 사실 사립학교들은 학생을 의심하지 않고 실수를 저지르지 않았다고 믿는 쪽을 선택합니다.

Even a zealous principal or dean cannot make decisions alone, and the school owner or superintendent will sometimes intervene if the situation is unfair to your child. With this in mind, it's important to remain calm and not panic. Sometimes, parents can go crazy when they first hear the news and become very defensive, but it's very important to listen first to all the facts. Information can change so it's best for the school and parents to collect all the facts before deciding anything.

일반적으로 퇴학에 대한 결정은 교장 선생님이나 학생 주임의 독단적인 결정만으로는 결정되지 않으며, 학생에게 내려진 결정이 공평하지 않을 수도 있는 상황이 발생할 경우, 학교의 운영이사나 총 교장 선생님 등이 의사결정에 참여하게 됩니다. 그렇기 때문에 혹시 자녀에게 이러한 일이 발생하더라도, 침착하게 대응하는 것이 좋습니다. 때때로 자녀에게 이러한 일이 생기면 학부모님들은 굉장히 흥분하고 비이성적으로 방어적이 되는 경우가 많은데 그러기보다는 우선 차분하게 모든 상황을 파악하는 것이 중요합니다. 정보들은 때때로 변할 수도 있기 때문에, 학교나 학부모님 모두 벌어진 상황에 대한 정보들을 차분히 수집하는 것이 무엇보다 중요합니다.

You might be very tempted to believe your child's side of the story. This is a biological urge, but may lead you wrongly. The truth is that children often act very differently around their parents and their friends. If there is solid evidence, or if a teacher and others are witnesses to the event, then you really should accept the consequences and move on. In my experience dealing with dozens of behavior incidents over the years, 90% of cases have grey areas where some part of the story is unclear. Ask fair questions as needed. Ask if you can see the policy as it is outlined in the Handbook. If there is nothing relevant in the Handbook, then you should ask reasonable questions about it. Often times, the Principals are negligent and do not bother to read the handbooks to make sure their punishment matches the writing in the handbook. If the handbook says the student should get detention for a violation, but the Principal wants to suspend him, then you are within your right to dispute that.

물론 학부모님들은 자녀의 말을 더 믿고 싶은 것이 인지상정입니다. 이것은 생물학적으로도 자연스러운 현상이지만, 이런 욕구가 학부모님으로 하여금 사실이 아닌 것들을 믿게 할 수도 있습니다. 놀랍게도 학생들은 본인의 부모님과 함께 있을 때는 학교에서 행동하던 것과 완전히 다르게 행동할 수도 있기 때문에, 만약에 어떤 사건에 대해서 부인할 수 있는 증거가 있거나, 선생님이나 다른 학생들과 같은 증인이 존재한다면, 자녀의 이야기를 듣기보다는 잘못을 깔끔하게 인정하고 그다음 단계로 넘어가는 것이 좋습니다. 제가 지난 수년간 많은 사례를 접하며 경험한 바에 의하면, 90% 이상의 경우에는 어떤 것이 사실인지 확인하기 어려운 대목들이 존재합니다. 그렇기 때문에 그런 경우에는, 우선은 학교 핸드북에 적혀 있는 학교 규정을 꼼꼼히 확인하고, 이를 기반으로 학교에 질문을 던지는 것이 좋습니다. 혹시 핸드북에 관련 내용이 없다면 최대한 상황에 어울리는 합리적인 질문을 해야 합니다. 이러한 조언을 하는 이유는 종종 교장 선생님들도 학생에 대한 처벌을 내릴 때, 핸드북을 주의 깊게 읽지 않고 처벌을 내리는 경우가 있기 때문에, 학교의 결정이 핸드북의 내용과 일치하지 않을 경우가 있기 때문입니다. 예를 들어 어떤 행위에 대해서 핸드북에서는 detention(방과 후 남기)을 받을 행위라고 적혀 있는데, 학교에서는 suspension(정학)을 받았다면, 학부모는 정당하게 학교에 처벌에 대한 수정을 요구할 수 있습니다.

If you really think your child has been misunderstood, just continue calmly asking questions in a fair and reasonable way, or ask the process by which the decision was made. Ideally, schools should have a Committee of three or more members who make decisions on serious discipline matters. If the decisions wrong, then just ask if you can make an appeal to another authority. Do not take it personally or make emotional threats, and remember that in the long run your child will be fine.

만약에 학부모님께서 정말로 자녀가 큰 오해를 받고 있다고 생각한다면, 지속적으로 침착하게, 정당하고 합리적인 방식으로 상황에 대해 질문을 해야 하며, 학교의 결정이 어떠한 방식과 절차로 내려졌는지에 대해서도 질문을 던져야 합니다. 이상적인 학교에서는, 세 명 또는 그 이상의 학교 관계자들이 상벌위원회를 구성해서 퇴학과 같은 심각한 결정을 내리기 때문에, 만약 학교가 그러한 상벌위원회를 통해서 결정을 내리지 않았다면, 학교의 다른 결정권자들에게 한 번 더 결정에 대한 재고를 요청할 수 있습니다. 여기서 중요한 것은 학교의 결정을 개인적인 것으로 받아들여 학교에 감정적인 협박 등을 해서는 안 된다는 것입니다. 화는 많이 나겠지만 침착성을 유지하기 바랍니다.

I have seen instances where parents blame the school or teacher for what their child did. "Oh, it's the school's fault that my son hit that girl, because the school wasn't supervising him well enough." Yes, someone really said that. Think twice about these kinds of excuses, because not only will the school think you are unreasonable, they will also think "No wonder this kid is so terrible; his mom just makes excuses for him and doesn't hold him accountable." I have seen many parents of troubled kids try to this sort of thing, and it is only setting their child up for more failures in life.

어떤 경우에는 학부모님들이 자녀가 한 실수에 대해서 학교나 교사를 탓하는 경우가 있습니다. '우리 아들이 그 여자 아이를 때린 것은 학교의 잘못이에요. 왜냐하면 학교가 우리 아들을 잘 감시하지 않았거든요!' 이 말은 실제로 어떤 학부모님이 제게 하셨던 말이기도 합니다. 이처럼 책임을 회피하시기 전에 한 번 더 생각해보기 바랍니다. 왜냐하면 이러한 말들은 학교가 학부모님을 '비이성적인' 분들이라고 생각하게 할 수 있으며 또는 학교가 '부모가 학생이 빠져나갈 구실을 언제나 만들어주고, 학생이 문제에 대해서 책임을 지지 않게 하는 걸 보니 학생이 문제가 있는 게 당연하군'이라고 생각하게 만들 수 있습니다. 제 경험상 많은 학부모님들이 학생이 문제가 있을 때 이런 식으로 대응을 하는 것을 보아왔지만 단언컨대 이런 행동은 소중한 자녀가 미래에 더 많은 실수와 실패를 하게 만드는 행위라고 말씀드리고 싶습니다.

After years of working in education, one trend is very clear: Well behaved children almost always have polite and reasonable parents. Poorly behaved children often have rude and selfish parents. You must find ways to support your child while also encouraging positive behaviors at home. If you feel that your child made his mistake as a result of a negative school climate or peer-pressure, then this would be a reason to find a new school. But, if he learns from the mistake; then the lesson will be a reward and he will grow into a better human.

오랜 시간 동안 교육계에서 근무하면서 제가 배운 한 가지 진리가 있습니다. 행실이 바른 학생 뒤에는 반드시 예의 바르고 합리적인 부모님이 있습니다. 문제를 일으키는 학생 뒤에는 종종 무례하고 이기적인 부모님이 있습니다. 그렇기 때문에 학부모님은 자녀를 도와줄 수 있는 방법을 지속적으로 찾으려고 노력해야 하며, 학생들의 긍정적인 행동에 대한 격려도 아끼지 말아야 합니다. 만약에 정말 학부모님의 자녀가 학교의 좋지 않은 환경 때문에 실수를 했다고 생각하신다면, 이는 학교를 바꿀 만한 합리적인 이유가 될 것입니다. 하지만, 학생이 본인의 실수에서 뭔가를 배웠다면, 그것은 학생에게 무엇보다 소중한 교훈이 될 것이며, 학생은 이를 계기로 더 훌륭한 인격체로 성장해나갈 것입니다.

미국 교장 선생님이 알려주는 좋은 선생님과 그렇지 않은 선생님을 구별하는 팁

At every school, the most important thing is the quality of the teachers. The facilities, the cafeteria food, the administrative organization, and other things are far less important, since the people who spend all day with your child have the largest impact by far on educational outcomes. Supervising dozens of teachers as a principal, I have developed a strong sense of which teachers are good and which ones need to be replaced.

모든 학교에서 가장 중요한 점은 선생님의 역량입니다. 시설, 카페테리아, 행정적 기반, 그 어떤 것도 선생님의 역량만큼 중요하지는 않습니다. 학생들과 가장 많은 시간을 보내고 가장 많은 영향을 주어 학업적 성과를 내는 사람들은 선생님들이기 때문이지요. 저는 교장으로서 수많은 선생님을 관리하면서, 어떤 선생님이 훌륭한 선생님인지 어떤 선생님이 교체되어야 하는지 분별하는 능력이 생겼다고 자부합니다.

If your child is stuck with a bad teacher, it can be an unpleasant experience. It is sometimes hard for parents to know the effectiveness of a teacher. After all, you are not present in the classroom and usually rely on the feedback of the students in order to get an idea of whether or not a teacher is effective. Of course, the Principal can observe the class and continually hears feedback about teachers. The principal will rarelya dmit which teachers are weak, so here are some hints for parents to have an indication of how a teacher is doing.

만약에 자녀가 부족한 선생님에게 수업을 받도록 배정되었다면 이는 별로 달갑지 않은 경험일 것입니다. 학부모님 입장에서는 자녀를 가르치는 선생님이 얼마나 효율적으로 수업을 하는지를 알기는 쉽지 않습니다. 학부모님이 매일 직접 수업을 수강하는 것이 아니고 아이의 피드백에 의존해야 하기 때문이지요. 물론 교장 선생님도 지속적으로 수업을 참관하고 선생님들에 대한 피드백을 듣지만, 사실 교장 선생님이 본인이 고용한 선생님이 좋지 않은 선생님이라는 것을 인정하는 경우는 매우 드뭅니다. 그렇기 때문에 학부모님들께 어떤 선생님이 좋지 않은 선생님인지 분별할 수 있는 몇 가지 팁을 드리도록 하겠습니다.

Taking long time to grade/enter scores.
성적과 점수를 입력하는 데 오랜 시간이 걸린다.

This is an immediate red-flag. At all my schools, I had a policy that teachers must enter at least 1~2 assignments into the online grading system each week. This is so that the students can get immediate feedback on their work and also so that parents can have an accurate sense of how the child is doing in school. Almost always, the teachers who rarely entered scores and those who took longer than 1 week to grade assignments are weak teachers.

성적과 점수를 입력하는 데 오랜 시간이 걸린다. 이건 확실한 신호입니다. 저는 제가 근무했던 모든 학교에서 선생님에게 학생들의 과제를 온라인 성적관리 시스템에 매주 최소 1~2개는 입력하게 했습니다. 이는 학생들이 즉각적으로 본인의 과제에 대한 피드백을 받을 수 있고, 학부모님들이 학생이 학교에서 어떻게 하고 있는지를 알게 하기 위함이었습니다. 거의 대부분의 경우 피드백을 입력하지 않거나, 입력하는 데 1주일 이상 걸리는 선생님들은 좋지 않은 선생님이었습니다.

Students sleeping in the class. 학생들이 수업시간에 잠을 잔다.

Walking past the class and just peeking in the window for 2seconds can say more about what is going on in the class. There are times when you will see a student with his head down, sleeping during the class. This is very common at many schools, and it's something I only saw only with bad teachers. In my opinion, for a teacher to allow this to happen is pathetic, but you would be surprised how common it is. Anyone who is halfway attentive should notice they are asleep and wake them up. It's really not hard to do that if you are in command of the classroom. If many are sleeping, it's also likely the teacher is boring and is not doing a variety of activities and utilizing varied teaching methods. Parents should be allowed to inspect the class in this way if they so desire.

교실 옆을 지나가면서 창문으로 교실 안을 약 2초만 봐도 그 수업이 어떻게 이루어지고 있는지 알 수 있습니다. 종종 수업시간에 학생들이 고개를 숙이고 있거나, 심지어는 자고 있는 경우를 볼 수 있습니다. 이는 많은 학교에서 상당히 흔하게 일어나는 일이며, 이런 일들은 오직 부족한 선생님의 수업에서만 발생합니다. 개인적인 생각으로는, 학생들이 수업시간에 자도록 놔두는 선생님의 행동은 한심한 일이라 생각하며, 아마 이런 일들이 학교에서 얼마나 빈번히 벌어지고 있는지에 대해서 학부모님께서 아신다면 깜짝 놀라실 거라 생각합니다. 선생님이 수업에 절반 이상만 관심이 있고 집중하고 있더라도 학생이 잠을 자고 있다는 것을 알 것이고 즉시 깨울 것입니다. 그리고 이렇게 아이들을 깨우는 것은 수업을 잘 컨트롤 하고 진행하는 선생님들에게는 전혀 어려운 일이 아닙니다. 만약에 수업시간에 자는 학생이 많다면, 이는 선생님의 수업이 지루하며, 다양한 활동과 다양한 교수방법을 사용하지 않고 있다는 뜻이기도 합니다. 그렇게 때문에 저는 학부모님들이 종종 수업을 관찰할 수 있는 권리가 있어야 한다고 생각합니다.

No feedback on assignments. 과제에 대한 피드백이 없다.

When your child brings home tests and quizzes, take a look to see what kind of feedback the teacher is making. Are the incorrect answers just marked with a big "X"? Or, are the correct answers written there for the student to learn from the mistake? At the very least, the teacher should provide students an Answer Key so that they can see what they did wrong and learn from it. Failure to do this is a red flag for a weak teacher.

자녀가 집으로 시험 결과와 퀴즈 등을 가지고 오면, 선생님들이 시험에 대해서 어떤 피드백을 남겼는지 확인하세요. 틀린 문제에 큰 X만 남겨져 있나요? 아니면 학생들이 틀린 문제에서 뭔가 배울 수 있도록 정답과 피드백도 적어주셨나요? 선생님이라면 최소한 학생들이 틀린 문제에서 뭔가를 배울 수 있도록 정답 정도는 적어줘야 합니다. 이렇게 하지 않는 선생님은 좋지 않은 선생님인 것을 바로 알 수 있습니다.

Not participating in extracurricular/extraactivities.
교외활동이나 학교 이벤트에 참여하지 않는다.

When you go to a school ceremony or after-school even, take note of which teachers are present and which are not. The teachers who take part in school life and stay late to serve the community tend to be the ones who are more passionate about the profession. If they go home at 4:00 and you never see them at anything, there is a higher chance they are a teacher who just thinks the job is a way to get a paycheck and is doing the bare minimum to not get fired.

학교행사나 방과 후 활동에 참여할 일이 있으시면, 어떤 선생님이 행사에 참여하고, 어떤 선생님이 참여하지 않았는지를 체크하십시오. 전반적으로 학교의 활동에 적극적으로 참여하고, 심지어는 학교에 늦게까지 남아 있는 분들이 학교에 대해 더 열정이 있고 프로페셔널합니다. 만약에 선생님들이 수업이 끝난 4시에 바로 집에 가고, 그 이후로는 그 선생님을 절대

볼 수 없다면, 그런 선생님들은 그저 월급이나 잘 받고, 최소한의 임무만 수행해서 해고되지 않으면 된다고 만족하는 분들일 가능성이 높습니다.

Most students are performing badly.
담당 수업의 대부분 학생들의 성적이 좋지 않다.

Try to get a sense of how your student is doing in the class compared to others. Some sites, such as Powerschool, will tell you how your child is doing AND how the entire class is doing so that you can see how the class as a whole is doing. If the class average is below a C or if the majority are failing tests, then you can be sure there is a problem.

자녀가 수업에서 다른 학생들과 비교해서 어떻게 하고 있는지에 대해서 관심을 가져보세요. Powerschool과 같은 온라인 성적관리 프로그램을 보시면, 개별 학생의 성적뿐만 아니라 그 반 전체의 성적도 볼 수 있는 기능이 있습니다. 만약에 그 반 전체 성적 평균이 C보다 낮거나 많은 학생이 F를 받고 있다면, 그 수업에 뭔가 문제가 있다는 것에 대해 확신하셔도 됩니다.

Your child is suddenly uninterested in school.
자녀가 갑자기 학교생활에 흥미를 잃는다.

If your child was passionate about math, and then suddenly is not interested in it, it may very well be because the teacher is not inspiring him and it just presenting the material in a boring and dry way. Students will, on average, say that their favorite subject is the one taught by their favorite teacher. So, their least favorite subject can often be the one taught be their least favorite teacher. Watch for these hints in your child's attitude towards the subjects.

원래 학생이 수학을 아주 좋아했었는데, 갑자기 수학에 대한 흥미를 잃었다면, 이는 담당 선생님이 학생을 적절하게 동기부여시키지 못했거나 수업자료나 내용이 지루하기 때문일 가능성이 높습니다. 학생들은 가장 좋아하는 수업이 뭐냐고 물어봤을 때, 본인이 가장 좋아하는 선생님의 수업을 이야기합니다. 그렇기 때문에 학생들이 가장 좋아하지 않는 수업은, 가장 좋아하지 않는 선생님이 진행하게 될 가능성도 높습니다. 학생이 관련 과목을 대하는 태도에서 선생님에 대한 힌트를 얻으시기 바랍니다.

Unclear and inconsistent grading scale/system.
성적 채점과 시스템이 불명확하고 일관적이지 않다.

A good teacher explains the formula and way of calculating a score on the syllabus at the beginning of the year. They then follow this system and the calculations are done in a fair and consistent way. I have seen many instances where the syllabus says one thing, and then mid-way through the year find that the teacher is doing something quite different. This can happen even if the Principal makes it clear what they need to do. You might be surprised at how bad many teachers are at following simple instructions.

좋은 선생님은 어떻게 학생의 성적을 산출하는지에 대한 명확한 기준과 공식을 학기 초에 수업요강에 적시합니다. 그리고 학기 내내 그 기준을 따르며, 공평하고 일관적으로 수업을 진행합니다. 하지만 수업요강에 있는 내용을 잘 따르지 않는 선생님의 경우도 교장으로 재직하며 많이 보아왔습니다. 이런 일은 교장 선생님이 명확하게 선생님들에게 어떻게 해야 한다고 말을 하는데도 불구하고 일어납니다. 아마 일부 선생님들이 교장 선생님의 간단한 지시를 얼마나 잘 따르지 않는지를 알게 되면 깜짝 놀라실 겁니다.

Lack of Motivation and Unprofessionalism. 동기부여가 부족하고 비전문적이다.

Weak teachers never challenge their students, often show videos, and give "free" days on a regular basis. They do this because they are trying to reduce their own workload because they're irresponsible people. If they dress inappropriately, and don't follow basic rules of etiquette, then there's a good chance they are weak in the classroom.

나쁜 선생님들은 절대 학생들에게 어려운 과제를 주어 학생이 도전하게 만들지 않으며, 흔히 그냥 영상을 틀어주거나 정기적으로 '그냥 노는' 시간을 줍니다. 그들이 이렇게 하는 이유는 이렇게 함으로써 본인의 업무량을 줄일 수 있기 때문이고, 그들이 무책임한 사람이기 때문입니다. 만약에 선생님들의 복장이 부적절하거나, 기본적인 에티켓을 지키지 않는 모습을 보인다면 그런 선생님들 또한 수업시간에 좋지 못한 선생님일 가능성이 높습니다.

So there you go. A principal has the time and know-how to fully evaluate teachers. These are just hints that PARENTS can look at to know how a teacher might be doing. As I said, Principals will rarely admit if a teacher is weak. Deep down, they often know the truth, they often make excuses and dance around the issue while they wait for the opportune time to replace them. I hope this info is helpful to all of you.

자 여기까지입니다. 교장 선생님은 선생님들을 완벽하게 평가할 시간과 능력이 있습니다. 제가 여기서 말씀드린 내용들은 학부모님들께서 선생님들이 자녀들을 어떻게 가르치고 있는지를 판단하기 위한 힌트들입니다. 제가 이미 말씀 드렸듯이 교장 선생님들이 자기 선생님이 부족한 선생님이라고 인정하는 경우는 극히 드뭅니다. 많은 경우 교장 선생님들은 마음속 깊은 곳에서 진실을 알고 있습니다. 다만, 그러한 좋지 않은 선생님들을 교체할 수 있을 때까지 변명거리를 만들고 문제를 직면하기를 피해가면서 기다리고 있을 뿐입니다.

저의 이 정보가 여러분에게 도움이 되길 바랍니다.

4. 국제학교에서 인성교육과 생활 관리가 중요한 이유

국제학교 교육에서 인성교육과 학생 생활 관리가 중요한 이유에 대해서 알아보도록 하겠습니다.

국제학교에서는 이 부분을 Discipline management라고 부릅니다. 일반적으로 이 부분의 담당자는 교장, 교감 선생님, Dean of student, Dean of student life, 카운셀러 또는 학교에 상주해 있는 한국 선생님들입니다.

우선적으로 한국 부모님들이 알고 있어야 할 사항 중의 하나는 서양 선생님들의 기본 마인드입니다. 서양 선생님들은 기본적으로 학생들을 개인적인 판단을 할 수 있고 본인의 행동에 책임을 질 수 있는 독립된 개체로 바라봅니다. 그렇기 때문에 기본적으로 학생들을 믿어주고 학생이 실수를 했을 때는 그에 상응한 처벌을 내리고 책임을 지게 하는 것을 당연하게 생각하지요.

이러한 점들이 국제학교의 교육을 훌륭하게 만든다고 볼 수 있습니다. 학생들이 스스로 공부할 수 있는 환경을 만들어주고 독립심도 기를 수 있도록 합니다. 그러나 이러한 서양식 사고가 아이들 생활 관리나 인성 관리에 있어서는 한국 학생들에게는 별 도움이 되지 않는 측면이 많습니다.

대부분의 한국 학생들은 서양 학생들만큼 독립적이지 못합니다. 그 이유는 아마도 한국인들의 내면에 아이는 아이일 뿐이라는 생각이 강하게 자리 잡고 있기 때문일 것입니다. 어른들은 아이들을 언제나 챙겨주어야 하는 존재, 계속해서 신경을 쓰고 훈계해야 하는 존재로 인식하며, 아이들도 마찬가지로 학교에서 시키는 대로, 부모님이 하라는 대로 따라가는 데 익숙해져 있습니다. 그런 분위기에 익숙해져 있다가 갑자기 완전 자유를 얻게 되는 국제학교에 보내지기 때문에 아이들도 처음 국제학교라는 곳에 가게 되면 많은 부분에서 적응하는 데 어려움을 느낍니다.

몇 가지 예를 들어보도록 하겠습니다.

첫 번째 경우, A라는 학생이 학부모 품을 떠나서 미국으로 유학을 갑니다. 학교 수업하는 것도 잘 적응하고 친구들도 잘 사귀어서 그럭저럭 한 3년 공부를 하고 이제 대학입시를 준비해야 할 시기가 왔습니다. 학부모님은 아이가 알아서 잘하려니 하고 마음 놓고 있다가 아이가 12학년이 다 되어서야 대학입시에는 토플도 필요하고, SAT도 필요하다는 이야기를 듣게 됩니다. 그리고 아이에게 물어봅니다.

"너 토플, SAT 점수는 있니?"

아이의 대답은 의외로 간단합니다.

"아니요, 학교에서 하라고 안 했는데?"

학교는 미국에 있는 미국 아이들을 대상으로 하는 곳이기 때문에 영어능력시험인 토플에 대해서는 당연히 언급을 안 합니다. SAT도 학교에서 치르는 것이 아니고 아이들이 알아서 SAT 센터에 가서 시험을 보는 것이기 때문에 따로 준비반 같은 것은 없습니다.

부모님은 놀라고 화가 나서 학교 또는 학교를 소개해준 유학원에 전화를 걸어 따집니다.

"아니 우리 애가 12학년인데 왜 토플/SAT 점수가 없는 거예요? 학교가 하는 일이 뭐예요?"

이럴 때 학교의 공식 답변은 다음과 같습니다.

"우리는 아이에게 최상의 교육을 제공해주었습니다. 그리고 대부분의 학생들이 대입을 위해서 학교도 알아보고 필요하면 토플/SAT 시험도 이미 보았습니다. 근데 자녀분이 아무것도 안한 것인데 왜 우리한테 뭐라고 하시는 겁니까?"

지금은 예전에 비해 이러한 상황이 줄어들었지만 예전에는 이런 일들이 비일비재했습니다. 아이를 학교에만 맡겨놓으면 알아서 해주겠거니 하는 학부모님의 마인드와 학생 일은 학생이 알아서 하겠지 하는 미국학교의 마인드가 상충했기에 생긴 해프닝이겠지요.

두 번째 경우, B라는 학생이 학부모의 품을 떠나 중국에 있는 보딩스쿨로 유학을 갑니다. 보딩스쿨의 원칙상 학교가 곧 집이기에 하루 종일 학교에 있는 것이 당연하지만, 학생들은 갑작스러운 환경 변화에 답답함을 느끼며 학교가 마치 감옥 같다며 불평하였습니다. 그런 점을 안타깝게 여긴 교장 선생님도 학생들의 의견을 수렴하여 정규 수업이 끝난 후 저녁 시간에 한두 시간씩 외출을 허락하기 시작합니다. 물론 학부모님께 외출 허가 동의서에 사인도 받고 말이지요.

아이들은 외출시간에 나가서 여러 가지를 경험합니다. 중국은 미성년자가 술, 담배를 사는 데 아무런 제재가 없습니다. 마음만 먹으면 중고 오토바이를 사는 것도 어렵지 않습니다. 그러면서 몇몇 아이들이 탈선을 하기 시작합니다. 자연히 학생의 생활 관리는 엉망이 되고 아이는 밖에서 사고를 쳐서 결국 학교에서 퇴학을 당하기도 합니다. 이럴 때 학부모는 학교가 애들 관리를 하지 않았다고 불평을 합니다. 하지만 미국 교장 선생님은 말합니다. 학교는 학부모가 외출에 동의했기에 아무런 문제가 없으며, 외출의 목적은 탈선이 아니었다고 말이죠.

세 번째 경우, C라는 학생은 주재원인 부모님을 따라서 해외에 있는 국제학교에 다닙니다. 자유로운 학교 분위기 덕에 학교에서는 화장을 하거나 염색을 하거나 귀걸이를 해도 학생에게 특별한 주의를 주지 않습니다. 이성교제도 자유롭게 합니다. 수업시간 중에는 좋아하는 유튜브 영상을 보거나 스마트폰으로 게임을 하기도 합니다. 선생님은 수업시간에 시끄럽게 떠들거나 다른 아이들한테 방해가 되지 않으면 크게 뭐라고 하지 않습니다. 당연히 학생은 공부보다는 외모에 더 신경을 많이 쓰게 됩니다. 엄마는 아이가 성적이 좋지 않고, 공부를 열심히 하는 것 같지도 않아 보여 불만이지만, 그래도 비싼 학비내고 다니는 국제학교이니 학교가 알아서 잘 챙겨줄 거라 기대하고 별 간섭을 하지 않습니다. 다행히 영어는 잘하는 것 같으니 원래 국제학교는 이런가 보다고 생각하며 위안을 삼기도 합니다.

제가 좀 극단적인 예들을 들었지만 충분히 가능한 이야기 들입니다. 위의 이야기들에서 일어나는 상황들은 과연 누구의 잘못일까요? 서양 선생님들과 이야기하면 왜 그게 자기들 잘못인지 알 수 없다고 합니다. 한국에서의 선생님은 '지식전달 50%+인성지도 50%'의 두 가지 역할을 하는 경우가 많지만, 서양에서의 선생님은 '지식전달 90%+인성지도 10%'의 역할을 한다고 이해해도 큰 무리가 없습니다. 서양 선생님들은 아이들 인성과 생활은 개인의 일이라 말합니다. 일반적으로 선생님들은 본인이 아이들 인성을 길러주는 일을 해야 한다고는 생각하지 않습니다. 그건 가정에서 부모가 감당해야 할 역할이라고 생각하며, 교사는 아이들에게 학업적인 부분을 잘 가르쳐주는 게 주된 역할이라고 생각합니다. 물론 아이가 먼저 다가와서 도움을 요청하면 도울 순 있겠지만 한국 학생 중에서 선생님에게 먼저 가서 도움을 요청하는 학생이 몇이나 될까요?

그러니 국제학교를 선택할 때 좋은 커리큘럼, 우수한 선생님들이 있는 곳을 선택하는 것도 중요하지만 기본적으로 학생 관리는 어떻게 하는지, 어떤 학생들이 재학하고 있는지, 입학 기준이 얼마나 엄격한지 등에 대해서 꼼꼼히 알아보아야 합니다.

비싼 학비를 받는 곳이니 알아서 해주겠지, 나는 영어를 못하니까 어쩔 수 없다는 안일한 생각으로 학교와 아이만 믿고 있다가 정말 크게 후회하는 날이 올 수도 있습니다.

제가 국제학교에서 10여 년간 근무하면서 배운 '진리'가 하나 있어 공유합니다. 그것은 아이의 인성은 그 부모님의 인성과 신기하리만큼 똑같다는 것입니다. 아이가 참 바르고 착하다 싶으면 그 부모님도 반드시 훌륭하고, 아이가 참 재미있는 성격이다 싶으면 그 부모님도 참 유쾌한 성격일 경우가 많습니다. 반면에 아이가 매사에 불평이고, 부정적이면 슬프게도 그 부모님도 비슷한 경우가 대부분입니다. 꼭 염두에 두어야 할 사항입니다.

5. 아이의 미래를 밝히는 교육 4가지

얼마 전에 어떤 학부모님을 만나 상담을 진행하게 되었습니다. 아이는 이제 갓 국제학교 입학을 결정한 초등학교 4학년 학생이었는데, 학부모님은 지금 시기에 무엇을 공부하면 좋을지를 물었습니다.

초등학교 4학년 때 무엇을 공부하는 것이 좋을지에 대해 이야기하자면 여러 가지 상황을 고려해야 해서 끝이 없겠지만, 제가 그 학부모님께 설명한 내용은 다음과 같습니다.

① 독서 교육

독서의 중요성에 대해서는 저를 비롯한 다수의 전문가가 여러 번 강조한 바 있습니다. 학년이 올라갈수록 준비해야 할 것들이 점점 많아지기 때문에 책을 읽을 수 있는 시간은 점점 줄어들게 됩니다. 한 살이라도 어릴 때 많은 책을 읽고, 독서 습관을 들여놓는 것이 4학년의 학생에게 가장 중요하다고 추천하였습니다. 그래서 필요한 사교육 역시 영어 독서를 권하였습니다.

② 중국어 교육

외국어는 절대 배신하지 않습니다. 앞으로 아이들에게 다가올 시대에 '영어'는 더 이상 특별한 능력이 되지 않을 거라 생각합니다. 모두가 어느 수준 정도는 할 것이기 때문에, 앞으로 더 경쟁력 있는 인재가 되기 위해서는 영어 이외의 외국어를 하는 것이 중요합니다. 그중에서도 이미 G2로 자리매김한 중국의 언어인 중국어를 공부한다면 아이가 추후에 무엇을 전공하든지 무조건 도움이 될 것이라고 생각해서 중국어 교육을 추천하였습니다. 개인적으로는 초등학교 졸업 전까지 HSK 3~4급 정도를 마치고, 중학교 끝날 때 즈음 HSK 5~6급을 따놓으면 아주 훌륭하다고 생각합니다.

③ STEM/Coding 교육

IT 관련 분야의 중요성은 해가 갈수록 커지고 있습니다. 학생이 문과 쪽에 재능이 있고, 나중에 경영 전공을 계획하고 있거나 또는 창업을 할 생각이라도 기술적 지식과 기반이 전혀 없으면 큰 곤란함을 겪게 될 겁니다. 인터넷을 필두로 한 IT 분야에 대한 지식은 이제는 선택이 아닌 필수가 되고 있으며, 우리 자녀들이 활동할 미래에는 그 중요성이 지금보다 훨씬 더 커질 거라고 확신합니다. 그렇기 때문에 조금이라도 어릴 때 STEM 관련 교육 특히 Coding에 대한 기초를 배워둔다면 이는 미래에 분명히 유용하게 사용될 수 있는 능력이 될 것이라고 생각합니다.

④ 평생 할 수 있는 운동과 악기 교육

아이가 평생 할 수 있는 운동과 악기를 가르치라고 조언하였습니다. 어린 나이에 평생 할 수 있는 운동과 악기를 배우고 꾸준히 하는 것이 좋습니다. 모든 것을 배우는 속도가 빠른 어린 시절에 이러한 활동들을 시작할 수 있다면 그 효과는 성인이 되어 하는 것보다 그 효율성에서 몇 배의 효과가 있습니다. 마찬가지로 학년이 올라갈수록 점점 운동이나 악기를 배울 수 있는 시간은 줄어들기 때문에 저학년 때 조금씩 시작해서 꾸준히 하는 게 좋다고 추천하였습니다.

이와 더불어 아이들이 살아갈 미래를 대비하기 위해서는 어떤 안목이 필요할지 생각해보았습니다.

최근 '창업을 하려고 해도 개발자가 없고, 겨우 찾아도 너무 비용이 비싸서 할 수가 없다'라는 내용의 기사들이 나오고 있습니다. 스타트업(창업)을 시작하려는 인재들 중에는 경영계열/문과계열의 학생들이 절반 이상을 차지합니다. 경영학을 전공하려는 학생들에게 '너는 장래 희망이 뭐니?'라고 물어보면 90% 이상의 학생들이 CEO 또는 창업을 하고 싶다고 이야기합니다. 하지만 현실은 어떨까요? 이런 친구들은 실제로 좋은 아이디어와 열정으로 똘똘 뭉친 친구들이고 미래에 전공 공부 등을 통해서 경영 지식도 잘 준비할 수 있을 것입니다. 하지만 IT 관련 개발 분야의 지식이 없다면 요즘은 창업 자체가 불가능합니다. 개발자를 구하면 되는 것 아닌가라고 생각할 수도 있겠지만, 실질적으로 개발자를 찾기가 힘들뿐더러, IT에 대한 지식이 없을 경우 협업하는 것 자체가 난관을 겪게 됩니다.

다가오는 미래에는 수천 개의 직업이 사라지게 되고, 사람이 하던 많은 부분이 기계로 대체된다는 이야기를 자주 들어보셨을 겁니다. 지금도 많은 학부모님이 소망하는 자녀의 희망 직업군 중에 대표적으로 의사, 약사, 판사, 변호사, 회계사 등의 소위 말하는 상위층 전문직의 직업들조차도 인공지능이 대체할 수 있다고 합니다. 그렇다면 미래에는 어떤 직업들이 각광받을까요? 바로 이러한 IT 지식들을 활용해서 신기술을 개발해내는 분야가 각광받게 될 것입니다.

차량 공유 앱서비스 '우버'의 기업 가치가 '현대자동차'보다 크다는 사실을 알고 계셨나요? 우버는 차 한 대 생산하지 않지만 현대자동차보다 더 우위의 가치를 인정받고 있습니다.

카메라와 사진을 대표하는 기업인 '코닥'은 10억 달러 가치의 기업이 되는 데 100년이 걸렸습니다. 그런데 사진을 공유하는 서비스인 인스타그램은 단 2년이 걸렸습니다. 이런 현실이 빈번히 일어나는 곳이 지금 우리가 살고 있는 세상입니다. 우리 아이들이 앞으로 살아가게 될 현실은 이보다 더 급격히 변화될 것이며, 그 중심에는 IT 기술이 있을 것입니다. 인스타그램이 페이스북에 인수된 금액이 10억 달러(1조 1천억 원)입니다. 그 당시에 인스타그램의 직원 수는 단 13명이었습니다. 반면 코닥의 직원은 한때 15만 명을 육박했습니다. 우리 아이들에게 더 이상 15만 명 중의 한 명이 될 수 있는 기회는 주어지지 않을 것입니다. 대신 어떻게 13명 중의 한 명이 될지를 고심해야 할 때입니다.

정리해보자면 앞으로 우리 아이들이 살아갈 세상은 많은 일자리가 로봇이나 인공지능으로 대체되며, 그에 따라 일자리가 현저히 부족해지며, 그렇기 때문에 소수의 인재들이 전체를 이끌어가는 구조가 될 것이고 그러므로 현재의 교육 시스템도 이러한 미래를 대비하는 방식으로 바뀌어야 한다고 생각합니다.

이에 따라 제가 생각하는 앞으로 사회가 필요로 하는 인재상의 기준은 다음과 같습니다.

1. I.T./STEM 관련 기본 지식이 있는 사람
2. 공감, 소통 능력이 뛰어난 사람
3. 창의적이고 도전적이며 혁신을 꿈꾸는 사람
4. 기계가 대체할 수 없는 훌륭한 인간의 가치(인성)를 가진 사람

위의 기준에서 2, 3, 4번은 '인간다움'에 관한 내용입니다. 기계가 대체할 수 없는 인간다움을 가진 인간이 되어야 한다는 뜻이기도 합니다. 그리고 이것은 제가 늘 강조하는, '지식 습득보다 인성 개발이 먼저다'라는 주장과도 일치합니다.

그래서 앞으로 다가오는 사회는 타인과 잘 지내기 위해서 '인성'을 길러야 하는 게 아니라 '인간다움' 그 자체가 경쟁력이 되는 사회가 될 것입니다.

마지막으로, 제가 이런 생각을 가지게 된 데 큰 도움을 준 책 『명견만리』를 소개하며 이번 장을 마무리 하겠습니다. 『명견만리』에는 앞으로 미래의 인구 구조와 사회 변화에 대해서 통계를 기반으로 잘 정리되어 있습니다. 이 책이 자녀의 미래를 설계하는 데 큰 도움을 줄 수 있을 것이라 생각합니다.

6. 학원은 반드시 보내야 할까요?

머칠 전 미국 대학입시 컨설팅 전문가를 만난 적이 있습니다. 그분이 한 학부모님과 학생 이야기를 해주시더군요.

상담을 온 학부모님의 자녀는 올해 12학년이 되는데 현재 국제학교뿐만 아니라 학교 끝나고 영어, 수학, 과학, 제2외국어 등등 밤늦게까지 학원을 다니고 있다고 하더군요. 근데 신기하게도 성적은 계속 바닥이라 학부모님이 미국의 아무 대학이나 좀 보내달라고 찾아오셨답니다.

이 전문가가 학부모님께 추천한 방법은 시간이 별로 없으니 선택과 집중을 하라는 것이었습니다. 중위권 대학이라도 가려면 이 부분은 집중해서 공부시키시고, 이런 부분은 현재로서는 공부하는데 시간도 없고 의미도 없으니 포기하시는 게 좋겠다고요. 하지만 그 학부모님의 최종 선택은 다른 컨설팅 업체였습니다. 그 업체에서는 그 학생이 기존에 해왔던 대로 하루 종일 여러 종류의 학원에 다니게 하는 스케줄을 제시했거든요. 물론 더 비싼 프로그램이었습니다.

그 전문가의 말씀은 이렇습니다.

"저 아이가 왜 저렇게 학원을 많이 다니는지 아세요? 다 부모의 욕심이에요. 부모 입장에서는 비싼 돈 내서 학원에 보내면 아이 공부시키는 것 같아서 마음이 안정이 되거든요. 돈을 많이 쓰면 본인이 더 많은 서포트를 하고 있다고 느끼시는 거지요. 하지만 아이가 하루 종일 학원에 가서 공부해야 하면 자기 스스로 공부는 언제 하나요? 제가 아이와 상담을 해보니 아이는 학원 다니는 것만으로도 엄청난 스트레스를 받고 있더라고요. 근데 한편으로는 학원가서 그냥 앉아만 있어도 자기가 공부하고 있는 것처럼 느껴져서 마음이 편하기도 하대요. 실제로 공부는 안 하고 있는데 말이지요. 제 생각에 저 학생은 혼자서 공부하는 법을 한 번도 배운 적이 없는 것 같아요.

공부는 혼자 생각하면서 해야 하는 건데 말이지요."

저도 그 전문가 말씀에 100% 동감합니다. 국제학교에 근무하다 보면 빈번히 일어나는 일이 있습니다. 학교에서 아이들 반 배정을 하는데, 학부모님들이 반 배정을 납득하지 못하는 경우가 그런 경우입니다.

"아니 우리 아이는 국제학교를 이미 3년이나 다녔는데 어떻게 ESL반에 배정될 수 있나요?"
"아니 우리 아이는 중국어 학원을 2년이나 다녔는데 초급이 말이 되나요?"

학원을 다닌 다는 것과 아이가 실제로 공부를 하고 실력이 올라가는 것은 별개의 문제입니다. 학원만 보낸다고 아이가 공부를 하겠거니 하고 안심하고 계시면 안 됩니다. 그러면 어떻게 해야 할까요? 다음과 같은 방법을 추천합니다.

① 공인시험을 보게 하세요.
자녀가 공신력 있는 공인시험을 중간중간 보게 하길 추천합니다. 영어는 TOEFL, MAP test(수학, 과학도 있음) 등을 보면 되고, 중국어는 YCT, HSK 등의 시험을 볼 수 있습니다. 이러한 시험을 통해 자녀의 실력을 객관적으로 평가할 수 있습니다. 어떤 분들은 TOEFL의 유효기간이 2년이니 대학 입시 준비할 때 보면 된다고 말씀하시곤 하는데 제 생각으로는 6, 7학년 때부터 한 번쯤은 응시해보는 게 좋다고 생각합니다. 자녀가 본인의 위치를 정확히 알아야 목표를 설정하지요. 스타트 라인이 어딘지도 모르고 결승점을 향해 달릴 순 없습니다.

② 자녀와 충분한 대화를 해야 합니다.

　지속적인 대화를 통해 아이가 어떤 공부에 관심이 있는지 그리고 학원에서 실제로 필요한 도움을 받고 있는지를 체크해봐야 합니다. 학원에 가서 그냥 가서 앉아만 있다가 오는 학생들이 생각보다 많습니다. 말을 물가로 끌고 갈 순 있지만, 물을 억지로 먹일 순 없습니다.

③ 자녀에게 충분한 동기부여가 되어야 합니다.

　왜 공부를 해야 하는지, 나중에 자녀가 원하는 일을 하는 데 왜 지금의 공부가 필요한지, 좋은 성적을 받으면 좋은 점은 무엇인지 등에 대한 동기부여 없이 그저 학원만 보낸다면 아이에게 공부는 엄청난 스트레스로 다가옵니다.

④ 아이가 혼자 공부할 시간을 줘야 합니다.

　하루에 반드시 2~3시간 정도는 혼자 공부하는 시간을 갖도록 해주세요. 그러기 위해서는 어린 나이부터 공부하는 습관을 갖도록 해주는 것이 중요합니다.

⑤ 자녀가 어릴 때부터 학부모의 꾸준한 관심이 절대적으로 필요합니다.

　관심은 돈 써서 학원을 많이 보내는 것을 말하는 게 아닙니다. 관심이라는 건 학부모가 아이와 지속적으로 대화를 나누고, 아이에게 맞는 공부 방식을 함께 형성해가면서, 꾸준히 학습 계획을 만들어나가는 것을 말합니다. 자녀가 9, 10학년이 되어 급한 마음에 학원을 많이 보내는 것보다 5, 6학년때부터 엄마, 아빠가 같이 앉아서 공부하는 습관을 들여주는 게 훨씬 효과적인 교육입니다. 아주 비싼 책 전문가를 모셔다가 아이에게 책 읽는 법을 가르쳐주는 것보다 엄마 아빠가 책 읽는 모습을 보여주는 게 1,000배는 더 효과적인 방법입니다. 엄마, 아빠는 스마트폰 보고 누워 있으면서 아이에게 스마트폰을 하지 말고 책을 읽어라 하는 것 자체가 난센스입니다. 학부모님들도 고된 하루 보내고 오셔서 많이 힘드시겠지만, 아이를 위해서 시간을 내주세요. 그 효과는 나중에 반드시 돌아옵니다. 아이가 한 살이라도 어릴 때부터 학부모님이 교육에 대한 관심을 보여주시는 게 좋습니다. 아이가 커 갈수록 학부모의 개입은 점점 어려워지거든요.

물론 학원이 무조건 나쁘다는 이야기는 절대 아닙니다. 학원 선생님이나 원장님이 아이에게 동기부여를 해줄 수도 있고, 공부하는 방법, 습관을 만들어줄 수도 있으니까요. 하지만 그것보다 어려서부터 학부모님이 아이에게 가르쳐주는 것이 훨씬 더 수월하고 효과적입니다.

이래저래 학부모가 되는 건 정말 힘든 일입니다. 그 긴 여정에 이 책이 도움이 되었으면 하는 바람입니다.

7. 국제학교에서의 '경쟁'에 대하여

전통적으로 우리나라에서는 경쟁보다는 양보와 화합을 중요시하는 문화가 있었습니다. 하지만 이런 좋은 전통이 국제학교에서는 나타나지않는 경우가 종종 있습니다.

① 아이 대신 싸워주기?

초등학교 학생들끼리 종종 다툼이 생기는 경우가 있습니다. 대부분의 경우에는 별것 아닌 경우가 많은데 이런 일들이 학부모님들에게 전달되면 큰 일이 됩니다.

> A 학생 부모님: B라는 애가 우리 아이를 주먹으로 때렸다는데! 어떻게 된 건가요! B라는 아이 문제가 있는 것 아닌가요?
>
> B 학생 부모님: 아니 A가 우리 아이를 자꾸 놀리고 약 올려서 우리 애는 그런 애 아닌데 살짝 민 거 가지고 때렸다니요?

이러한 일이 한번 두번 쌓이게 되면 A 학생의 학부모님과 B 학생의 학부모님은 앙숙이 됩니다. 작은 일만 있어도 사사건건 신경을 곤두세우게 됩니다. 더 심한 경우에는 한 학부모님이 다른 학부모님들과 연합(?)을 맺어서 한 학생을 아주 몹쓸 녀석으로 만드는 경우도 있습니다. 재미있는 건 학교에서 A 학생과 B 학생은 가끔 다투기도 하지만, 대부분은 친하게 지내는 친구입니다. 실제로 싸움을 하고 있는 건 가끔 아이가 툭툭 던지는 말에 민감하게 반응하는 학부모님들뿐이지요. 아이들은 엄마, 아빠의 흥분하고 화를 내는 모습을 보고 생각합니다.

(쟤는 정말 나쁜 아이인 것 같아!)

그리고 그 친구와의 관계는 실제로 점점 더 악화됩니다. 실제로는 별 것 아닌 일이었을지도 모르는데 말이지요. 미국 선생님들의 입장에서는, 그리고 한국인인 제가 봐도 자라나는 아이들끼리 충분히 있을 수 있는 사소한 다툼인데 학부모님들이 개입하면 훨씬 큰 사건으로 발생되는 경우를 많이 보아왔습니다. 그런 케이스를 보면서 제가 드는 생각은 이렇습니다.

'아이가 자기 부모가 저런 식으로 작은 일에도 흥분하고 본인을 보호하는 걸 보고 자라면 앞으로도 힘든 일이 있을 때마다 부모에게 의지하게 되겠구나⋯.'라는 생각이 듭니다. 그리고 안타깝게도 실제로 그 학생은 스스로는 문제를 거의 해결할 수 없는 나약한 아이로 자라는 경우가 많습니다.

몇 년 전에 G9의 남학생이 G7의 여학생과 말다툼을 했다고 G9 학생의 어머님과 아버님이 학교로 전화를 해서 G7 여학생을 처벌하라고 강하게 항의한 적이 있습니다. 그때 미국 교장 선생님이 황당해하던 표정을 잊을 수가 없네요.

So the G9 boy can't even handle the situation with a younger girl? so that his mom has to call the school? are you serious?
"그러니까 그 9학년 남학생이 자기보다 어린 여학생과의 문제도 혼자 해결할 수 없다는 얘기야? 그래서 그 학생의 엄마까지 학교에 전화를 한다고? 정말?"

물론 학부모의 개입이 필요한 경우도 있습니다. 하지만 아이들은 어른들의 경쟁의 도구가 되어서는 안 됩니다. 아이에게 본인을 투영시키는 학부모가 많습니다. 아이는 아이 개인으로써 존중해주세요. 국제학교에 보내는 여러 가지 이유 중의 하나가 아이의 '독립심'을 기르고, 다른 학생들을 **배려하고 협동하는 방법**을 배우게 하는 것인데…. 비싼 돈을 내고 아이가 이런 훌륭한 가치를 배울 기회를 박탈하는 학부모가 되면 안 되겠습니다.

② 자녀의 성적으로 경쟁하기
많은 분들이 이미 알고 계시겠지만 미국에서 많이 사용되는 MAP 테스트라는 시험이 있습니다. 일종의 모의고사 같은 시험인데, 이 시험은 각 학년별로 학생의 객관적인 아카데믹한 위치를 아는 데 많은 도움이 됩니다.

저는 지난 10년간 여러 국제학교에서 근무하며 이 MAP 테스트를 많이 활용해왔는데, 이 테스트를 한 번 치르고 나면 꼭 한 번 겪어야 하는 후폭풍이 있습니다.

"우리 아이가 A라는 아이보다 공부를 더 잘하는데 왜 우리 아이 점수가 더 낮게 나왔나요?"

"저 선생님 죄송한테 우리 아이 반에 B는 math 점수가 몇 점이나 나왔나요?"

이러한 질문을 받을 때마다 많은 미국 선생님들의 반응은 한결같습니다.

Why do they care other students' score? Why? it's none of their business.

(왜 이 학부모님들은 다른 학생의 점수를 신경 쓰지? 왜? 이건 그들과 아무 상관없는 일이잖아?)

사실 MAP test는 아이 본인 스스로와 경쟁을 하도록 디자인된 시험입니다. 성적표에도 일정한 기간을 두고 시험을 본 뒤에 학생이 지난번 시험 때와 비교하여 얼마나 성장하였는가를 주로 보여줍니다. 객관적인 지표로써 시험을 본 모든 학생들 중에 학생이 어느 위치에 있는 정도까지는 보여주지만, 석차 등은 보이지 않습니다.

경쟁은 본인 스스로 하도록 유도해야 합니다. 다른 학생들과의 경쟁은 학생 본인의 의지보다는, 학부모들 간의 자존심 싸움이 되는 경우를 많이 보아왔습니다. 이러한 경쟁은 학생의 학업이나 학교생활에 전혀 도움이 되지 않을뿐더러 학부모님들에게도 많은 스트레스로 다가옵니다.

아이에게 이런 이야기를 해주시면 어떨까요?

"와, 세모야~ 이번 시험에는 성적이 많이 올랐네? 6개월 전의 세모랑 비교해서 더 우수한 학생이 됐구나. 엄마는 네가 자랑스러워. 6개월 후에 세모가 지금의 세모한테 이길 수 있도록 계속 열심히 하자."

'경쟁'의 어원은 '함께 달린다'라는 뜻을 가진 프랑스어 'Concurrence' 에서 왔다고 합니다.

세상은 넓고 앞으로 우리의 자녀들이 경쟁할 대상은 수도 없이 많을 겁니다. 지금 우리 아이와 같은 반에 있는 그 아이, 혹은 어제 우리 아이와 다퉜다고 하는 그 아이는 앞으로 우리 아이가 수많은 경쟁을 해야 할 때 옆에서 함께 달려줄 우리 아이의 소중한 친구이 자 인맥이 될 아이입니다. 그 아이가 우리 아이의 든든한 지원군이 되어줄 수 있도록, 평생을 함께할 수 있는 소중한 친구가 될 수 있도 록 불필요한 경쟁은 자제해주세요. 우리 아이가 경쟁을 해야 할 대 상은 좁은 교실 내의 친구가 아니라, 아이 스스로가 되어야 합니다. **어제보다 나은 오늘의 내가 되기 위해 말이지요.**

8. 우리 아이가 언제나 사랑받을 수 있게 하는 간단한 교육

모든 학부모님들은 자녀가 다른 사람들에게 사랑받는 행복한 삶 을 살기를 희망합니다. 그래서 아이가 어릴 때부터 아이에게 더 많 은 교육의 기회를 주기 위해 많은 노력을 합니다. 국제학교도 보내 주고, 다양한 것을 배우게 하기 위해 학원도 보내고 많은 책도 사줍 니다.

하지만 아쉽게도 가끔 아이들의 미래에 정말 많은 도움이 될만 한 교육을 몇몇 학부모님들이 잊고 계시는 경우가 있는 것 같습니 다. 특히 서구권 아이들에 비해 한국 학생들이 유난히 약한 부분인 데요, 바로 Greeting, '인사'하는 습관입니다.

약 20년 전에 제가 처음으로 해외 생활을 시작했을 때였습니다.

그때는 영어를 겨우 의사소통을 할 정도만 하던 시절이라 언제나 길거리에서 누가 나에게 말을 걸진 않을까 긴장하면서 다니곤 했습니다. 특히 저는 엘리베이터를 탈 때 정말 많이 긴장을 했던 기억이 납니다.

엘리베이터를 타면 꼭 같이 탄 사람들이 저에게 인사를 하더군요.

첫 번째 경우, 제 옷을 쳐다보며 다음과 같이 인사를 합니다.

"I like your shirt!"(난 네 셔츠가 좋아 = 의역하면 "네 셔츠 예쁘다!")

그런데 전 그때 영어가 부족했기 때문에 속으로 '음, 뭐지. 내 셔츠가 좋다고? 어디서 샀는지 물어보는 건가? 아니면 설마 이걸 자기한테 달라고? 아니면 설마 팔라고?' 등 여러 가지 생각을 하면서 대체 이걸 뭐라고 대답해야 할지 고민한 기억이 납니다.

그때 제가 했던 답변은 이렇습니다.

"I like it too."(응, 나도 내 셔츠 좋아해.)
"Do you want it?"(너 줄까?)
"I bought it in Korea."(이거 한국에서 산 거야.)

원래 이런 표현에 대한 적당한 대답은 아마도

"Thank you! I like your shirt too!"(고마워! 네 셔츠도 예쁘다!)

정도가 되겠네요.

두 번째 경우는

"How are you doing today?"(오늘 어때? = 의역하면 '안녕하세요' 정도)

입니다.

그때 전 속으로 생각했습니다.

'음. 이 사람은 누구지…. 날 아나? 왜 갑자기 말을 걸지. 이상한 사람이네.'
'음. 왜 갑자기 오늘 어떠냐고 물어보지. 오늘 뭐했는지 말해야 하나….'

당시 제 대답은 뭔가 나의 하루에 대해 말해줘야 한다는 생각에

"I had McDonald for lunch today. It was very delicious!"
(나 오늘 점심으로 맥도날드 먹었어! 진짜 맛있더라!)

라고 말했습니다.

"oh, really? that, that's nice…."(아, 그래? 잘됐네….)

그리고 이어지는 적막….

아마 그 외국분은 속으로 '얘는 맥도날드를 되게 좋아하나 보네' 라고 생각하며 많이 당황했을 것 같습니다. '안녕하세요' 하고 인사했는데 갑자기 나 점심으로 맥도날드 먹었다고 대답을 하니 되려 제가 이상한 사람이라 생각하셨을 것 같네요.

적당한 대답은

'I'm doing great. thanks'(응, 오늘 참 좋아 (물어봐줘서) 고마워)

정도가 되겠네요.

제가 이런 케이스를 든 이유는 예전에 저를 비롯한 많은 수의 한국 학생들이 이러한 '인사'를 하는 행위를 참 어색하게 생각하는 경우가 많다는 점을 말씀드리고 싶어서입니다. 누구나 다 알고 있는 단순한 사실이지만, 서구권에서 그리고 한국에서도 이 '인사'의 중요성과 그 긍정적인 효과는 정말 상상을 초월합니다.

웃는 얼굴로 먼저 인사하는 학생은 선생님의 기억에 훨씬 더 오래 남습니다.

웃는 얼굴로 먼저 인사하는 학생은 쉽게 많은 친구들을 사귈 수 있습니다.

웃는 얼굴로 먼저 인사하는 학생은 언제나 떡 하나 더 얻어먹습니다.

웃는 얼굴로 먼저 인사하는 학생은 '누구에게나' 존중받습니다.

웃는 얼굴로 먼저 인사하는 학생은 '어디에서도' 사랑받습니다.

그러면 우리 아이들이 이렇게 모두에게 사랑받는 '인사성' 밝은 아이가 되게 하려면 어떤 교육을 해야 할까요?

아이가 아주 어릴 때부터 아이에게 인사의 중요성에 대해서 가르쳐야 합니다.

아이 앞에서 다른 사람에게 밝게 인사하는 엄마, 아빠의 모습을 보여주셔야 합니다.

아이에게 어른에게는 꼭! 이렇게 저렇게 인사를 해야 한다고 가르치셔야 합니다.

아이가 인사를 하지 않을 때는 왜 인사를 하지 않느냐고 지적을 해주셔야 합니다.

그래서 아이가 인사하는 것이 자연스럽게 습관이 되게 해야 합니다.

한국분들은 왜인지는 모르겠지만 먼저 타인에게 인사를 하면 자존심이 상한다고 생각하시는 경우가 있는 것 같습니다. 서구권에서는 그와 정반대입니다. 일반적으로 먼저 밝게 인사를 하는 사람은 '자신감이 넘치는 사람'으로 인식합니다.

아이가 어린 나이부터 인사하는 버릇을 들이게 되면 자연스럽게 많은 어른들에게 인사 잘하는 아이라고 **칭찬**을 받게 되고, 그렇게 칭찬을 받다 보면 자신감도 올라가고, 점점 인사를 하는 것이 본인에게 굉장히 유리하게 작용하게 된다는 점을 깨닫게 됩니다. 그렇게 아이들은 '인사'라는 평생에 도움이 될 훌륭한 무기를 갖추게 됩니다.

국제학교에서 오랜 시간 근무하며 많은 학생들을 만났지만 제가 지금도 기억하는 친구들은 대부분은 저에게 밝은 표정으로 인사하던 그런 학생들이었습니다.

우리 독자분들은 물론 이 정도는 잘 알고 계시겠지만 혹시 깜빡 잊고 계셨다면 오늘부터 아주 간단한 교육으로 자녀분의 미래에 큰 도움이 될 선물을 주시는 건 어떨까요?

3장
국제학교 공부 따라가기

1. 저학년 우리 아이, 무슨 공부를 하면 좋을까요?

아이들이 9학년 정도만 되어도 대부분의 부모님들이 아이들이 대략 무슨 공부를 해야 하는지 알게 됩니다. 토플, SAT, IB를 준비하기 위한 계획이 세워지며, 대학입시 준비와 더불어 그 방향성이 좀 더 확고해지는 시기에 접어들기 때문입니다. 하지만 초등학교 학부모님들이나 중학교에 다니는 6~8학년 학생의 부모님들은 그 방향성이 아직 명확하지 않기에 이런 질문을 많이 합니다.

"지금은 우리 애가 무슨 공부를 하면 좋을까요?"

제가 말씀드릴 수 있는 대답은 바로 독서량을 많이 늘리라는 것입니다.

국제학교에 들어가는 시점을 대략 7학년이라고 할 때, 아이는 처음 보는 해외 커리큘럼을 '영어'로 공부하게 되고 외국 학생들과 SAT, AP, IB 등의 시험을 통한 경쟁을 해야 합니다. 외국 학생들은 영어가 모국어이기 때문에 영어가 이미 익숙합니다. 그리고 한국 학생들보다 적어도 10년 이상은 영어 환경에 더 노출되어 있었기 때문에 영어로 된 책의 독서량에서도 큰 차이가 납니다.

저는 그 '독서량의 차이'를 따라가는 것이 가장 어려운 일 중에 하나라고 생각합니다. 그래서 독서를 원어민 학생들이 하는 것의 두 배 이상은 해야 합니다. 그런데 9학년 이상이 되면 할 것이 점점 많아집니다. GPA 관리, 토플, SAT, AP, IB로도 벅찬데 심지어 경시대회, 자원봉사, 인턴, 에세이까지 신경을 써야 하니 자연히 독서를 할 시간이 점점 부족해집니다. 그래서 독서는 최대한 9학년 이전인 7~8학년에 많이 해두어야 합니다.

또 하나 간과하면 안 되는 중요한 공부가 있습니다. 바로 문법과 단어입니다.

독서를 많이 하는 것도 중요하지만 기본적인 문법의 틀을 공부하는 것도 매우 중요합니다. 문법의 기본적인 틀이 없으면 그냥 단어 조합으로 문장의 뜻을 어림짐작으로 이해하는 나쁜 버릇이 들수 있기 때문입니다.

개인적으로는 문법의 기본을 잡는 데 『Grammar in Use』를 추천합니다. 원서로 된 책인데 요즘은 한글 버전도 있습니다. Beginner, Intermediate, Advance 레벨이 있는데 초급, 중급 정도만 해도 기본 문법 향상에 큰 도움이 됩니다. 책을 펼치면 왼쪽에는 문법에 대한 설명, 오른쪽에는 연습문제가 있는 방식인데, 하루에 한 면(한 유닛)씩 공부하는 것은 양이 좀 적고 3~5유닛 정도씩 해주면 효과가 좋습니다. 왼쪽에 문법 설명을 보며 이해하기, 오른쪽에 문제 풀기 그리고 채점하면서 왜 틀렸는지 확인하기 등의 방법으로 책의 내용을

따라 차근히 이해하고 풀어나가면 문법 실력 향상에 많은 도움이 되리라 생각됩니다.

추가로 단어 공부도 중요한데, 한국 학생들이 단어 공부를 하면서 가장 흔히 하는 실수가 상황에 적절하지 않은 단어를 그냥 한국어 뜻으로 외운다는 것입니다. 예를 들면 '놀라다'는 영어 단어가 surprised, astonished, shocked 등의 단어가 있는데, 한국어로 뜻은 모두 '놀라다'이지만 그 용법은 모두 다릅니다. surprised는 생일파티를 해서 깜짝 놀랐다, 네가 올 줄 몰라서 깜짝 놀랐다 등의 표현에 쓰이고, shocked는 충격적인 사실을 접해서 놀랄 때, 어머니가 돌아가셔서 충격받았다, 시험에서 0점을 맞아서 충격받았다 같은 경우에 쓰입니다. 반면 astonished는 불가사의한 현상을 목격해서 깜짝 놀라는 경우에 쓰입니다. 그래서 단어를 공부할 때도 단순히 단어만을 암기하기보다는 문장과 함께 단어를 외우는 것이 좋습니다. 그래야 어떤 문맥에 어떤 단어를 써야 하는지도 함께 배울 수 있습니다. 그렇지 않으면 배운 단어를 사용해서 문장을 만드는 데 원어민이 보기에는 굉장히 어색한 문장이 될 수 있습니다.

그래서 추천하는 책은 『Duo 3.0』입니다. 일상생활에서 가장 많이 쓰이는 560개 문장에 약 2,000여 개의 단어가 들어 있는 책인데, 단어 레벨이 토플 수준까지 커버를 해서 학생들이 단어장으로 사용하기에 좋은 책입니다.

2. Speaking과 Writing에 도움 되는 영어 교재 추천

추천하고자 하는 책은 『English Collocations in USE』입니다. 이름 이 좀 친숙하다고요? 네, 맞습니다. 많이 알려진 문법 공부 책 『Grammar in USE』와 같은 출판사에서 나온 책입니다. 그래서 구성 도 비슷합니다. 이 책은 영어 표현을 자연스럽고 조화롭게 사용하 는 법을 공부하는 책입니다. 이 책은 총 60개의 Unit으로 구성되어 있고, 약 1,500개의 단어의 결합들을 배울 수 있습니다.

이 책은 어떻게 보면 단어책 이라고 볼 수 있고, 동시에 문법 책이라고 볼 수도 있는 책입니 다. 책을 공부하면서 자연히 많 은 단어를 접하게 되고, 또 그 단 어들이 어떻게 사용되는지 문장 으로 보면서 문법도 공부할 수 있게 되거든요. 추가로 어떻게 자연스럽게 대화가 전개되어야 하는지에 대한 영어의 큰 그림

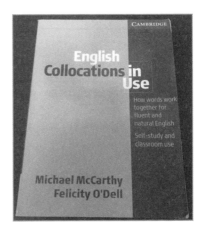

도 함께 볼 수 있는 아주 좋은 책입니다. 특히, 영어를 적절하고 자 연스럽게 사용하는 것이 중요한 채점의 요소인 Speaking과 Writing 을 학습하는 데 큰 도움이 되는 책이니 에세이를 많이 써야 하는 학생들이나 토플 등의 Speaking 시험을 앞두고 있는 학생들은 이 책을 한번쯤은 공부해보길 강력하게 추천합니다.

3. 중국어 교재 추천

요즘 제2외국어로 중국어를 선택하는 학생도 많고, 중국 내 국제학교에서 영어와 더불어 중국어를 함께 공부하는 학생들도 많습니다. 세계적으로 중국어의 중요성이 점차 더해감에 따라 중국어를 배우는 학생들도 점차 많아지는 것 같습니다.

그러한 학생들을 위해 중국어 교재를 추천합니다.

이 교재들은 현재 많은 중국 내 국제학교 또는 어학원에서 교재로 사용하고 있기에 독자들에게도 상당히 익숙한 것들이 있을 것입니다. 몇몇 교재는 국내에서 구하기 어려울 수 있기 때문에 필요하다면, 중국에 가는 지인이나 다른 루트를 통해서 구하시기 바랍니다.

『중국어 회화 301구』는 중국어 공부 바이블과 같은 책으로 이미 많은 분에게 알려졌습니다. 이 책은 상, 하편으로 나뉘어 있는데 합본으로 되어 있는 버전도 있습니다.

우측에 있는 책은 북경대 출판사에서 발간한 중국어 회화책 『HANYU

KOUYU』입니다. 일상에서 사용되는 문장들을 공부해서 회화에 직접적인 도움을 주는 목적으로 만들어진 책으로 많은 어학원, 국제학교에서 사용되고 있습니다. 초, 중, 고급 책이 있습니다.

북경 어언대에서 출판한 『실용 중국어 교과서』입니다. 많은 국제학교, 어학원에서 중국어 교재로 사용되고 있으며, 등급별로 여러 권이 있습니다.

중국 교육부에서 출판사를 통해 발간한 중국어 학습 교재『Learn Chinese with Me』입니다. 많은 국제학교와 로컬학교 국제부에서 사용되는 중국어 교재입니다. 마찬가지로 등급별로 여러 권이 있습니다.

이 외에 HSK 준비반 같은 곳에서는 별도의 HSK 책을 이용해서 수업을 하기도 합니다. HSK 책은 종류가 너무 많아서 따로 추천하지 않겠습니다.

중국어를 공부하려는 학생들에게 도움이 되었으면 합니다.

4. 학습보조 교재는 어디에서 구하나요?

많은 학부모님이 국제학교에 재학하는 자녀들을 위한 학습보조교재에 대한 문의를 합니다. 한번은 좋은 답변을 얻기 위해 미국 초등학교에서 20년 이상 근무한 미국 친구에게 학년별 추천 도서 리스트를 추려서 보내달라고 부탁한 적이 있습니다. 저는 사실 굉장히 전문적이고 상세한 답변이 올 거라고 기대했지만, 실제로 저에게 도착한 답변은 생각보다 간단하고 합리적이었습니다.

"Amazon(아마존)에 들어가서 학년별 추천도서를 참고하도록 해. 그게 최신 트렌드거든."

미국 아마존 사이트에 들어가서 children's book으로 검색을 하면 아마존에서 학생들 연령별로 가장 많이 팔린 베스트셀러 정보와 미국 교육전문가가 뽑은 추천 책 리스트가 나열되어 있어 매주 업데이트되는 최신 동향을 누구보다 발 빠르게 접할 수 있습니다. 영국계 학교에 다니는 학생의 경우에는 영국 아마존에서 같은 방법으로 검색을 하면 됩니다.

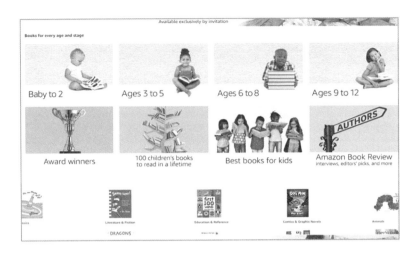

* 출처: https://www.amazon.com/b/ref=sr_aj?node=4&bbn=4&ajr=0

　책을 구매하는 방법은 일반적인 해외직구 방식과 동일하게 주문을 하면 됩니다. 많은 경우에 베스트셀러들은 우리나라 서점에서도 판매하는 경우가 있으니 우선 국내 서점에서 검색해보시고, 일반 서점에서 찾기 어려운 경우, 국내에 외국원서 판매 사이트에 가서 해당 책의 ISBN을 확인한 후 주문해도 됩니다.

　이렇듯 아마존으로 책을 검색하고 구하는 정보는 누구나 쉽게 찾을 수 있는 정보입니다. 그런데 한번 생각해보시기 바랍니다. 대치동에 한 달 300만 원씩 하는 SAT 학원의 문제들은 귀하게 여기면서, SAT 주관사 칼리지보드에서 무료로 제공하는 모의고사 문제는 풀어보지도 않는 학생들이 많습니다. 마찬가지로 강남에 유명 대학 입시 컨설턴트에게 필독 리스트는 받아보시면서 칼리지보드에서 제공하는 101권의 필독 도서는 알지도 못하는 경우도 있을 거라 생각합니다. 좋은 정보는 여러분 가까이에 있습니다. 다만 약간의 관심과 노력이 필요할 뿐입니다.

미국 교장 선생님이 알려주는 국제학교 학생들에게 유용한 학업 사이트

There are many sites online that can help students and parents learn content in English. If you want to get ahead of classmates or take courses for credit, here are a few sites you should take a look at.

온라인상에는 학생들과 학부모님의 학습을 도와줄 수 있는 영어 사이트들이 많이 있습니다. 만약에 다른 학생들보다 먼저 선행학습을 하고 싶거나, 학점을 따게 하고 싶다면 다음과 같은 사이트를 고려해보시길 권해드립니다.

1. Khan Academy www.khanacademy.org

You are probably familiar with this site, as it's a huge resource for people of all ages to learn anything. Teachers use it to supplement their class, and millions of people use it to learn for fun or reinforce what they are learning in school. The information is explained well, and it even includes subtitles to help you catch what the teacher is saying. This might be useful to ESL students.

아마 이 사이트에 대해서 들은 적이 있을지도 모르겠습니다. 이 사이트는 모든 연령의 사람들이 무엇이든 배울 수 있는 많은 자료들이 있는 사이트입니다. 선생님들은 이 사이트를 통해서 학습보조 자료를 얻고, 수많은 사람이 재미로 또는 학교에서 공부하는 것을 보충하기 위해서 이 사이트의 도움을 받습니다. 이곳에서는 자료에 대한 설명이 상세히 되어 있고, 심지어는 자막 서비스도 제공하고 있기 때문에 선생님들의 말을 바로 바로 알아듣기 어려운 ESL 레벨의 학생들에게도 상당히 도움이 될 것입니다.

2. Reading A-Z www.readinga-z.com

You might know about this one, as well. Many schools have a subscription to this site, which costs about $110 a year. The site includes a HUGE collection of thousands of stories students can read. There are many levels (A-Z) so that students can get the level appropriate to them. As they improve, they move up the level, up to Z, which is the highest. These stories are mostly for younger students, and are geared more towards elementary students, grades 1-6. ESL students who are in grade 7-9 might benefit from it, but it's more juvenile in nature. One good thing is that they are correlated to some standardized tests and also the common core.

이곳도 이미 알고 있을지도 모르겠습니다. 많은 학교가 이 사이트를 연간 110달러의 비용으로 이용하고 있습니다. 이 사이트에는 학생들이 읽을 수 있는 수천 개의 스토리가 제공되고 있고, 수많은 레벨(A-Z)의 자료가 제공되고 있기 때문에 학생들은 본인의 레벨에 맞는 자료를 이용할 수 있습니다. 이 사이트는 A 레벨부터 Z 레벨까지 총 26개의 레벨이 존재하며, 각 레벨당 약 10페이지 정도 되는 스토리의 책이 30여 개 정도 제공됩니다. 학생들의 실력이 향상될수록 학생들의 레벨은 올라가며, 최종적으로 가장 높은 'Z'까지 올라갈 수 있습니다. 본 사이트의 스토리들은 대부분 어린 학생들을 위한 내용이며, 일반적으로 초등학교 1학년에서 6학년까지의 학생들 그리고 ESL 레벨의 7~9학년 학생들이 가장 많은 도움을 받을 수 있도록 설계되어 있습니다. 이 사이트의 장점 중의 하나는 이곳의 자료가 추후에 학생들이 공부하게 될 공인시험이나(MAP 테스트 같은), 미국 중·고등학교에서 많이 사용하는 common core와도 관련되어 있다는 것입니다.

The elementary school I led had a subscription to this site and we printed all the stories and added them to the Library for students to check out. I remember that many Korean moms would come to borrow these stories and borrow them over the Summer.

제가 근무했던 초등학교에서는 이 사이트를 이용했으며, 일부 내용들을 프린트해서 학생들이 도서관에서 이용할 수 있도록 했습니다. 많은 한국 부모님이 이 사이트의 자료들을 여름방학 때 애용했던 기억이 납니다.

The same company also makes similar things for Science, Writig, and Vocabulary, which you can see on the site. I've never used those personally, but if they are like Reading A-Z, then I'm sure you will want to consider it for a younger child.

같은 회사에서 과학, 쓰기, 어휘를 위한 서비스 역시 제공하고 있습니다. 저는 개인적으로 이 사이트들은 이용해본 적은 없지만 Reading A-Z 서비스를 좋아하시는 분이라면, 이 서비스들도 이용해볼 만하다고 생각합니다.

https://www.sciencea-z.com/
https://www.writinga-z.com/
https://www.vocabularya-z.com/

3. Apex Online School www.apexlearning.com

If you fall behind on high school credits and want to catch up with your class, or if you just want to take a REAL high school class and receive official credit; you should look at the Apex Online School. Apex is one of the most respected online schools, and their credits are recognized by many universities and other high schools. They also offer AP courses, so if your school doesn't offer an AP subject you want to take, you might be able to find that class on Apex and take it there. In fact, last year at my school, we had a student take 2 AP subjects through Apex and she received a 4 and 5 on the exams. I think this is some evidence that the site is good.

만약에 자녀가 고등학교 학점을 따는 데 많이 뒤처져 있어서 이를 만회하고 싶거나 또는 진짜 고등학교 수업을 듣고 학점까지 따고 싶다면, Apex Online School 사이트를 고려해보기 바랍니다. Apex는 가장 인정받는 온라인 학교들 중의 하나이고 여기서 받는 고등학교 학점은 많은 대학과 고등학교에서 인정받고 있습니다. AP 수업도 제공하고 있기 때문에, 만약에 자녀가 다니는 학교에서 AP 수업을 제공하지 않는다면, 이 서비스를 이용해보길 권합니다. 개인적인 경험으로는 제 학생 중의 한 명이 2개의 AP 수업을 이 사이트를 통해서 수강했고, 실제 시험에서 4점과 5점을 받은 바 있습니다. 이 사이트가 훌륭하다는 좋은 증거가 될 수 있겠지요.

4. Purdue Online Writing Lab https://owl.english.purdue.edu

When Korean students go to the USA or an international place, almost always the biggest challenge they face is to learn to write well in English. There are many Koreans who are very bright and make good scores, but struggle to write an essay in perfect English grammar. This site gives a lot of information about how to write effectively. Another pitfall of Korean students is that sometimes they do not realize the policies for plagiarism are different from in Korea. This site has information about how to avoid being in trouble for plagiarism by properly citing the sources when writing a research paper.

한국 학생들이 미국을 비롯해 세계 여러 나라로 진출하려고 할 때 가장 어려움을 겪는 것이 바로 영어로 글쓰기일 것입니다. 아무리 영어 실력이 뛰어나고 좋은 점수를 받는 한국 학생들도 문법에 맞는 영어 에세이를 쓰는 것을 힘들어 합니다. 이 사이트는 효율적인 글쓰기를 위해 필요한 정보를 제공합니다. 특이한 점은 한국 학생들이 힘들어 하는 것 중의 하나인 표절에 대한 훈련이 가능한 점입니다. 다른 나라에서의 '표절'에 대한 개념은 한국과는 많이 다른데 이 사이트에서는 어떻게 하면 표절과 관련된 문제들에 연관되지 않으면서 자료를 발췌해서 리포트에 쓸지에 대한 정보를 제공하고 있습니다.

5. Education.com

The school I worked at also had a subscription to this site and teachers used it often. It has more interesting activities, mostly made for younger studnents. It has quite a few worksheets, games, exercises, and even songs for elementary students to work with. This one is not as popular for individual parents, and schools often purchase it for $150 per year. It has some resources for ESL students, which might be good for the members of this community.

제가 일하던 학교에서 본 사이트도 구독을 하고 선생님들이 주로 사용을 했습니다. 본 서비스는 어린 학생들을 위한 흥미로운 액티비티 자료들을 제공하고 있습니다. 그래서 워크시트, 게임, 활동, 노래 등 초등학교 학생들이 즐길 수 있는 자료가 많이 있습니다. 이 사이트는 학부모님들이 주로 이용하는 사이트는 아니지만, 많은 학교에서 연간 150달러의 비용을 내고 이용하고 있습니다. 이곳에는 ESL 학생들을 위한 자료들도 많이 있기 때문에, 해당 학생들에게는 도움이 될 수도 있겠네요.

미국 교장 선생님이 알려주는 국제학교 학생들에게 유용한 모바일서비스

In the past 5 years or so, there have been many developments in technology and smartphone apps that make schools work better and help students learn more effectively. Here are some that I recommend your school uses. If your students' teachers are not using these, I suggest that they give some of them a try. It will make them more effective at their job and will make their lives easier!

지난 5년간 학교가 더 잘 운영되고, 학생들이 더 효율적으로 배울 수 있게 도움을 주는 기술과 모바일 애플리케이션들이 개발되고 있습니다. 여기서는 학교에서 사용할 수 있는 좋은 앱에 대해서 추천을 해보고자 합니다. 이 모바일앱은 교육을 좀 더 효율적으로 진행될 수 있도록 도울 것이며, 선생님들의 일도 훨씬 수월하게 만들어줄 수 있을 것입니다.

1. Schoology

This is a popular App/website for teachers and students to share information about their class. At the schools I've led, all the teachers use this as it was strongly recommended as a communication tool. Teachers can share assignments, send outfiles, post homework, enter grades, and do all kinds of other classroom management functions. I really do not know why a teacher would NOT use Schoology, since it makes everything so much easier. I recommend you ask your school to start using it.

이 앱은 학생들과 선생님들이 수업에 대한 정보를 공유하는 앱으로 아주 큰 인기를 끌고 있습니다. 제가 근무했던 학교의 모든 선생님이 커뮤니케이션에 큰 도움을 주는 이 앱을 사용하였습니다. 선생님들은 이 앱을 통해서 과제 등을 공유할 수 있으며, 파일을 보내거나 숙제를 포스팅할 수 있고, 과제 점수 등을 올릴 수도 있으며, 그밖에 모든 수업 관련 정보들을 공유할 수 있습니다. 이렇게 모든 것을 더 쉽게 할 수 있게 도와주는 앱을 선생님들이 사용하지 않을 이유를 찾는 것이 더 어렵겠다는 생각도 듭니다. 학교에서 이 앱을 사용하고 있지 않다면, 꼭 사용하라고 강력히 추천드립니다.

2. Edmodo

This is very similar to Schoology. About 5 years ago, I asked our teachers to experiment with Edmodo and SChoology. About 60% of them preferred Schoology, and so it's what we decided touse school-wide. However, Edmodo is still popular and has many of the same functions. If your school is not using Edmodo, Schoology, or something similar, I suggest you encourage them to do so!

이 앱은 Schoology와 상당히 유사한 앱입니다. 저는 저희 학교 선생님들에게 Edmodo와 Schoology를 모두 써보라고 이야기한 적이 있는데 약 60% 정도의 선생님이 Schoology를 선택해서 그 앱을 사용한 기억이 납니다. 하지만 Edmodo도 상당히 인기 있는 앱이며, Schoology와 같은 기능을 제공하고 있으니 추천할 만합니다.

만약에 학교에서 Schoology와 Edomodo를 둘 다 사용하지 않고 있다면, 학교에서 사용해보기를 적극 권해도 좋겠습니다.

3. ZipGrade

This is an application that is more beneficial for teachers. It helps them grade multiple choice questions automatically with their smartphone. Students fill in the bubbles and use their phone camera to scan the answer sheets. It will automatically grade the quiz and then will allow the teacher to analyze the data of the classroom's responses. It is good in that it will help teachers grade things more quickly and then give it back to the students in a timely fashion. Many of the readers of this board might not be interested in this since it's more useful for teachers, but it might be a good tip to tell your teachers about.

이 앱은 위의 두 앱에 비하면 선생님들에게 더 큰 혜택을 주는 앱입니다. 이 앱은 선생님들이 객관식 문제를 스마트폰을 통해 손쉽게 채점할 수 있도록 도와줍니다. 학생들이 답안지에 답을 적어 넣은 뒤 스마트폰의 카메라를 통해 시험지를 스캔하면, 이 앱이 자동으로 채점을 해주고, 선생님이 학생들의 답안을 분석하는 것까지 도와줍니다. 선생님들의 채점을 수월하게 하고 학생들에게 시험 결과와 피드백을 빠르게 줄 수 있다는 점에서 아주 유용한 앱입니다. 이 글을 읽는 학생과 학부모님께는 선생님을 위해 만들어진 이 앱이 크게 흥미롭지 않을 수도 있지만, 학생을 담당하는 선생님께 팁을 드릴 수 있다는 점에서 도움이 될 수도 있겠네요.

4. Desmos

For many years, schools have asked parents to spend about $150 for a (usually Texas Instruments) graphing calculator. These calculators are actually quite low-tech and overpriced, and so more schools are starting to use the Smartphone App called Desmos, which is basically a graphing calculator app. In my opinion, Desmos is far superior and faster than the Texas Instruments calculators. There are a few functions that Desmos does not have, but it has many advantages over the old graphing calculators. They have a version for smartphone and a Webversion that will work on a PC. The website demos.com has a lot of additional math learning resources and there are all kinds of ways teachers can interact with students through the app.

지난 수년간 학교에서는 학부모들에게 공학 계산기(일반적으로 Texas Instruments)

를 구매하기 위해 150달러를 지불하도록 요청해왔습니다. 이 계산기들은 사실 큰 기술을 필요로 하는 것도 아니고, 가격도 저렴하지 않기 때문에 많은 학교가 공학 계산기와 동일한 기능을 제공하는 Desmos라는 스마트폰 앱을 사용하기 시작하였습니다. 개인적인 생각으로는 Desmos는 Texas Instruments 공학 계산기보다 훨씬 우수하고 빠릅니다. 기존 공학 계산기와 비교해서 몇몇 기능이 없는 것도 있지만, 그에 반해 훨씬 많은 장점을 가지고 있기도 합니다. 모바일 버전이 존재하고, 일반 노트북/데스크톱 버전도 존재하기 때문에 둘 중에 하나를 선택해서 사용하시면 됩니다. 웹사이트 주소는 demos.com이며, 이 사이트에는 계산 기능뿐 아니라 많은 수학 관련 교육 자료도 얻을 수 있습니다. 추가로 선생님들이 여러 기능을 통해 학생들과 앱을 통해서 소통할 수 있는 장치들도 많이 있습니다.

You still probably need to have access to a Texas Instruments calculator for use on standardized tests (smartphones are not allowed). Also, schools often times do not allow phones, so this is something to consider. However, this might change in the near future as Desmos has a "Test mode" which prevents the user from leaving the application during the test. There are some promoting the use of Desmos for standardized tests, and I believe this will be the next generation tool for math instruction.

공인시험(SAT, IPDP 등)의 시험에서 스마트폰 사용이 허용되지 않기 때문에 Texas Instruments 계산기가 계속 필요할 겁니다. 그리고 많은 경우에 학교에서 수업시간에 스마트폰 사용을 제한하기 때문에 이 앱을 사용하기 어려울 수도 있습니다. 하지만 Desmos에 시험 시간 중에는 이 앱 이외에 다른 앱을 사용하지 못하게 막는 기능이 있기 때문에 근 미래에는 그런 상황도 변화가 올지 모르겠습니다. 현재 공인시험에 Desmos를 이용하는 프로모션 등이 진행되고 있으니, 제 개인적인 생각으로는 이 앱이 앞으로 다가오는 세대에는 수학 수업에 필수불가결한 도구가 될 것으로 보입니다.

I really want to promote Desmos to other people, since I think Texas Instruments is running a scam in over-charging students for an obsolete, but "necessary" graphing calculator. Desmos really can be the future, and I suggest you give it a try because it makes learning math more fun. You can suggest your school to consider adopting it. At present, many schools in the USA are beginning to adopt this app, saving huge amounts of money and improving instruction. It's the future!

개인적으로 Texas Intruments 계산기가 현재까지 시장을 독점하다시피 해, 비싼 가격인데도 불구하고, 몇 안 되는 선택 중에 하나로 폭리를 취해왔던 것을 생각하면, 이 앱을 사용하라고 강력히 추천하고 싶습니다. Desmos 는 미래의 대안이 될 것이며, 학생들이 수학을 좀 더 즐겁게 배울 수 있도록 도움을 줄 수도 있는 앱이기 때문에 추천하고 싶네요. 현재 많은 미국에 있는 학교들이 이 앱을 적용시키고 있으며, 그 덕에 엄청난 돈을 절약하며, 수업 도구를 발전시키고 있습니다.

5. Creative Live

This is a popular app for people who want to take a class in something related to art, music, or design. There are hundreds of classes offered within the app, and I would describe it as a Khan Academy for artists. The classes are not free, but they are relatively cheap, about $20 each. They are not for official credit, but if your child is interested in getting some more experience and lessons in arts, this would be a good one to consider.

이 앱은 미술, 음악, 디자인 등을 공부하고 싶은 학생들에게 인기가 많은 앱입니다. 이 앱에서 수백 개의 관련 수업들이 제공되고 있기 때문에, 저는 이 앱을 아티스트를 위한 미국의 비영리 교육 사이트 Khan Academy라고 말씀드리고 싶네요. 수업이 무료로 제공되지는 않지만, 한 과목당 20달러 정도의 가격으로 비교적 저렴한 편입니다. 실제로 공식 학점을 받을 수 있는 수업은 아니지만, 학생이 미술, 음악, 디자인 등에 관심이 많다면, 이 앱의 사용을 적극 추천합니다.

6. Class Dojo

This is a very popular application, usually used for younger students. At the elementary school I led, most of the teachers used this and the parents loved it, since it allowed them to easily know what is going on in the class. At elementary schools, the parent engagement is far more important and should be done on a regular basis. Class Dojo is a great way for the teachers and parents to communicate. Like Schoology, there is no reason NOT to use it. I recommend you get your school to use it if your child is in K-5.

이 앱은 어린 학생들에게 굉장히 인기가 있는 앱입니다. 제가 근무했던 초등학교에서 대부분의 선생님이 사용했으며, 이 앱을 통해서 수업시간에 무엇을 학습하는지 손쉽게 알 수 있어서 학부모님의 반응도 매우 좋았던 걸로 기억합니다. 초등학교에서는 학부모님과 학교가 연계를 하는 것이 매우 중요하며, 주기적으로 그 연계가 이루어져야 합니다. Class Dojo는 선생님과 학부모님이 소통을 할 수 있게 도와주는 매우 좋은 서비스 중의 하나입니다. 앞서 소개드린 Schoolgy와 마찬가지로, 이 앱은 단점을 찾기 힘든 훌륭한 앱입니다. 만약에 학생이 유치부나 초등부에 있다면 학교에 이 앱의 사용을 제안합니다.

7. Kahoot!

This one is very popular for schools to use and is more of a teacher's tool for giving short multiple choice questions. It's really useful for giving short formative assessments to students and allows them to compete against one another. Teachers use this as an additional activity for use in class and can make things more fun and engaging in the classroom. Of course, it's not suitable for every subject, but it's definitely something that can add value to a classroom.

이 앱도 학교들에게 굉장히 인기가 많은 앱이며, 선생님들이 객관식 퀴즈를 내는 데 많은 도움을 주는 서비스입니다. 선생님들이 짧은 퀴즈를 내고 학생들이 경쟁하도록 유도하는 데 특히 유용한 앱입니다. 선생님들은 수업 보조 활동에 이 앱을 사용하고 있으며 학생들의 수업 참여를 더 즐겁게 하는데도 크게 기여를 합니다. 물론 이 앱이 모든 과목에 적합한 앱은 아니지만, 수업에 더 큰 가치를 부여하는 데 도움을 주는 앱이라는 데는 이견이 없습니다.

5. Lexile 지수를 이용한 우리 아이의 수준에 맞는 책 고르기

제가 가장 많이 받는 질문 중 하나가 "우리 아이는 ○○학년인데 저희 아이에게 맞는 책을 추천해주세요"라는 질문입니다. 이 질문에 명쾌한 답을 하기 어려운 이유는 같은 5학년 학생이라도 읽기능력에 차이가 있기 때문입니다.

이러한 개별 학생들의 읽기 능력을 수치화시킨 것이 Lexile 지수입니다. 학생들이 본인의 Lexile 지수를 알 수 있는 방법은 여러 가지가 있는데, 가장 대표적인 방법 중에 하나는 MAP test를 통해서 알아보는 방법입니다. 미국 초·중·고등학생들의 객관적이고 절대적인 학업능력을 측정할 수 있는 대표적인 시험인 MAT test를 보면 결과 점수(RIT score)와 함께 lexile 지수를 함께 제공합니다. 다음과 같이 말이지요.

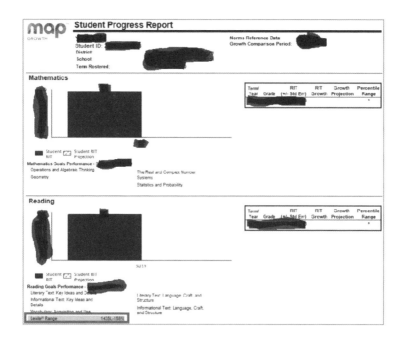

MAP test는 미국 내 많은 공립, 사립학교에서 시행하고 있으며, 많은 국제학교나 학원에서도 시행하는 곳이 있는 것으로 알고 있습니다. 다음 글에서 MAP test는 어디서 볼 수 있는지에 대해 설명하는 기회도 가져보겠습니다.

하지만 설사 자녀의 렉사일 지수를 모르더라도 걱정하지 않으셔도 됩니다. 다음에서 자녀의 학년에 맞는 좋은 책을 고르는 방법도 함께 소개해드리겠습니다.

우선 자녀의 렉사일 지수를 알고 계시다면 그 지수에 맞는 책을 찾아야겠지요? 책을 찾는 가장 대표적인 방법은 렉사일 홈페이지를 활용하는 것입니다. 다음 링크를 클릭해보세요.

Find a Book | MetaMetrics Inc.
Find the Right Book for You! Step 1: Enter Your Lexile Tell us your Lexile measure and find the books you'd li..
fab.lexile.com

첫 화면은 다음과 같습니다.

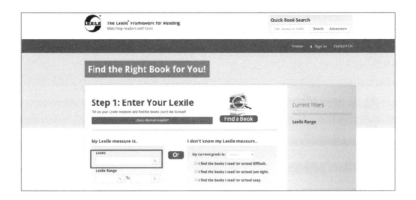

자녀의 렉사일 지수를 안다면 네모 박스 친 부분에 자녀의 렉사일 지수를 넣어주면 됩니다. 혹은 렉사일 지수 범위를 그 아래 칸에 넣어주셔도 되고요.

만약 자녀의 렉사일 지수를 모른다면, 오른쪽에 'I don't know my Lexile measure'에서 자녀의 학년을 고른 뒤에 원하는 난이도를 선택하면 됩니다. 위에부터 차례대로 어려움, 보통, 쉬움입니다. 국제학교를 다니는 학생이라면 제 학년을 입력하면 되고, 그렇지 않은 학생이면 한두 학년 정도 낮은 학년을 입력해보길 추천합니다.

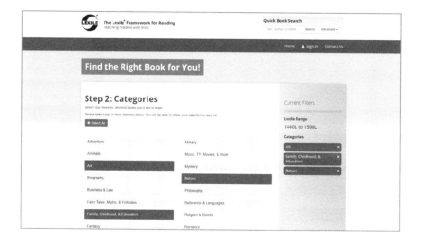

다음 화면에서는 위와 같이 어떤 분야의 책을 찾고 있는지 고를 수 있습니다. 저는 1440-1590을 넣었는데 이는 꽤 우수한 11, 12학년의 렉사일 지수이니 참고하세요.

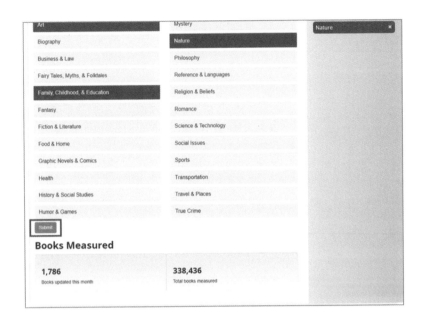

분야를 선택하였으면 초록색 Submit 클릭!

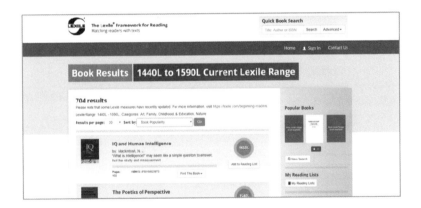

이렇게 자녀의 렉사일 지수에 맞는 책들이 주르륵 나옵니다. 책 분류번호인 ISBN도 함께 제공되어 책을 찾기도 수월합니다.

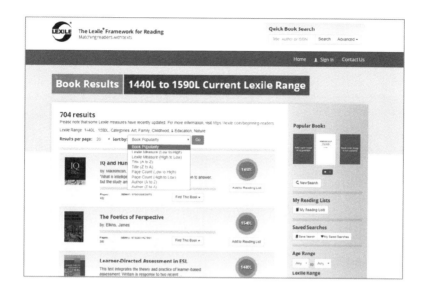

이와 같이 책들을 인기도, 렉사일 지수 순서, 이름, 페이지 수(너무 두꺼운 책은 부담되는 분을 위해!), 작가로 검색할 수 있습니다. Book Popularity(인기도)로 검색하면 가장 인기 있는 책을 볼 수 있겠지요?

원하는 책을 클릭하면 바로 아마존 등에서 책을 검색할 수도 있습니다. 혹은 ISBN으로 책을 검색하여 국내에서 책을 검색해보거나 직구를 해도 됩니다.

이렇듯 조금만 정보 찾아보고 공부한다면 비싼 컨설팅 업체의 도움없이 자녀의 학업을 아주 많이 도와주실 수 있습니다.

제**3**부
국제학교에서 대학가기

1. 국제학교 학생들의 대학입시 준비를 위한 체크리스트

Pre—High School 9학년 이전

- [ ] 1. I have taken challenging courses and have an impressive grade point average.
  나는 어려운 수업을 수강하고 있고, 좋은 GPA를 받고 있다.

- [ ] 2. I have explored career opportunities based on my interests, skills, abilities and opportunities
  나는 추후에 내가 하고 싶은 직업에 대해서 나의 흥미, 특기, 능력과 기회 등을 고려해서 알아보고 있다.

- [ ] 3. I have been involved in my school, community and religion.
  나는 나의 학교와 커뮤니티와 종교에 관련된 활동을 하고 있다.

- [ ] 4. I have begun to asked teachers, tutors, or parents to mentor me.
  나는 나의 선생님, 튜터, 학부모님과 종종 상담을 하고 있다.

- [ ] 5. I have selected challenging classes and set long-range school and life goals.
  나는 내게 도전이 될 만한 수업을 선택했으며, 나의 인생과 학교에서의 장기적인 계획을 설정했다.

Freshman Year 9학년

☐ 1. I have taken the most challenging core classes offered at my school.
나는 학교에서 9학년에게 허용되는 수업들 중에서 가장 어려운 수업들을 듣고 있다.

☐ 2. I have begun to narrow my career choices to a list of 5-10 possible career directions.
나는 앞으로 내 진로를 5~10개 정도의 가능성이 있는 곳으로 결정했다.

☐ 3. I have begun to identify potential university choices to a list of 15-20 within my ability level.
나는 내가 가고 싶은 대학의 범위를 15~20개 내외로 결정했다.

☐ 4. I have been involved in school, community and spiritual activities.
나는 학교와 커뮤니티 또는 종교에 관련된 활동을 하고 있다.

☐ 5. I have a long term plan for attending college that I have talked about with my parents.
나는 부모님과 상의한 대학교에 대한 장기적인 계획이 있다.

Sophomore Year 10학년

☐ 1. I have taken the most challenging courses core and elective classes offered at my school.
나는 10학년에게 허용된 수업 중에서 가장 어려운 주요 과목과 선택 과목을 수강하고 있다.

☐ 2. I have spoken to some people in careers I am interested in doing. I have visited some work places.
나는 내가 추후 하고 싶은 직업과 관련된 사람과 대화를 한 적이 있으며, 관련 직종의 직장을 방문한 적이 있다.

☐ 3. I have narrowed my list of university choices, and arranged to visit 3 to 5 by end of this year.
나는 내가 가고 싶은 대학교 리스트가 있으며, 3~5개 정도의 대학은 방문해볼 계획을 갖고 있다.

☐ 4. I have been involved in volunteer activities that require my leadership at school, and in my community.
나는 학교와 커뮤니티에서 나의 리더십을 보여줄 수 있는 봉사활동에 관여하고 있다.

☐ 5. I have taken the PSAT, and am preparing to take the TOEFL exam.
나는 PSAT 시험을 치렀으며, TOELF 시험을 볼 준비가 되어 있다.

☐ 6. I have refined my long term plan and discussed my options with my parents.
나는 좀 더 세밀한 나의 장기적 계획을 갖고 있으며 이를 부모님과 상의해본 적이 있다.

Junior Year 11학년

☐ 1. My grades in school have been outstanding. My course selection includes the most challenging classes.
학교에서 나의 성적은 뛰어나며, 내 시간표는 가장 어려운 수업도 포함하고 있다.

☐ 2. I have a good idea about a future career direction. I have met people in my career field of interest and visited workplaces that appeal to me.
나는 추후에 어떤 일을 할 것인지에 대해 비교적 상세한 계획을 갖고 있으며, 관련 분야에 일하는 사람을 만나 본 적이 있으며 관련 직장을 방문한 적이 있다.

☐ 3. I have visited a minimum of 3 university campuses; talked with admission representatives; begun to prepare needed materials for entry into a major university.
나는 내가 관심 있는 대학교 3곳을 방문해본 적이 있으며, 입학 담당자와 대화를 해보았고, 내가 지원할 전공을 위해 필요한 자료를 준비하고 있다.

☐ 4. I have taken all necessary tests for university entrance: SAT/ACT/TOEFL. My scores are in the acceptable range for admissions requirements of the universities I am interested in attending.
나는 SAT/ACT/TOEFL 등의 공인시험을 이미 치렀으며 내가 지원하고 싶은 대학에 합격할 만한 점수를 얻었다.

☐ 5. I have developed a resume that includes letters of recommendation from my mentors, teachers, and activity advisors.
나는 선생님과 멘토, 액티비티 담당자에게 받을 추천서를 비롯한 이력서를 준비하고 있다.

Senior Year 12학년

☐ 1. I have developed an essay for submission with my university applications. I have asked two or three mentors to review my essay for revision.
나는 내가 지원할 대학에 필요한 에세이를 준비하고 있으며, 최소 2~3명의 사람에게 나의 에세이를 봐달라고 부탁했다.

☐ 2. I have registered on the College Board website. I have submitted 5, or more applications to universities in my choice list.
나는 칼리지보드 웹사이트에 등록되어 있으며, 최소 5개 이상의 대학에 지원서를 넣었다.

☐ 3. I have included 2~3 universities that I know will accept me as a student.
나는 나를 100% 받아줄 대학을 최소 2~3개는 알고 있다.

☐ 4. I have talked to my parents about my long range plan. We have talked about finances and how I will pay for my university tuition, books, room and board.
나는 나의 부모님과 장기적인 계획에 대해서 상담한 적이 있으며, 진학할 대학에 내야 할 학비 등에 대해서도 대화를 나눈 적이 있다.

☐ 5. I have checked all my decisions. My final selection has been made by May 1.
나는 나의 모든 결정을 체크했으며, 모든 결정이 5월 1일 이전에 결정되어야 한다는 것을 알고 있다.

☐ 6. I have begun to plan my freshman year course schedule. My first tuition installment has been made to secure my spot.
나는 대학교 1학년 수업 스케줄에 대해 준비하기 시작했으며, 내가 진학할 대학교에 첫 학비를 이미 납부하였다.

2. 알아두면 득이 되는 학습보조 자료

무료 SAT준비 온라인서비스

SAT를 시행하는 칼리지보드사와 무료 온라인 교육을 제공하는 칸아카데미가 합작하여 제공하는 무료로 SAT를 준비해주는 사이트를 소개합니다.

칸아카데미는 학생들이 온라인을 통해서 혼자 공부할 수 있도록 온라인 수업을 무료로 제공하는 사이트인데 이 사이트와 칼리지보드가 협업을 해서 SAT 시험 날을 설정하면, 남은 시간에 맞춰서 공부 스케줄도 짜주고 공부해야 할 내용들도 제공을 해줍니다.

칼리지보드 아이디를 이 서비스를 통해서 칸아카데미 아이디와 연동을 시키면, 아이가 SAT 시험을 보고 난 뒤에 SAT 점수가 자동으로 칸아카데미로 연동되어, 아이 수준에 맞는 교육 자료를 무료로 제공해주는 유용한 서비스입니다.

사용이 익숙하지 않은 학부모님을 위해 사용 방법을 간단히 설명하겠습니다.

우선 사이트를 방문합니다.

주소는 https://www.khanacademy.org/sat 입니다.

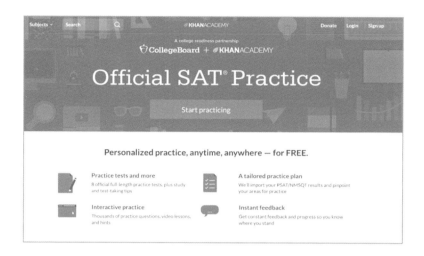

메인 화면에서 정 가운데 있는 'Start Practicing'을 클릭해줍니다.

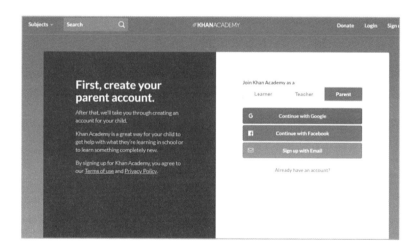

다음 페이지에서 신분을 고르라는 선택 화면이 나오면 'Parents'
를 고른 다음, 회원가입을 합니다.

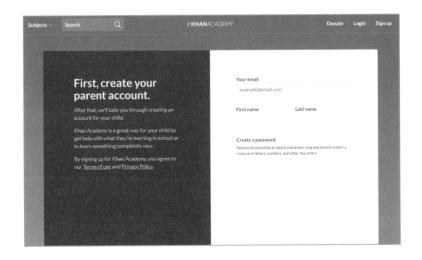

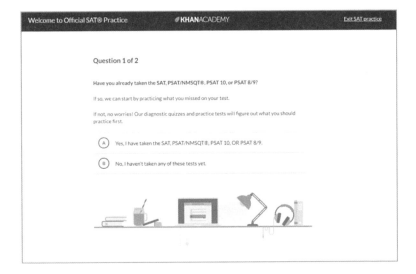

　가입 후에 첫 번째 질문 화면이 나옵니다. A는 해당 시험을 본 적이 있는 경우, B는 해당 시험이 본 적이 없는 경우입니다. 이 중 한 가지를 선택합니다.

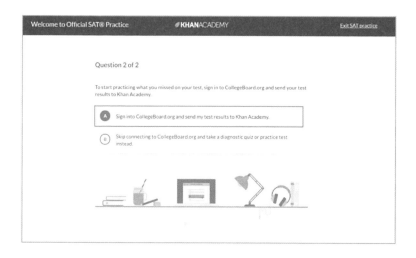

두 번째 질문입니다.

이 서비스는 칼리지보드와 칸아카데미를 연결해서 서비스를 제공하는 데 목적이 있으므로, 칼리지보드의 계정 정보를 물어보는 질문입니다. 자녀가 이미 SAT를 본 적이 있어서 칼리지보드의 계정이 이미 있으면 A, 없으면 B를 고릅니다.

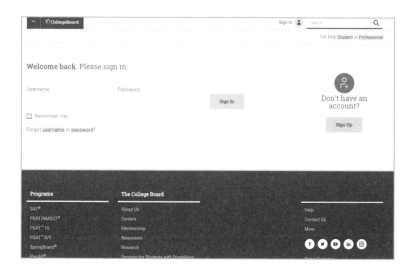

참고로 A를 고르면 이렇게 칼리지보드 계정을 로그인하라고 나오고 자동으로 연결이 됩니다. B를 골라도 추후에 칼리지보드 계정을 추가할 수 있으니 걱정하지 않아도 됩니다. 그래서 지금 칼리지 계정 정보를 모르는 경우에는 B를 선택합니다.

가입을 마치고 나면 이런 화면이 나옵니다. 'Choose your practice schedule'을 클릭해줍니다.

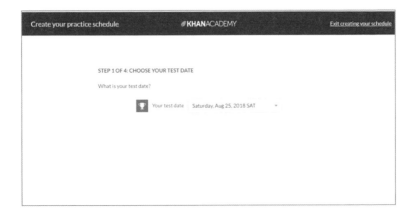

이 서비스는 SAT를 앞둔 학생을 돕기 위해 만들어진 것이기 때문에 SAT 시험 날짜를 고르라고 나오네요. 아직 SAT를 볼 예정이 없다면 공부 기간을 얼마나 할지를 예상해서 아무 날짜나 하나 고릅니다.

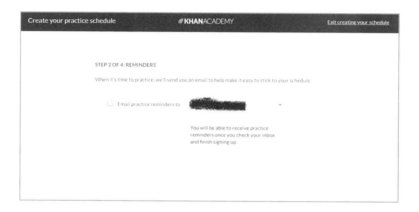

이 서비스의 알림 서비스를 받을 거냐고 물어보고, 알림 서비스를 받을 이메일 주소를 입력하라고 나오면, 이메일 주소를 입력합니다.

시험 보기 전까지 남은 기간에 맞춰서 나온 날짜대로 전 세계 학생들을 대상으로 무료 SAT 모의고사를 제공합니다. 학생이 시험을 볼 수 있는 시간을 골라줍니다.

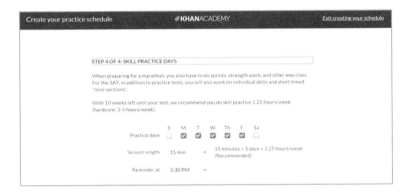

매일 SAT 대비 공부를 할 시간과 공부량, 요일을 설정할 수 있습니다. 하루 15분에서 하루 3~5시간까지 가능합니다. 이걸 설정해놓으면 다음에 나올 메인 화면에서 매일 공부량을 다 채웠는지 안 채웠는지 보여줍니다.

자, 이렇게 모든 세팅을 마치면 다음과 같이 메인 화면이 나옵니다.

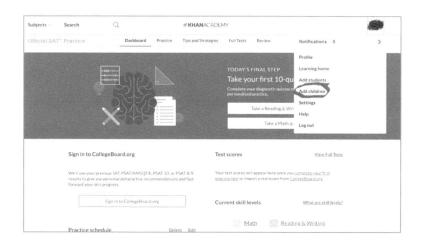

먼저 학부모 계정을 만들었기 때문에, 자녀의 계정도 만들어야 합니다.

오른쪽 위에 본인 계정을 클릭하고 'Add Children'을 고릅니다.

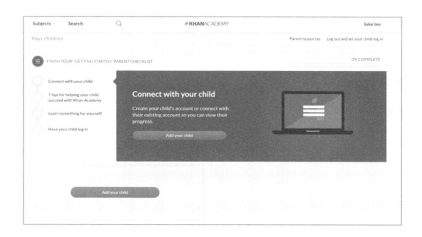

초록책 'Add your child'를 클릭하고 (자녀가 둘이나 그 이상이면 아래에 있는 'Add your child'를 통해 추가 계정을 만들 수도 있습니다.)

여기서 자녀의 계정을 만들어줍니다. 그렇게 생성된 계정을 자녀에게 링크와 함께 전하면 끝입니다.

참고로 본 서비스로 들어가면 메뉴들이 다음과 같이 생겼습니다.

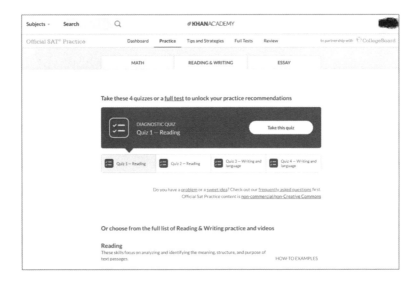

Reading 파트입니다. 아이들이 문제를 풀면서 어느 정도 맞느냐에 따라 자동으로 난이도가 조정됩니다.

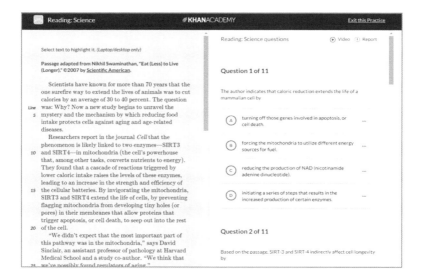

학생들이 이런 식으로 문제를 풀며 공부를 하게 됩니다.
이번엔 Math 파트입니다.

기본적으로 칸아카데미의 자료와 포맷을 이용해서 제공되는 서비스이기 때문에 칸아카데미에 익숙한 학부모님들은 아마 이용하기가 쉬울 것입니다. SAT를 앞두고 있는 학생에게는 정말 유용한 서비스이므로 아직 모르는 학부모님도 꼭 한번 도전해보십시오.

ACT, SAT 무료 온라인 교육 사이트

ACT, SAT 등을 알차게 무료로 준비할 수 있는 온라인 서비스 Prepfactory.com을 소개합니다.

PrepFactory.com — Free SAT & ACT Test Prep
Watch hours and hours of in-depth, high-quality SAT and ACT instruction from some of the best instructors in ..
www.prepfactory.com

사이트에 접속하면 나오는 첫 화면입니다.

'Student'를 클릭하면,

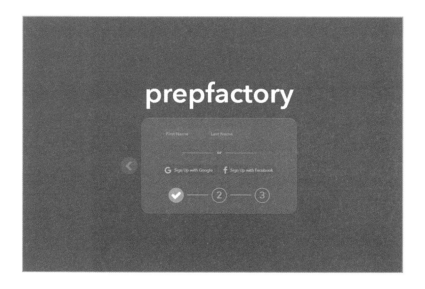

성과 이름을 입력하는 곳이 나옵니다. 페이스북으로 로그인해도
됩니다.

이메일 주소와 비번을 넣어서 아이디를 만들면, 다음과 같은 메인 화면이 뜹니다.

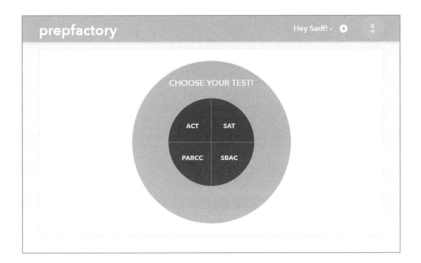

ACT 공부를 원하면 ACT를, SAT 공부를 원하면 SAT를 선택하면 됩니다.

ACT를 클릭해보겠습니다.

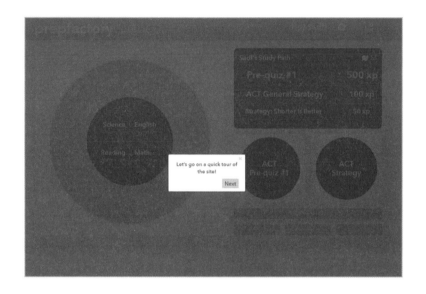

공부하고 싶은 시험을 고르면 다음과 같은 화면이 나옵니다. 이 서비스의 사용법 투어를 하고 싶으시면 'Next'를 클릭해서 설명을 듣고, 하지 않아도 된다고 생각하면 그냥 X를 눌러주세요.

ACT 공부 메인 화면입니다.

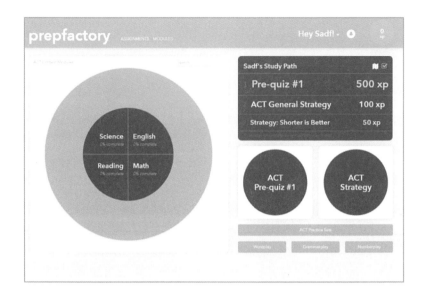

　왼쪽에 있는 큰 원에서 원하는 과목을 클릭하면 공부가 시작됩니다. XP라는 포인트는 경험치로 학생이 공부한 시간만큼 경험치가 올라가서 공부를 더 재미있게 할 수 있도록 도와줍니다. 오른쪽 아래편에는 ACT 시험 전략, ACT 퀴즈, ACT 모의고사, ACT 관련 단어, 문법, 숫자 게임 등을 할 수 있습니다.

　각 과목들을 클릭해보겠습니다.

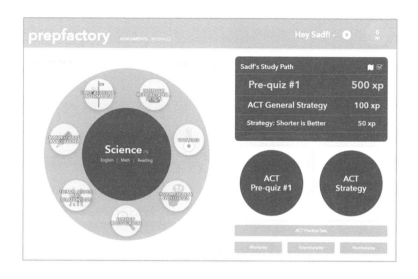

과학을 선택해보았습니다. 섹션별로 다시 선택을 할 수 있습니다.

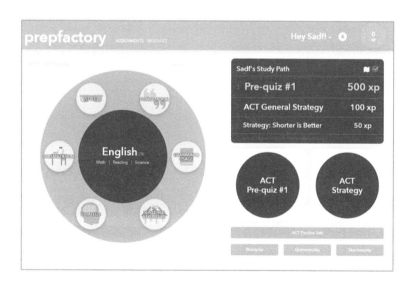

영어 선택 화면

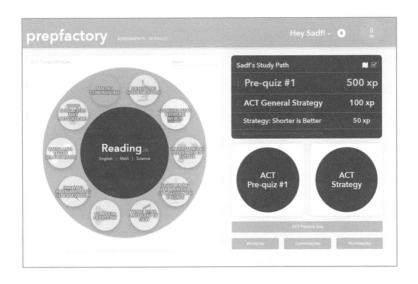

Reading 선택 화면

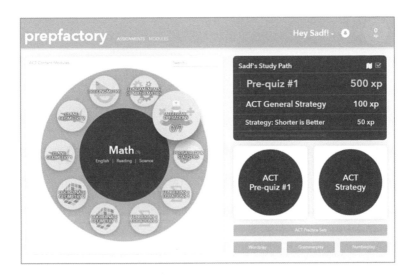

수학 선택 화면. 아이의 레벨에 따라서 맞는 섹션에 들어가서 공
부하면 됩니다.

Plane Geometry를 선택해서 들어가 보겠습니다.

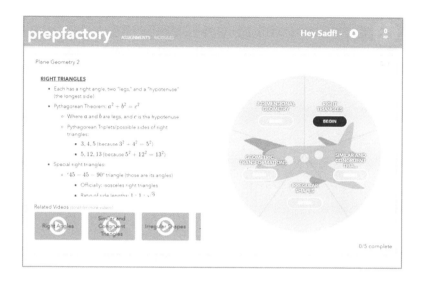

이 화면같이 Geometry도 각 섹션별로 다시 선택해서 공부를 하고 문제를 풀 수 있으며, 아래쪽에는 관련 동영상도 제공합니다. 동영상을 클릭하면,

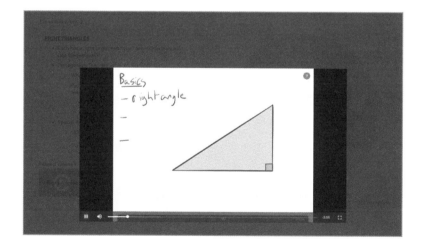

이와 같이 문제 풀이나 개념 설명을 해줍니다. 이 모든 서비스가 무료로 제공됩니다.

이제 자녀에게 이 서비스를 알려주시고 중간중간 슬쩍 XP(경험치)가 얼마나 쌓였는지 확인만 하면 됩니다.

미국 대학 입학 SAT/ACT/GPA 점수를 확인하는 서비스

이번에 소개할 서비스의 이름은 'PrepScholar'이며, 주소는 'Prepscholar. com'입니다. 원래는 유료로 SAT/ACT 등의 시험 준비를 해주는 서비스인데, 함께 제공하는 좋은 정보들이 많아서 오늘은 그 정보를 이용하는 방법에 대해서 소개하려 합니다.

처음에 그냥 Prepscholar.com으로 들어가면 유료 서비스에 대한 설명도 많고 원하는 정보도 찾기 어려우니 다음 링크로 들어가길 추천합니다.

https://blog.prepscholar.com

사이트에 접속하면 볼 수 있는 첫 화면입니다.

교육 각 분야의 전문가들이 올린 좋은 정보가 가득합니다.

영어만 가능하다면 정말 많은 정보를 얻을 수 있습니다. 학생에게 읽으라고 해도 되겠네요.

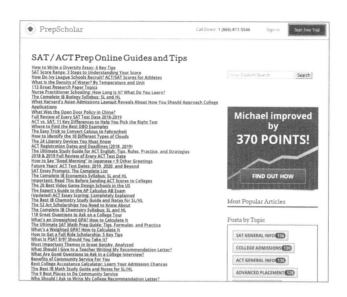

올라온 글들이 정말 많기 때문에 원하는 자료를 찾을 때는 아래
화면의 박스로 표시해둔 오른쪽을 보세요.

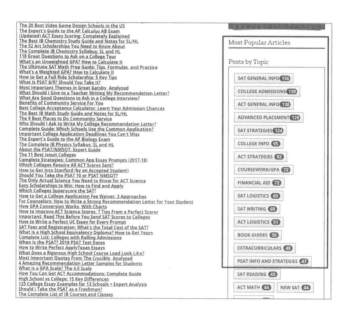

각 분야별로 관련 글이 친절히 분류되어 있습니다.

많은 학부모님이 관심이 많은 IB(International Baccalaureate)를 클릭해보도록 하겠습니다.

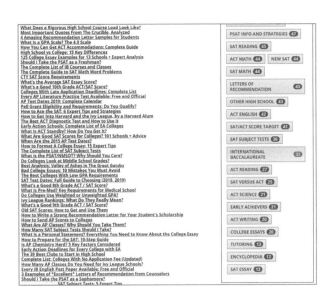

다음과 같이 IB 관련 정보가 뜹니다. 첫 페이지에는 IB Biology SL과 HL의 과목 요강 정보와 IB Economis SL, HL의 과목 요강들이 뜹니다.

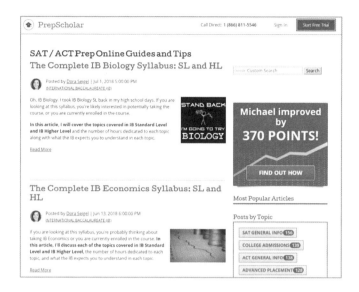

다음은 이 사이트를 이용해서 미국 대학의 입학기준을 알아보겠습니다.

우선 구글 검색창에서 다음과 같이 입력해주세요. 저는 검색창에 미국 동부의 명문 중의 하나인 Syracuse 대학을 검색해보았습니다.

'Prepscholar (한 칸 띄고) 대학교 영어 이름 (한 칸 띄고) admission'

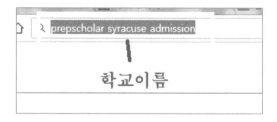

그러면 다음과 같이 검색 결과가 뜹니다.

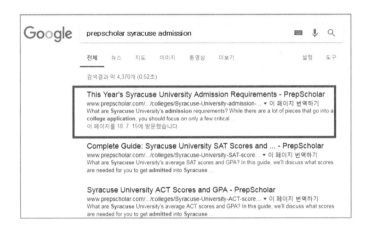

가장 위의 검색 결과를 클릭해줍니다.

'대학 이름 Requirements for Admission'이라는 페이지가 나오면 검색 성공입니다.

자, 차근차근 페이지를 내려가며 정보를 보도록 할까요?

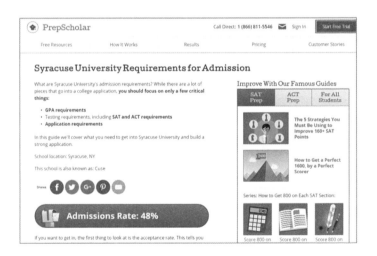

합격률은 48%입니다. 지원한 학생이 100명이면 48명 합격합니다.

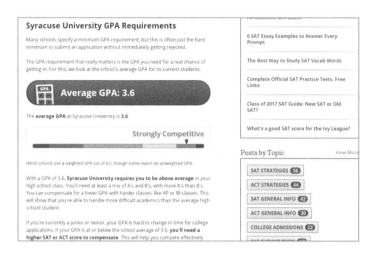

이 자료를 분석해보면 합격한 학생들의 평균 GPA는 3.6입니다. AP 등을 수강하면 GPA가 가중치를 받게 되어 4.5까지 높아지는 것을 감안하면 아주 높은 GPA는 아닙니다. 그래도 성적표가 대부분 A는 되어야겠습니다. 일반적으로 이 GPA는 지원 최소치라고 보시면 됩니다. 만약 GPA가 3.6보다 낮다면 SAT, AP, IB, Essay 등 다른 부분에서 더 뛰어남을 보여야 합격할 수 있다고 보면 됩니다.

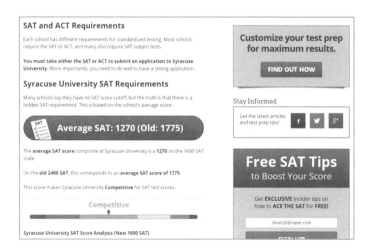

합격자의 평균 SAT 점수는 New SAT 기준 1,270점(구 SAT 1,775점)입니다. 하지만 안전하게 합격하려면 이 점수보다는 상위 75%의 점수를 보는 것을 권해드립니다.

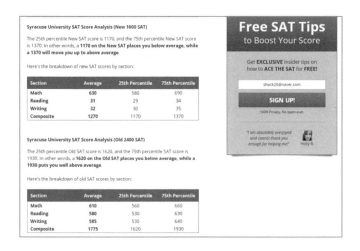

점수 분포도 보여줍니다. 전체 상위 75%의 평균이 1,370점이니, 1,370점 정도 받으면 SAT 때문에 떨어질 일은 없다고 보셔도 무관합니다. 안정적인 합격권의 수학 점수는 690점 이상, Reading은 34점, Writing은 35점입니다.

ACT를 보는 학생들을 위해서 ACT 평균 점수도 보여주고 있습니다. ACT 평균점수는 27점, 상위 75%의 안정적 합격권 학생의 점수는 29점입니다.

Syracuse University ACT Requirements

Just like for the SAT, Syracuse University likely doesn't have a hard ACT cutoff, but if you score too low, your application will get tossed in the trash.

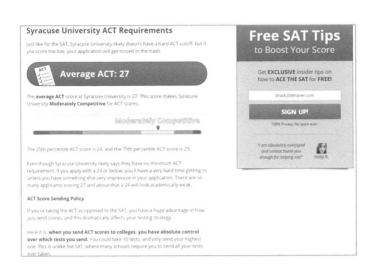

Average ACT: 27

The **average ACT** score at Syracuse University is 27. This score makes Syracuse University **Moderately Competitive** for ACT scores.

Moderately Competitive

The 25th percentile ACT score is 24, and the 75th percentile ACT score is 29.

Even though Syracuse University likely says they have no minimum ACT requirement, if you apply with a 24 or below, you'll have a very hard time getting in, unless you have something else very impressive in your application. There are so many applicants scoring 27 and above that a 24 will look academically weak.

ACT Score Sending Policy

If you're taking the ACT as opposed to the SAT, you have a huge advantage in how you send scores, and this dramatically affects your testing strategy.

Here it is: **when you send ACT scores to colleges, you have absolute control over which tests you send.** You could take 10 tests, and only send your highest one. This is unlike the SAT, where many schools require you to send all your tests ever taken.

SAT/ACT Writing Section Requirements

Both the SAT and ACT have a Writing section that includes an essay.

Syracuse University **requires you to take the SAT/ACT Writing section**. They'll use this as another factor in their admissions consideration.

SAT Subject Test Requirements

Schools vary in their SAT subject test requirements. Typically, selective schools tend to require them, while most schools in the country do not.

We did not find information that Syracuse University requires SAT subject tests, and so **most likely it does not**. At least 6 months before applying, you should still doublecheck just to make sure, so you have enough time to take the test.

Final Admissions Verdict

Moderately Competitive

Because this school is **moderately selective, strong academic performance will almost guarantee you admission**. Scoring a 1930 SAT or a 29 ACT or above will nearly guarantee you admission. Because the school admits 48% of all applicants, being far above average raises the admission rate for you to nearly 100%.

If you can achieve a high SAT/ACT score, the rest of your application essentially doesn't matter. You still need to meet the rest of the application requirements, and your GPA shouldn't be too far off from the school average of 3.6. But you won't need dazzling extracurriculars and breathtaking letters of recommendation to get in. You can get in based on the merits of your score alone.

But if your score is a 1620 SAT or a 24 ACT and below, you have a good chance of

마지막으로 학교가 에세이나 SAT 2를 요구하는지를 알려주고, 최종적인 조언을 해줍니다.

시라큐스 대학은 SAT/ACT Writing을 요구하고, SAT 2 과목은 필수 제출을 요구하지는 않는다고 나와 있지만 그래도 지원 6개월 전에 학교 홈페이지에서 최신 정보를 확인해보길 추천드립니다.

최종 결론에는 앞서 파악했다시피 상위 75% 이상의 성적 New SAT 1,370, ACT 29과 GPA 3.6 이상의 스펙을 갖춘 학생이라면 무난히 합격할 수 있을 거라는 조언을 하고 있습니다.

어떤가요? 정말 유용한 정보가 아닐 수 없지요? 학부모님이 직접 아이가 지원할 학교를 검색해보아도 되겠지만, 무엇보다 학생이 직접 본인이 가고 싶은 대학의 입학 기준을 검색하고, 직접적인 목표를 설정하는 것도 큰 동기부여가 될 수 있을 거라 생각합니다.

가능하면 벽에 본인의 SAT/ACT/GPA를 적어두고, 점수가 올라감과 동시에 지원 가능한 대학 이름을 바로 옆에 적어두면, 아이가 본인이 공부해서 성적이 올라감에 따라서 갈 수 있는 대학이 시시각각으로 변하는 것을 확인할 수 있습니다. 그러면 동기부여가 안 되려야 안 될 수가 없습니다.

기타 무료 또는 유료 학습 사이트

① 무료 온라인 A-level 코스(https://www.goconqr.com)

먼저 사이트에 가입하여 계정을 만든 뒤에 검색창에 AS biology, A2 Biology 등 원하는 과목명을 검색하면 원하는 결과가 나옵니다. 그러면 6개월간 무료로 그 코스를 들을 수 있습니다. 다만 개인이 유튜브처럼 올리는 것이기 때문에 여러 가지 코스를 수강해본 뒤 본인에게 잘 맞는 강의를 고르면 좋을 것 같습니다.

〈예시〉 AS Level 수학을 검색해서 찾은 결과입니다.

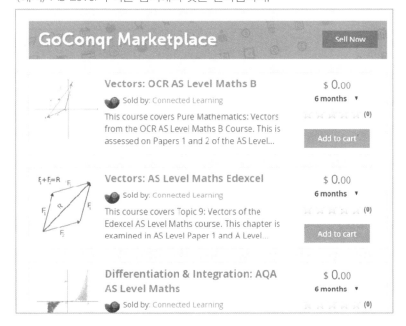

② 유료 온라인 A-level 코스

영국은 distance learning(원거리 교육)이 잘 되어 있기 때문에 A-level
도 온라인으로 제공하는 Six-form college가 많이 있습니다. 그중에서
대표적인 몇 곳을 소개해드리겠습니다.

(유료) A-level 시험은 거주하는 국가의 영국 문화원에 연락하면
시험 센터를 소개해주는데 한국에도 있는 것으로 알고 있습니다.

- 영국 내에서도 규모가 꽤나 큰 온라인 컬리지
  https://www.oxfordcollege.ac/
- 최근에 생긴 인터페이스가 깔끔한 온라인 코스(GCSE도 제공)
  www.cloudlearn.co.uk

- 대학 강의 사이트

  www.futurelearn.com

영국의 대학교들이 주가 되어 대학 수준의 강의를 제공하는 웹사이트로, 고등교육을 먼저 쉽게 접할 수 있어서 학생들이 진로를 정하고 자신의 흥미를 찾는 데 많은 도움이 될 수 있는 웹사이트입니다. 학생들은 강의를 수강한 후 수료증을 받을 수는 있지만 따로 학점이 인정되는 것은 아닙니다.

이 사이트에 대한 자세한 소개가 실린 기사는 다음 링크를 통해 볼 수 있습니다.

http://biz.chosun.com/site/data/html_dir/2014/09/24/2014092402436.html

학생들이 가장 많이 보는 AP 시험과 가장 난이도 높은 AP 시험은?

AP 과목은 총 38개이며, 그 리스트는 다음과 같습니다.

- AP Research
- AP Seminar
- Art History
- Biology
- Calculus AB
- Calculus BC
- Chemistry
- Chinese Language and Culture
- Computer Science A
- Computer Science Principles

- English Language and Composition
- English Literature and Composition
- Environmental Science
- European History
- French Language and Culture
- German Language and Culture
- Government and Politics (Comparative)
- Government and Politics (US)
- Human Geography
- Italian Language and Culture
- Japanese Language and Culture
- Latin
- Macroeconomics
- Microeconomics
- Music Theory
- Physics 1: Algebra-Based
- Physics 2: Algebra-Based
- Physics C: Electricity and Magnetism
- Physics C: Mechanics
- Psychology
- Spanish Language and Culture
- Spanish Literature and Culture
- Statistics
- Studio Art Drawing
- Studio Art 2-D Design
- Studio Art 3-D Design

- http://mail.naver.com/USHistory
- World History

학생들이 가장 많이 보는 AP 시험은 AP English Language입니다. 2017년 칼리지보드의 AP 통계자료를 정리해보면 각 AP 시험을 본 인원은 다음과 같습니다. 한 가지 유의할 점은 이 자료는 전 세계 모든 학생을 대상으로 한 자료이기 때문에 한국 학생에게도 모두 적용되는 정보는 아닙니다. 상식적으로 영어가 모국어가 아닌 학생들은 상대적으로 영어의 중요성이 덜 한 과목의 선호도가 상대적으로 더 높겠지요?

AP Course/Exam	# of Students Taking (2017)
English Language	579,426
United States History	505,302
English Literature	404,137
Government & Politics (United States)	319,612
Calculus AB	316,099
Psychology	302,369
World History	298,475
Biology	254,270
Statistics	215,840
Human Geography	199,756
Physics 1	170,447
Spanish Language	168,307
Environmental Science	159,578
Chemistry	158,931
Macroeconomics	141,649
Calculus BC	132,514
European History	105,347
Microeconomics	87,858

AP Course/Exam	# of Students Taking (2017)
Computer Science A	60,519
Physics C Mechanics	54,862
Computer Science Principles	44,544
Studio Art 2-D Design	32,732
Spanish Literature	25,834
Art History	25,178
Physics 2	24,985
Physics C E&M	24,249
French Language	22,621
Government & Politics (Comparative)	22,404
Studio Art Drawing	19,957
Seminar	19,943
Music Theory	19,215
Chinese Language	13,091
Latin	6,647
Research	5,787
Studio Art 3-D Design	5,571
German Language	5,089
Italian Language	2,571
Japanese Language	2,429
Total Number of AP Exams Taken	4,957,931
Total Number of Students Taking AP Exams	2,741,426

　학생들이 많이 보는 인기 AP 시험을 준비하면 좋은 점은 이런 과목은 재학 중인 학교에서 수업을 제공할 확률이 높으며, 공부 자료를 구하기 쉽다는 점입니다. 반면, 학생들이 많이 보지 않는 AP 시험을 준비하면 좋은 점은 대학입시에서 다른 학생들과 본인을 차별화하기 쉽다는 점입니다. 이 표를 참고하고, 전략적으로 AP 시험을 준비하면 좋을 것 같습니다.

다음은 각 AP 과목들의 난이도입니다. 역시 2018년에 칼리지보드에서 배포한 통계자료를 참고했습니다.

시험 난이도가 가장 높은 과목은 Physics 1이고, 난이도가 가장 낮은 과목은 Chinese Language and Culture입니다.

AP Test Passing Rates 2018

Exam Name	Passing Rate (3+)	5 Rate
Chinese Language and Culture	90.80%	65.80%
Studio Art: Drawing	89.70%	22.40%
Spanish Language and Culture	88.30%	23.20%
Studio Art: 2-D Design	84.80%	18.00%
Seminar	82.20%	7.90%
Calculus BC	80.30%	40.30%
Japanese Language and Culture	77.30%	48.60%
French Language and Culture	76.90%	15.90%
Physics C: Mechanics	76.70%	28.60%
Research	75.40%	11.40%
Computer Science Principles	72.70%	14.40%
Physics C: Electricity & Magnetism	71.80%	35.00%
Spanish Literature and Culture	70.10%	9.20%
Studio Art: 3-D Design	69.20%	11.40%
German Language and Culture	68.80%	19.00%
Computer Science A	67.70%	24.70%
Italian Language and Culture	67.50%	16.10%
Microeconomics	67.40%	19.20%
Latin	66.80%	14.50%
Music Theory	66.00%	22.50%
Psychology	65.70%	21.10%
Art History	64.70%	12.80%
Gov. and Politics－Comparative	62.90%	20.60%
Biology	61.50%	7.10%

AP Test Passing Rates 2018

Exam Name	Passing Rate (3+)	5 Rate
Physics 2	60.90%	11.20%
Statistics	60.60%	14.10%
Calculus AB	57.50%	19.00%
European History	57.40%	11.80%
Macroeconomics	57.40%	18.20%
English Language and Composition	57.40%	10.60%
World History	56.20%	8.70%
Chemistry	54.90%	12.60%
Human Geography	54.30%	12.90%
Gov. and Politics—United States	53.20%	13.40%
United States History	51.10%	10.40%
Environmental Science	47.50%	8.50%
English Literature and Composition	47.40%	5.60%
Physics 1	39.70%	5.20%

　난이도가 쉬운 AP 과목은 점수를 따기 좋다는 장점이 있으나 다른 학생들과 크게 차별화하기 어렵다는 단점이 있고, 난이도가 어려운 과목은 점수를 따기는 어려우나 좋은 점수만 딴다면 다른 학생들에 비해 대학입시에서 큰 플러스 점수를 받을 수 있다는 장점이 있습니다.

　하지만 위의 AP 인기도와 난이도보다 더 많이 고려해야 할 점은 '본인이 대학 지원 시에 지원하는 전공'과의 연관성입니다.

칼리지보드에서 제공하는 AP 연습문제(기출문제) 받아보는 방법

AP 시험을 주최하는 칼리지보드에서 제공하는 연습문제(기출문제)를 받아보는 방법에 대해서 알아보도록 하겠습니다.

AP는 Advanced Placement의 약자로 대학 레벨의 수업을 고등학교에서 수강하는 것을 말합니다. AP 수업은 학교에서 제공할 경우 학교에서 수강해도 되고, 온라인 수업을 통해서 수강해도 되며, 심지어는 독학으로 공부를 해도 됩니다. AP 과목을 정상적으로 이수했느냐 하지 않았느냐는 매년 5월에 칼리지보드에서 시행하는 AP 시험에 응시하여 나온 결과로 알 수 있습니다. 점수는 1점부터 5점까지 받을 수 있으며, 점수가 3점 이상인 경우에는 일반적으로 '합격'으로 인정받는 시험입니다. 고등학생이 대학교 레벨 수업을 들었다는 점에서 대학교에서 학생을 선발할 때 우수 학생의 척도로 사용되기도 해서, 많은 학부모님께서 우리 아이가 AP 과목을 몇 개 이수했느냐에 많은 관심을 기울이시기도 합니다.

어떤 시험을 준비함에 있어서 그 시험의 기출문제를 먼저 풀어보는 것은 큰 도움이 됩니다. 마찬가지로 AP 시험도 기출문제를 먼저 풀어볼 수 있다면 큰 도움이 되겠지요? 그래서 AP 시험을 실시하는 칼리지보드에서는 매년 AP 기출문제들을 학생들과 공유하고 있습니다.

우선 CollegeBoard 공식 웹사이트에 들어갑니다. 바로 AP 연습문제를 볼 수 있는 링크는 다음과 같습니다.

https://collegeboard.org

이 서비스를 이용하려면 칼리지보드의 학생 계정이 있어야 합니다. 국제학교에 다니는 학생이라면 대부분의 학생이 SAT나 AP 시험 등을 치르기 위해 칼리지보드 계정이 필요하니, 아직 계정이 없다면 반드시 만드는 것이 좋습니다.

로그인을 한 뒤에, 두 번째 줄 네모 박스를 클릭해서 들어갑니다. 우선 Taking the Exam, 그다음은 preparing for the Exams입니다.

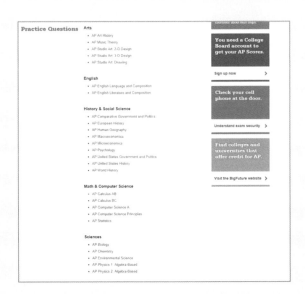

그러면 이렇게 모든 AP 과목명이 나옵니다. 원하는 과목을 클릭하면 됩니다.
저는 학생들이 많이 지원하는 AP US History를 선택해보겠습니다.

선택을 하면 위와 같이 매년도의 기출문제를 볼 수 있습니다. Free Response Questions는 기출문제이고, Scoring Guidelines는 정답과 해설입니다.

2018년 문제를 클릭해보겠습니다.

이런 화면이 나오면 Continues to PDF를 클릭해줍니다.

2018

AP ℗CollegeBoard

AP United States History
Free-Response Questions

그럼 이렇게 PDF 파일을 다운로드할 수도 있고, 그냥 웹상에서 바로 볼 수도 있습니다. AP 시험을 앞두고 있는 학생이라면 반드시 이 기출문제들을 연도별로 다운로드하여 한번쯤 풀어보기를 추천합니다.

시험 시행사에서 제공하는 이런 정보를 이용하지 않고(또는 몰라서) 비싼 AP 과외에만 몰두하는 학생, 학부모님들이 종종 있습니다. 무조건 비싸다고 좋은 정보가 아닙니다. 조금만 관심을 가지면 좋은 정보를 많이 찾을 수 있으며, 중요한 것은 이런 정보를 잘 활용하느냐 하지 못하느냐입니다.

IB에서 배포한 IBDP 통계 자료 및 분석

IB에서는 매년 IB 디플로마 프로그램(DP), 미들이어 프로그램(MYP)에 관한 통계에 대한 자료를 배포하고 있습니다. IB 홈페이지에 가면 누구나 다운로드할 수 있습니다.

여기서는 학생들이 국제학교에서 공부하고 있는 IB 프로그램의 통계 자료에 대해 알아보고 자료를 파악(분석)해보기로 하겠습니다.

- IB DP 통계자료(11, 12학년)

  https://www.ibo.org/about-the-ib/facts-and-figures/statistical-bulletins/diploma-programme-statistical-bulletin/

- IB MYP 통계자료(6, 7, 8, 9, 10학년)

  https://www.ibo.org/about-the-ib/facts-and-figures/statistical-bulletins/middle-years-programme-statistical-bulletin/

* 약어 설명
　IBA: IB 아메리카 지역
　IBAEM: IB 아프리카, 유럽, 중동 지역
　IBAP: 아시아 퍼시픽 지역
　HL: Higher Level
　SL: Standard Level
　TOK/TK: Theory of Knowledge
　EE: Extended Essay

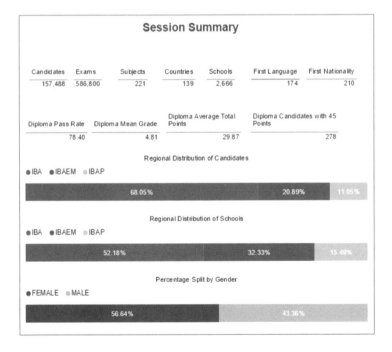

IB 디플로마는 총 139개 국가 2,666의 교육기관에서 157,488명의 학생이 221개의 과목을 공부하고 있음을 보여줍니다. 그중에 78.40%의 학생이 실제 디플로마를 취득하며, 모든 과목 평균 점수는 4.81입니다. 전체 총점 평균 점수는 29.87점이며, 45점 만점자는 278명입니다. 전체 157,488명 중에 278명이면 약 0.17%의 학생들이 만점을 받는 셈입니다.

IB 디플로마를 적용 중인 학교는 아메리카 대륙에 IB 학교가 가장 많고, 아시아 쪽에도 15% 정도가 있고 전체 지원자의 56.64%가 여학생, 43.36%가 남학생입니다.

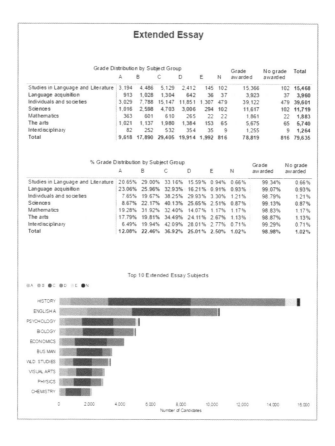

EE는 'C' 점수를 받는 학생이 가장 많고, 사회, 과학 분야에서 높은 점수를 받기가 가장 어렵군요. EE 주제로는 History를 가장 많이 선택하는데 A를 받기는 정말 어려운 것을 볼 수 있습니다.

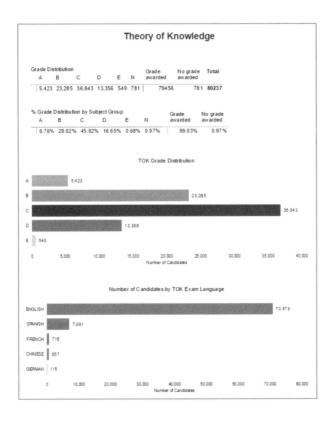

TOK에서 'A'를 받는 학생은 전체의 6.76%밖에 안 되고 절반에 가까운 45%의 학생들이 'C'를 받습니다.

Candidates Distributed by Number of Points

Total Points	Diploma Awarded Candidates	% Candidates	Diploma Not Awarded Candidates	% Candidates
1			13	0.08%
2			25	0.15%
3			28	0.16%
4			40	0.23%
5			45	0.26%
6			49	0.28%
7			59	0.34%
8			70	0.41%
9			85	0.49%
10			108	0.63%
11			167	0.97%
12			232	1.35%
13			252	1.46%
14			356	2.07%
15			505	2.93%
16			649	3.76%
17			771	4.47%
18			990	5.74%
19			1216	7.05%
20			1522	8.83%
21			1875	10.88%
22			2149	12.47%
23			2652	15.38%
24	2081	3.31%	1090	6.32%
25	2619	4.16%	825	4.79%
26	3234	5.14%	596	3.46%
27	3688	5.86%	372	2.16%
28	4080	6.48%	207	1.20%
29	4349	6.91%	125	0.73%
30	4526	7.19%	85	0.49%
31	4444	7.06%	45	0.26%
32	4461	7.09%	17	0.10%
33	4175	6.63%	19	0.11%
34	3954	6.28%	<10	
35	3797	6.03%	<10	
36	3375	5.36%	<10	
37	2995	4.76%	<10	
38	2575	4.09%	<10	
39	2252	3.58%		
40	1955	3.11%		
41	1524	2.42%		
42	1172	1.86%		
43	865	1.37%		
44	561	0.89%		
45	278	0.44%		
Total	62960	100.00%	17239 <10	100.00%

가장 흥미로운 자료 중의 하나인데요.

전체 IB DP 시험을 본 학생들의 총점 점수분포표입니다. 이 표에 의하면 IB를 최종 통과한 학생들 중에서, 40점 이상인 학생들은 전체의 10%, IB를 통과하지 못한 학생까지 합치면 전체의 8% 정도 됩니다.

Subjects

Grade Distribution by Subject Group

Group	Candidates	Mean Grade	% 1	% 2	% 3	% 4	% 5	% 6	% 7
Studies in Language and Literature	111,355	5.00	0.01	0.56	5.80	23.74	38.54	25.50	5.85
Language acquisition	89,521	5.27	0.11	1.42	6.99	16.86	26.00	34.91	13.71
Individuals and societies	135,605	4.65	0.29	4.40	12.55	26.90	30.92	18.84	6.09
Sciences	115,003	4.27	1.42	10.12	20.77	24.68	20.78	15.22	7.02
Mathematics	96,775	4.41	1.65	10.01	16.49	23.16	23.61	16.83	8.25
The arts	26,078	4.51	0.09	3.76	17.76	28.42	28.41	16.08	5.47
Interdisciplinary	12,463	4.23	1.36	7.74	23.28	26.01	23.06	13.21	5.35
Total	586,800	4.68	0.67	5.29	13.12	23.75	28.16	21.30	7.71

과목별 점수 통계입니다. 언어습득 그룹에 6, 7점의 고득점자 비율이 많습니다.

이러한 통계 자료를 잘 살펴보고 참고하면 학생들이 IB 과목을 선택할 때, 전략적인 선택을 하는 데 도움이 될 수 있을 거라고 생각합니다.

IB 기출문제를 공식적으로 구하는 법

IB 기출문제 구매하는 방법에 대해서 알아보도록 하겠습니다. 어떤 시험이든 기출문제의 중요성은 말할 것도 없고, 시험을 준비하기 위해서 기출문제를 한번쯤 풀어보는 것은 당연히 큰 도움이 됩니다. 그래서 많은 분이 공인시험 등의 기출문제를 찾아 헤맵니다. 사실 IB 시험의 기출문제는 구하는 것이 그렇게 어렵진 않으나 학부모님들 중에는 구하기가 어렵다고 생각하는 분들도 꽤 많은 것 같습니다. 그래서 몇몇 어학원이나 입시 전문가들이 기출문제를 보유하거나 또는 제공하는 것에 대해서 지나치게 생색을 내도 그대로 믿는 경우를 많이 보았습니다.

그래서 IB 기출문제를 공식적인 루트를 통해서 구매하는 방법에 대해 자세히 설명드리도록 하겠습니다.

IB를 주관하는 IBO(International Baccalaureate Organization)에서는 IB 기출문제의 인터넷상의 공유를 엄격하게 금지하고 있습니다. 현직 IB 선생님인 닉네임 '공부가필요해'님의 이야기에 따르면 현직 IB 교사가 IB 기출문제를 유포하다가 적발되면 영구적으로 IB 교사직을 박탈당할 수도 있다고 IBO에서 규정안이 내려왔다고 합니다.

이러한 위험천만한 사적인 루트 외에 공식적인 루트를 통해 기출문제를 확보할 수 있는 방법이 있습니다.

IBO에서는 Follett라는 업체와 독점적인 계약을 맺고, IB 관련 공식 자료들을 온라인상에서 판매하고 있는데, 공식 사이트 주소는 http://www.follettibstore.com/입니다.

접속하면 나오는 첫 화면입니다.

이 사이트에서 PYP, MYP 관련 자료들도 구매할 수 있지만, 우리에게 필요한 것은 IB 기출문제이므로 Diploma Programme를 클릭합니다.

참고로, 가운데 아래 왼쪽에 'Shop Exam & Markscheme Packs'를 클릭하면 IB의 모든 기출문제를 2011년 자료부터 모두 패키지로 구매할 수 있습니다.

Diploma Programme을 클릭하면 나오는 다음 화면입니다. 다음 페이지 첫 번째 화면의 박스 부분을 클릭하면 2015년, 2016년, 2017년도의 IB 기출 문제를 개별적으로 구매할 수 있고, 두 번째 화면의 박스 부분을 클릭하면 2011~2014년도의 IB 기출문제를 패키지로만 구매할 수 있습니다. 우리가 필요한 건 최신 정보이고, 또 개별 정보이니 두 번째 화면의 박스 부분을 클릭해서 들어가 보겠습니다.

그다음 화면입니다. 왼쪽 상단을 보면, 어느 때 자료를 구매하고 싶은지 고를 수 있습니다. 저는 최신 자료인 2017년 11월 자료를 클릭해보았습니다.

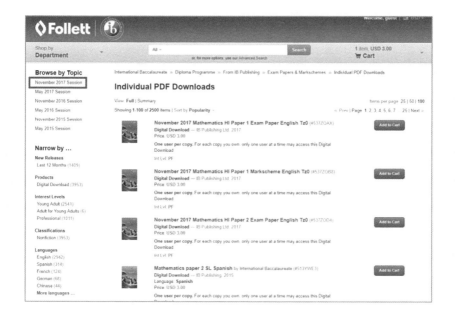

자료가 엄청 많지요? 저희는 대부분 영어로 시험을 보니 아래 부분의 English를 클릭해줍니다. 그러면 2017년 11월에 영어로 시험본 IB 기출문제만 목록에 뜨게 됩니다.

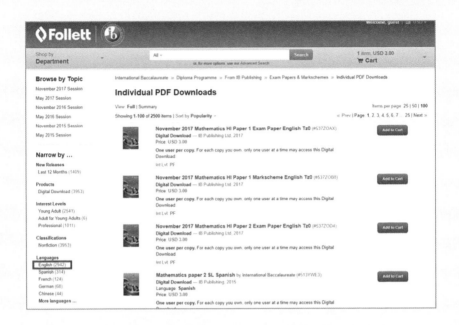

참고로 구매하다 보면 기출문제 옆에 TZ0, TZ1, TZ2라는 것이 있는 걸
볼 수 있는데 이는 Timezone을 말합니다. 나라마다 시차가 있기 때문에 한
시차에서 IB 시험을 본 학생이 다른 시차의 학생에게 기출문제를 전달해주
는 경우를 막기 위해서 IB에서 2가지의 다른 시험지를 준비하는 경우가 있
어서 TZ1, TZ2가 존재하는 경우가 생깁니다. TZ0는 시험지가 시차에 상관
없이 한 세트만 있는 경우를 말하고, TZ1은 미주지역(북미, 중남미), TZ2는
아프리카, 유럽, 중동, 아시아에서 시행되는 시험지를 말합니다. 제가 알기
로는 11월 시험은 한 세트만 만들어서 모두 TZ0만 존재하고, 5월 시험은
TZ1, TZ2가 있는 과목들이 있습니다. 그러니 다양한 문제를 풀고 싶다면
TZ1, TZ2를 모두 구매하면 되고, 그게 아니라면 아시아 쪽 문제인 TZ2만
구매해도 됩니다.

그다음에는 필요한 자료들을 고르고 왼쪽에 Add to Cart 버튼을 눌러줍
니다. 저는 2017년 11월에 출제된 Mathematics HL을 구매해보도록 하겠습니

다. Paper 1, Paper 1 MarkScheme(답안지), Paper2, Paper2 Markscheme(답안지)
총 4개가 필요하겠네요. 개당 3달러이니 총 12달러가 필요합니다.
네 개를 클릭해서 카트에 넣어줍니다.

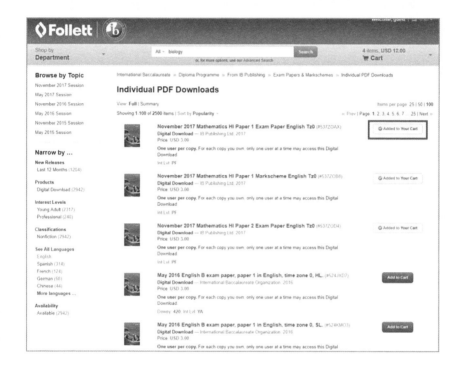

그다음에 오른쪽 위에 카트 버튼을 누르고 'Checkout Now'를 클릭합니다.

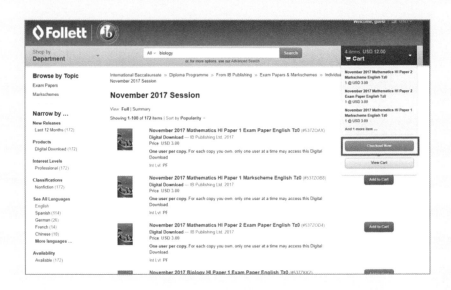

개인 정보를 입력합니다. 성함은 '이름 성'으로 쓰고, 이메일 주소는 추후 기출문제 파일을 받을 주소이기 때문에 본인이 바로 확인할 수 있는 이메일 주소를 정확하게 입력합니다.

본인 신용카드가 등록된 주소를 입력합니다. 영어 주소를 입력하는 게 익숙하지 않다면 네이버 검색창에 '영어주소'라고 입력하면 한글 주소를 영어로 바꿔주니 이 서비스를 이용해도 좋습니다. 우편번호도 Postal 코드에 정확하게 입력합니다.

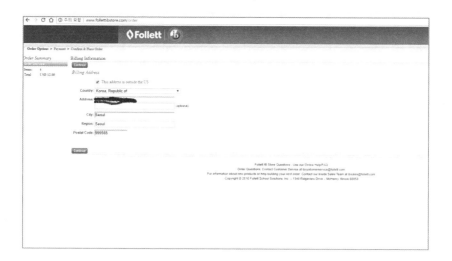

배송 주소는 어차피 실제로 받는 게 아니고 디지털 파일로 받을 것이기 때문에 그냥 앞부분의 주소와 같다고 체크해줍니다.

카드 정보를 입력합니다. Optional이라고 된 곳은 그냥 비워두면 됩니다.
실제로 3달러를 결제해보겠습니다.

카드정보를 입력하면 다음과 같은 화면이 뜹니다. 그러면 다음 페이지
의 'Place Order' 클릭!

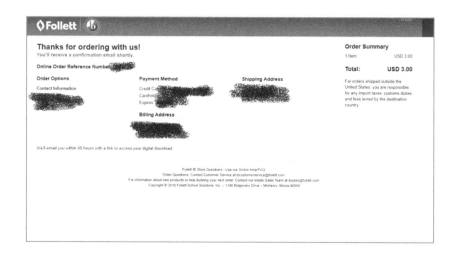

결제가 완료되었습니다.

처음 입력한 이메일 주소로 들어가 보면, 다음과 같은 메일이 와 있을 겁니다.

메일 내용을 요약하면 '주문이 잘 되었고 우리가 48시간 내로 기출문제를 다운로드할 수 있는 링크를 보내주겠다는 것입니다.

Follett IB Store Order Confirmation

 customerservice@follett.com
Today, 1:44 AM
You ⚑

Thanks for ordering from the Follett IB Store! Details of your order are listed below:

Online Order Reference Number ▮▮▮▮▮

Payment Method: Credit Card
Credit Card ▮▮▮▮▮▮▮▮▮▮▮▮▮▮
Expires: ▮▮▮▮▮▮▮▮▮▮▮▮▮▮

Digital: 1 item, Price: USD 3.00

Titles: 1 item, Grand Total: USD 3.00

We'll email you within 48 hours with a link to access your digital download.

For orders shipped outside the United States, you are responsible for any import taxes, customs duties and fees levied by the destination country.

Exchange rates update daily. All orders will be invoiced in US dollars.

Should you have any questions, please contact our Customer Service team at ibcustomerservice@follett.com.

We appreciate your business and look forward to your next visit to www.follettibstore.com.

Thank you,

The Follett IB Store Team

링크를 클릭하면 제가 구매한 기출문제 PDF 파일을 다운로드할 수 있다
고 하네요. 클릭!

초반에 등록한 이메일 주소를 입력한 후 클릭합니다.

마지막으로 다음과 같은 화면이 나오면 Download Now를 누르면 됩니다.

돈이 조금 들긴 해도 이렇게 공식적인 루트로 기출문제를 구매해서 보는 것이 가장 마음 편할 것 같습니다.

3. 국제학교 학생의 한국 대학 지원방법

여기에서는 국제학교를 다니는 학생이 한국 대학에 지원하는 방법들에 대해 이야기하려고 합니다.

한국의 수많은 대학은 각 대학마다 전형 방법이 다르고 매년 새로 생기기도 사라지기도 하며, 또 수정되기 때문에 한국 대학입시 전문가가 아닌 저는 그냥 이해하기 쉽게 일반적인 사실을 중심으로 설명 드린다는 점을 이해 부탁드립니다.

한국의 대입 방식의 큰 틀은 다음과 같습니다.

1학년 입학				3학년 입학
수시선발			정시선발	편입
학생부 전형	대학별 정원	특기자 전형		
학생부 종합	논술고사 인문/자연	특기자	정시(수능)	일반편입
학생부 교과	적성고사	실기고사		학사편입
특별정원(정원 내/정원 외)				

참고로, 2018학년도 기준 정시가 26.3%, 수시가 73.7%의 비중을 차지합니다. 덕분에 수능(정시)을 볼 수 없는 우리 국제학교 학생들에게는 한국 대학입시가 좀 더 수월해졌습니다.

이 중에서 해외고등학교 또는 한국에 있는 외국교육기관에 재학하는 한국 학생이 지원할 수 있는 전형은 위에 표 안의 주황색으로 표시한 수시 선발의 '학생부종합전형', '특기자전형' 그리고 특별전형에 재외국민특별전형(3년 특례, 12년 특례, 외국인 특례)만 가능합니다.

이 단어들이 익숙하지 않으면 다음 글들을 참고해주세요.

학생부종합전형: http://cafe.naver.com/superschools/2296

특기자전형: http://cafe.naver.com/superschools/2297

재외국민특별전형: (3년, 12년 특례) http://cafe.naver.com/superschools/
1251

학생들의 상황별로 지원 가능한 전형을 정리하면 다음과 같습니다.

① 해외에서 해외 고등학교를 졸업한 한국 학생: '학생부종합전
형', '특기자전형', '재외국민특별전형' 지원 가능
* 검정고시 필요 없음(한국 교육부 인정 학교나 해당 국가 교육부 인정
학교 또는 아포스티유 필요)

② 한국에서 학력인증 외국교육기관을 졸업한 한국 학생: '학생
부종합전형', '특기자전형' 지원 가능
* 해당 학교에서 국어/국사 과목 이수했을 시 검정고시 필요 없음

③ 한국에서 미인가 대안학교를 졸업한 한국 학생: '학생부종합
전형', '특기자전형', 지원 가능
* 검정고시 봐야 함

④ 외국인: 외국인 특별전형 지원 가능(부모 한쪽만 한국인인 경우는
따져봐야 함)

⑤ 학생부종합전형 그리고 특기자전형(주로 어학특기자)

약 2,000여 가지가 되는 주요 대학들의 입시요강과 지난 합격 기
준 등을 모두 아는 일이 쉽지는 않습니다. 우선 학부모님들은 기본
적인 내용을 숙지한 뒤에, 시간이 날 때마다 각 대학이 배포한 입시
자료들을 확인하면서 자녀의 스펙이 어느 곳에 유리한지 정도만 찾
아보아도 큰 그림을 짜는 데 많은 도움이 될 것 같습니다. 다음의
사이트를 참조하기 바랍니다.

'서울 주요대학 재외국민 특별전형, 지원 자격부터 알아보자'
http://cafe.naver.com/superschools/2299

마지막으로, 국제학교 학부모님들이 기억해야 할 점은 한국 대학의 입시요강이 지난 10여 년간 수도 없이 변화해왔다는 점입니다. 그렇게 때문에 입시요강은 언제나 해당 대학에서 배포한 최신 입시요강을 참고하라는 말씀을 꼭 드리고 싶습니다.

4. 미래에 틈새시장을 노릴 수 있는 전공을 찾기 위한 노력

부모님들은 '미래에는 많은 직업들이 사라진다고 하는데 어떤 전공이 우리 아이에게 유리할까, 미래에는 STEM 관련 전공들이 대세라고 하던데…' 등 자녀의 전공에 대해서 많은 고민을 합니다.

사실 저를 비롯한 한국의 부모님들은 어린 나이에 전공 선택을 해야 한다는 개념에 대해 많이 어색한 것이 사실입니다. 우리 세대들은 대부분 성적에 따라서 대학을 선택했기 때문입니다. 연합고사 점수에 따라, 수능점수에 따라, 잘 모르겠으면 경영학과, 조금이라도 좋은 대학을 가고 싶으면 그 대학의 좀 낮은 과, 이런 식으로 전공을 정하신 분들이 많았을 겁니다.

저희 세대에는 모두가 선호하는 전공들이 있었습니다. 돈 많이 번다는 의대가 대표적이었고 법대, 한의대, 경영대 등 졸업 후 전문직종을 할 수 있는 전공들이 각광받았습니다. 이런 전공들은 지금까지도 인기가 있습니다. 하지만 우리 아이들이 활동하게 될 미래에는 이러한 판도가 변화하게 될 가능성이 큽니다.

이미 많은 전문가들이 미래에는 STEM 관련 직종들이 대세가 될 것이라 말합니다. 저도 그에 동의하는 사람 중에 한 명인데, 이와는 별개로 오늘은 틈새시장을 노릴 수 있는 전공들에 대해서도 이야기 해보려고 합니다.

① 농업 관련 학과

　남미와 아프리카는 커피 재배로 유명합니다. 근데 최근에는 남미, 아프리카에서 재배하는 품목들이 다양화되고 있다고 합니다. 그중에서도 콩과 옥수수 등이 인기를 끈다고 하는데요, 그 이유는 바로 중국인들 때문입니다. 중국은 국가 차원에서 아프리카, 남미에 많은 투자를 하고 있습니다. 자연스럽게 많은 중국기업들이 현지에 땅을 사고 중국보다도 저렴한 인력을 이용해서 농사를 짓는데, 중국의 돼지고기 수요가 급격히 늘면서 그 돼지들에게 먹일 콩, 옥수수 등의 사료를 아프리카에서 생산하고 있다고 합니다. 앞으로 중국의 인건비가 점차 증가함에 따라 중국의 거대한 인구를 먹여 살릴 농산물들이 남미, 아프리카 등에서 생산될 가능성이 점점 더 높아질 것입니다. 그렇다면 이러한 거대 산업을 지원할 수 있는 자원들은 누구일까요? 바로 미국 등의 선진국에서 '**농업**'을 전공한 인재들일 것입니다. 그래서 며칠 전에 제가 대화를 나눈 한 전문가는 제 아들의 전공을 농업으로 추천해주셨습니다. 비록 제가 이 분야의 전문가는 아니지만, 충분히 가능성이 있는 이야기라는 생각이 들었고, 이런 식으로 부모가 미래의 변화를 감지하고 아이가 전공을 결정하는 데 도움을 줄 수 있다면 아이의 미래를 차별화하는 데 큰 도움이 될 수 있을 거란 생각이 들었습니다.

② 환경 관련 학과

　제가 아는 한 사업가는 상당히 큰 업체를 운영하는 분이신데, 하시는 일이 특이합니다. 물의 수질을 분석하고 그 물을 중화시키는 적정량의 화학약품을 제공하는 업체를 운영하고 있습니다. 이 일을 하게 된 계기는 이렇습니다. 기존에 본인의 전공을 따라 사업을 하던 이 분은 큰 실패를 경험하게 되고, 본인의 전공과는 아무런 관련도 없지만 월급을 많이 준다는 말에 하수처리장에 취업을 하게 됩니다. 거기서 하는 일은 물의 수질을 체크해서 보고하는 단순작업이었습니다. 물의 수질을 체크해야 하는 이유는 그 수질에 따라서 물을 중화시키는 화학약품의 양을 적당하게 조절해야 하기 때문이었습니다. 비싼 화학약품을 너무 많이 넣게 되면 낭비가 되고, 그렇다고 또 적게 넣으면 정부의 수질기준을 맞출 수 없으니 그 또한 문제였지요. 이 분은 이런 단순작업을 하면서 '수질을 측정하고 그에 맞게 적정량의 화학약품의 약이 들어가도록 조절해줄 수 있는 기계가 있으면 어떨까?'라는 생각을 하게 됩니다. 그래서 화학전공과는 아무런 상관이 없는데도 불구하고 관련 전문가들에게 조언을 얻어서 그런 기계를 만들고 특허를 7개나 받게 됩니다. 결과적으로 시장에는 그러한 기계나 사업체가 존재하지 않았기 때문에 이 분은 현재 많은 정부 사업을 거의 독점적으로 수주하여 승승장구하고 있습니다.

이 분은 좋은 대학을 나와 경영학을 전공한 엘리트였는데, 본인이 최초의 사업을 실패하지 않았다면 과연 하수처리장에서 일할 생각이나 했었을까요? 마찬가지로 인기 있는 전공만을 좇는 우리 아이들도 이러한 좋은 기회를 놓칠 가능성이 높습니다. 그래서 저는 무조건 인기 있는 학과를 좇기보다는 앞으로 그 수요가 점점 늘어날 것이 확실시되는 환경학과나 환경화학 관련 학과도 좋은 선택이 될 수 있다고 생각합니다.

사업을 하기 위해서는 비지니스 마인드가 필요하다고요? 전문성 있는 특정학과를 전공한 뒤에 필요하면 MBA 등을 하면 됩니다. **아**

무리 경영지식이 많고 마인드가 좋아도 기술이 없으면 성공할 수 없는 시대가 점점 다가오고 있습니다.

③ 지진, 자연재해 관련학과

우리 세대는 지진이라는 것을 모르고 살아왔습니다. 지진은 일본이나 미국에서나 일어나는 자연재해이고, 우리와는 동떨어진 일이라고 생각해왔습니다. 하지만 근 10년여만 생각해봐도 한국에서 규모 5.0 이상의 지진이 발생한 적이 있고, 그 빈도도 점차 늘어나고 있습니다. 물론 한국에서 지진과 같은 자연재해가 일어나면 안 되겠지만, 만약에 그런 상황이 온다면, 미국대학에서 지진 관련 학과를 전공하고 돌아온 한국의 학생들은 아마 매우 인기 있는 인재가 될 것입니다.

④ 직물 관련 학과

많은 학생들이 디자이너를 꿈꿉니다. 좋은 디자인스쿨을 가서 세계적인 디자이너가 되길 꿈꾸지요. 하지만 직물(Fabric) 전문가를 꿈꾸는 학생은 아마 적을 겁니다. 좋은 옷을 디자인하려면 좋은 재료가 필요하고 그 재료를 만드는 전문가도 필요합니다. 근데 아무도 애초에 직물전문가를 꿈꾸지 않습니다. 앞으로의 전공 선택은 '막연하게 좋다'라고 알려진 애매하고 광범위한 직종보다는 그 범위가 좀 더 세분화되고, 전문적인 직종을 노려야 합니다. 디자이너보다는 직물 전문가를 목표로 해야 합니다.

앞서 말씀드린 내용은 예시에 불과하고 제 생각이 틀릴 수도 있습니다. 하지만 이를 통해 제가 드리고 싶은 말씀은 우리의 아이들에게 좋은 전공을 추천해주려면 미래의 세상에 대한 공부가 반드시 수반되어야 한다는 점입니다. 그렇기 때문에 앞으로 우리 아이들이 살아갈 세상은 어떻게 변할지, 어떤 직종이 각광을 받을지 등에 대해서 학부모님들도 꾸준히 관심을 가져야 합니다. 통계수치에 귀를 기울이고, 뉴스들도 꼼꼼히 읽어야 합니다. 막연하게 예전의 마인드로 무조건 의대, 법대, 경영대를 좇는 것은 위험하며, 그냥 사람들이 STEM 전공이 좋다고 하니 가장 잘 알려진 Computer Science만 고집하는 것도 경계해야 합니다. 모두가 선호하는 전공을 선택하면 그만큼 추후 경쟁은 더 심해질 것이며, 우리 아이들이 차별화되기는 점점 더 어려워집니다.

이 글을 통해서 학부모님들이 그리고 우리 학생들이 미래에 대해 좀 더 깊은 고민과 공부를 하여 미래를 위한 차별화된 꿀전공을 선택할 수 있길 희망합니다.

유학 전문가의
해외 대학입시 컨설팅

윤아빠 **이인호**

1장
국제학교 학부모님을 위한
유학 ABC

1. 유학, 결정 전에 점검해야 할 사항

최근에 부쩍 늘어난 학부모 상담이 현재 국제학교에 재학 중인 자녀와 미인가 국제학교에 재학 중인 자녀들의 미국 고등학교 유학 또는 전학입니다. 유학을 가려는 상황은 조금씩 달랐으나 자녀에게 좀 더 나은 기회, 좀 더 많은 선택의 기회를 주고자 하는 목적은 같았습니다.

여기서는 미국 조기유학에 대해 정리해보았습니다.

현재 자녀가 국제학교에 재학 중이거나 미국 유학을 고려하고 있다면 다음 사항들을 점검하시기 바랍니다.

첫째, 미국 기숙학교(보딩스쿨)의 지원마감은 중상위권 보딩스쿨은 대부분 1월 중순입니다.

보딩스쿨에 지원하기 위해서는 가장 기본적인 2가지 시험, 즉 SSAT upper level test와 TOEFL 성적이 이 기간 이전에 준비되어야 합니다.

현재 TOEFL 시험을 준비 중이라면 11월 말과 12월 중순경의 시험에 응시할 계획을 잡으면 적절할 것입니다.

SSAT는 미국의 경우 정기적인 시험과 1회 응시할 수 있는 Flex Test(테스트 센터로의 역할을 SSAT Board로부터 부여받은 미국령의 학원 또는 유학원 같은 곳에서 응시 가능. 응시료는 보통 350달러) 같은 2가지 시험에 응시할 수 있으며, 한국의 경우는 12월에 실시되는 정기 시험만 응시할 수 있습니다. 그러니까 SSAT 역시 응시하는 지역에 따라 1회 또는 2회의 시험만 원서 마감 전에 볼 수 있습니다.

둘째, Boarding School을 지원할지 Day School을 지원할지를 결정해야 합니다. 보통 Day School은 주변에서 홈스테이 생활에서 겪게 되는 각종 불편한 소식을 한 번쯤은 접했을 것입니다. 방과 후 시간 활용이 가능한 Day School을 지원하고 싶으나, 믿을 만한 홈스테이가 없는 경우에는 저와 상담해주시기 바랍니다. 학생의 성별, 성격 등을 고려하여 어떤 곳의 홈스테이가 적절한지를 조언해드리겠습니다. 상황에 따라 Boarding School 또는 Day School에 지원할 수 있는데 둘 다 지원하고 이후 지원 결과를 보고 결정하면 됩니다.

셋째, 학교를 선정해야 합니다. 한국에 있는 학부모님이 학교 홈페이지 또는 인터넷상의 정보만 가지고는 어떤 학교를 선택해야 하는지 판단이 어렵습니다. 좋은 학교를 선택하기 위한 몇 가지 팁을 말씀드리겠습니다.

① 학교에 개설된 과목들(커리큘럼)을 점검하십시오. 우리 자녀가 잘하는 과목 중에서 높은 수준의 과목이 개설되어 있는지를 확인하십시오. 이와 더불어 다른 AP 과목이 다양하고 수준 높게 개설되어 있는지도 점검하십시오.

② 미국의 대부분의 학교는 AP 학교입니다. 꼭 IB 학교를 선택해야 하는 특별한 이유가 없다면, 미국 대학입시를 준비하는 데

있어 좀 더 효율적인 AP 학교를 선택하는 것이 무난할 것입니다. 그 이유는 IB 학교를 졸업했다고 해서 특별한 우대사항도 없으며, 만약 중간에 학교를 전학해야 하는 상황이 발생한다면 커리큘럼의 연계성 부분도 고려해야 하기 때문입니다. 미국 대학을 지원하는 데 필요한 SAT, SAT Subject 같은 시험은 미국 교과과정을 기준으로 문제가 출제됩니다. 따라서 구태여 어려운 선택을 할 필요는 없다고 생각합니다.

③ 졸업생의 대학 진학 결과와 평균 SAT 성적을 확인하십시오. 중상위권 학교는 보통 1,350~1,400점 이상의 평균 성적을 갖고 있을 것입니다.

④ 학년별 학생 수를 파악하십시오. 너무 재학생이 많은 학교(100명 이상)는 개별 관리가 부족할 수 있으며, 인원이 너무 적은(20~30명 수준) 학교는 클럽을 개설할 때 인원을 모으기도 어렵고, 다양한 방과 후 활동이 보장되기 어렵게 때문에 학년별 60~70명 정도의 학생 수가 적절하다고 생각합니다.

⑤ 자녀의 학업 수준에 비해 너무 수준이 높은 학교는 피하십시오. 물론 학생의 실력이 뛰어나고 높은 수준의 학업을 해나가는 데 문제가 없다면 괜찮으나, 너무 수준이 높은 학교는 내신 관리가 힘들 수 있습니다. 입시에서는 내신관리도 중요하지만 표준시험(TOEFL, SAT, ACT, SAT Subject Tests)도 준비해야 하고 방과 후 활동에도 투자할 시간 여유가 있어야 합니다. 고등학교 4년을 내신관리에만 올인해야 하는 학교는 피하는 것이 좋습니다.

⑥ 역사가 짧은 미국 소재의 국제학교는 피하십시오. 랭귀지 스쿨 재단 등에서 운영하는 국제학교는 각국의 유학생들로 재학생이 구성되어 있습니다. 미국까지 가서 유학생들로만 구

성된 학교를 다니는 것은 미국에 유학을 간 의미가 없습니다. 미국 학생들과 적절한 비율의 유학생들로 구성된 학교를 권장합니다.

⑦ 주말 학생 관리가 잘 되어야 합니다. 기숙학교이든 통학학교이든 주말은 매주 2일(토요일, 일요일)이 주어집니다. 특히 기숙학교는 주말 관리가 잘 되지 않을 경우 학생들이 좋지 않은 것을 배우게 될 확률이 높습니다. 주말에 학생들이 방치되어 있지는 않은지 또는 관리가 잘 되고 있는지 등을 확인하십시오. 특히 스마트폰이나 컴퓨터 관리가 잘 되고 있는지를 점검하시기 바랍니다.

자녀의 유학을 고려하고 있다면 현재의 학교보다 더 나은 환경을 제공하는 곳으로 유학하여야 하고 이를 위한 준비가 되어 있는지를 먼저 확인해보시기 바랍니다.

2. 전학, 결정 전 반드시 고려해야 할 일

대부분 전학을 고려하는 학생은 다음과 같습니다.

첫째, 한국의 일반학교나 국제학교를 다니다가 미국의 사립학교로 전학

둘째, 한국의 외국인학교를 다니다가 미국의 사립학교로 전학

셋째, 한국과 미국을 제외한 제3국가의 국제학교를 다니다가 미국의 사립학교로 전학

넷째, 한국의 국제학교에서 다른 국제학교로 전학

우선 첫 번째와 두 번째의 경우는 대부분 사전 준비도 잘 되어 있으며 급작스러운 결정을 하는 경우는 별로 없습니다. 즉 전학에 필요한 시험(TOEFL, SSAT) 준비도 잘하였고 미국 유학에 관해서 학부모님과 학생 간에 충분히 의견을 나누고 진행하는 경우가 많습니다.

하지만 세 번째의 경우는 부모님의 직장 때문에 해외에 머물면서 국제학교를 다니는 경우가 대부분인데 상담을 해보면 가족의 귀국으로 인하여 학업을 연장한다는 측면에서 미국 사립학교 유학을 고려하는 경우입니다. 이 경우는 사전 준비 없이 외부 환경 변화로 인한 전학을 고려하는 경우이므로 실수를 저지르는 경우가 많습니다.

다음과 같은 전학 또는 유학은 바람직하지 않습니다.

① 학기 중의 유학

학기 중간에 유학을 가는 경우는 말리고 싶습니다. 무엇보다 학교마다의 커리큘럼의 연결성으로 인한 학업 문제가 발생할 수 있으며, 새로운 학교생활에 적응하는데도 어려움이 있을 수 있습니다. 가능하면 부모님의 귀국 일정 등과 맞추지 말고 유학 시기를 당겨서 신학기에 새로운 학교에서 시작할 수 있도록 하시기 바랍니다.

② 11학년으로의 유학

어떠한 유학 컨설턴트도 11학년에 전학을 가는 것은 말리고 있습니다. 그리고 대부분의 학교도 특별한 경우를 제외하고는 11학년에 새로운 학생을 받아들이는 것을 주저합니다. 그 이유는 11학년이 된다는 의미는 대학교 원서 마감까지 1년 남짓의 시간을 남겨놓고 있기에 대학 진학 플랜에 문제가 발생할 수 있다는 뜻입니다. 지금까지 진행해왔던 활동이나 클럽의 연결성도 문제가 되기도 하고, 가장 큰 문제는 IB 또는 AP 학교에서 커리큘럼 시스템이 다른 학교로 전학을 하는 경우 GPA 관리상의 문제가 발생하기도 합니다. 그리고 새롭게 전학을 간 학교에서 대학 진학원서를 작성할 때 선생님들로부터 추천서를 받아야 하는데 11학년은 1년 동안 자신의 장점을 어필하기에는 시간이 부족하기도 합니다. 그렇기 때문에 11학년 전학은 매우 신중하게 결정해야 하는 사항입니다.

한국의 국제학교에서 국제학교로 옮기는 경우에는 가장 전학의 이유가 되는 것은 '커리큘럼'입니다. 미국 대학을 진학하고자 하나 현재의 IB 학교에서의 내신관리 또는 SAT Subject 등의 시험 준비, 기타 다른 사유로 학교를 옮기게 됩니다.

이 경우는 급하게 결정하지 마시고 학교를 옮길 경우 얻게 되는 것과 잃게 되는 것을 정확하게 분석해서 결정하는 것이 좋습니다. 학교를 옮기는 것은 매우 중요하고 심각하게 고민해야 할 문제입니다.

3. 새로운 학교 선정 시 고려해야 할 3가지

많은 경우 우리 자녀들은 기존에 다니던 학교에서 여러 가지 이유로 새로운 학교를 선택하는 경우가 생깁니다. 특히나 유학생의 경우 평균 1회 정도 학교를 옮긴 학생들이 50% 이상을 차지한다는 통계를 보면 '유학생의 학교 선정'이라는 이슈는 매우 중요한 문제가 되었습니다.

여기서는 자녀가 새로운 학교를 선택해야 할 때 고려해야 하는 점들을 정리해보았습니다.

첫째, 자녀의 수준을 고려하여 너무 수준이 높은 학교를 선택하지 마십시오. 미국 대학입시를 고려하고 동시에 자녀의 즐거운 중·고등학교 생활을 희망한다면, 능력에 버거운 학교 선택은 또 다시 '버거운' 학교생활이 될 것이고 또 다른 학교를 찾게 될 이유가 됩니다. 10여 년 전에 미국의 주니어 보딩스쿨을 다녔던 한 학생은 10학년에 미국 사립학교 랭킹 Top 5에 드는 명문 보딩스쿨에 입학하였습니다. 하지만 입학의 기쁨은 채 2개월도 가지 못했습니다. 시간이 지날수록 전 세계에서 모여든 천재와 같은 학생들 틈에서 학교를 다니는 3년간 특별한 줄 알았던 자신의 능력이 그저 평범한 학생이었다는 생각이 머릿속을 떠나지 않았습니다. 그렇다 보니까 학교생활도 즐겁지가 않고, 수업시간에 집중도 되지 않았습니다. 결국은 GPA가 어렵게 B를 상회하는 성적으로 고등학교 생활을 마무리하게 되었고, 희망했던 대학과는 거리가 먼 학교로 진학을 하게 되었습니다. 여기서 중요한 사실은 '어떤 대학에 진학을 하였다'가 아니라 '고등학교 생활이 즐겁지가 않았다'는 점입니다. 고등학생 시절은 단지 대학을 잘 가기 위한 준비보다 자녀들에게 좋은 경험과 나중에 어른이 되었을 때 건강한 사회성을 배우는 매우 중요한 시기입니다. 만약 우리 자녀가 고등학교 생활 내내 좌절감에 3년(주니어 보딩스쿨 과정을 끝내고 입학을 한 경우)을 보냈다면 그 학생에게는 고등학교 시절이 떠올리기도 싫은 기억으로 남게 될 것입니다.

　만약 유학을 가게 된다면 너무 학교 이름, 명문학교 등등 시야를 좁게 보는 실수를 하지 않기 바랍니다. 객관적인 데이터가 필요하다면 www.niche.com을 통하여 진학하고자 하는 학교의 객관적인 통계수치와 그 학교에 재학하였던 선배들의 경험담을 하나씩 찾아서 읽어보는 것은 학교 선택의 좋은 기준이 될 것입니다. Upper School 3년은 공부도 중요하지만 친구들과의 소중한 경험 그리고 건강하고 다양한 활동에 참여할 수 있는 '여유' 또한 분명히 필요로 합니다.

둘째, 항상 강조하는 사항이지만 학교의 커리큘럼은 너무나 중요합니다. 많은 학생과 학부모님이 학교의 이름만 보고 덜컥 학교에 입학을 하게 되는 실수를 저지르는데 새로 다닐 학교의 커리큘럼은 매우 중요합니다. 예를 들어 우리 자녀가 수학과 과학을 매우 좋아하고 Upper School 졸업 후 관련 전공 분야의 대학을 희망한다면 고등학교에서 경쟁력이 센 해당 과목 이수는 중요한 기준이 됩니다. 만약 수학을 좋아하는 자녀가 진학한 학교가 정작 입학을 해보니 학교 수학 커리큘럼이 AP Calculus ab 과정(실제 적지 않은 학교들이 존재함)까지만 제공하고 있다면, '또 학교를 옮겨야 하는가?' 하는 고민이 시작이 될 것입니다. 우리 자녀가 흥미를 느끼는 과목의 커리큘럼 구성이 다양한지, 깊이가 있는지, 어느 정도 수준까지 학교 교육으로 커버될 수 있는지를 정확하게 파악해야 합니다.

셋째, 우리 자녀가 희망하는 클럽이 존재하는지 또 다양한지 점검하세요. 물론 하고 싶은 클럽이 없다면 만들 수도 있습니다. 하지만 미국학교에서 클럽을 새로 만들고 운영하는 과정은 작은 회사를 운영하는 정도의 노력과 에너지를 필요로 합니다. 이왕이면 오랜 역사를 갖고 있고, 다양한 Case Study를 제공할 수 있으며, 선배들의 대회 참여 노하우 등도 있어서 바로 자신의 재능을 드러내고 또 그러한 과정을 통해서 학교생활에 애착심을 느낄 수 있는 환경이 주어진다면 더욱 바람직하다고 할 수 있습니다.

이상 3가지를 기본적으로 확인하고, 나머지는 가능하면 진학하고자 하는 학교를 필히 방문하여 인터넷의 정보로 확인할 수 없는 학교의 분위기와 내가 잘 맞는지를 점검하는 것으로 학교 선정 과정을 마무리하면 실수가 없을 것입니다.

4. 유학 초보 학부모를 위한 기초강의

① GPA(내신성적)

가장 먼저 미국 입시를 포함한 글로벌입시(영국, 캐나다, 홍콩 및 싱가포르, 일본 G30)를 준비하는 데 있어 가장 기본적이고 중요한 GPA(Grade Point Average, 내신성적)에 관하여 설명하겠습니다.

GPA는 국가별 입시마다 그 중요도 편차가 조금씩 다를 수 있으나, 특히 미국 대학 진학을 위해서는 그 비중이 매우 높습니다. 내신은 9학년, 10학년, 11학년, 12학년 성적이 모두 포함되며 미국 대학 원서 마감이 12학년 초이므로 우선은 9, 10, 11학년 내신으로 원서를 지원합니다. 원서 마감 이후에는 이후에 나오는 성적을 지원한 대학에 계속해서 보고해야 하며, 합격 발표가 난 뒤에도 최종 12학년 성적까지 모두 제출해야 합니다. 합격된 이후에도 성적 관리 소홀로 불합격 처리되는 학생들이 적지 않음을 감안할 때 마지막 12학년까지의 내신성적 관리는 그 무엇보다 중요하다고 할 수 있습니다.

GPA를 바라보는 시각은 2가지가 있습니다.

한 가지는 숫자(평점)입니다. 숫자로만 볼 때는 각 학년 성적의 비중치는 동일하게 1/4이며, 각 학년의 성적을 더한 뒤 4로 나누면 숫자로 보이는 GPA가 표시 됩니다. 다른 한 가지는 학년별 성적의 비중치입니다. 원서 마감 전 11학년 공부가 제일 어렵고 힘든 시기이므로, 이때의 성적 비중치는 40~50%입니다. 그리고 10학년은 30~35%, 9학년은 10~15%입니다.

그렇기 때문에 9학년, 10학년 성적이 아무리 좋아도 가장 중요한 11학년 성적 관리가 잘못되면 희망하는 대학에서 멀어지게 됩니다. 참고로 캘리포니아 주립대학군은 내신을 10학년부터 입시 사정에 반영합니다. 하지만 대부분의 학생이 캘리포니아 주립대학군을 포함하여 중부와 동부의 다양한 대학에 지원을 하므로, 9학년부터 내신관리를 잘하는 것은 기본 중의 기본이라고 할 수 있습니다.

그리고 미국 대학은 지원자의 GPA를 평가할 때 2가지 요소를 고려합니다.

첫 번째는 과목의 난이도입니다. 학교마다 제공되는 과목들이 조금씩 다를 수 있으나 가장 난이도가 높은 순서대로 AP, Honors, Regular 순으로 구분하여 얼마나 난이도가 높은 과목들을 듣고 성적을 냈는지를 하나의 평가기준으로 삼습니다.

두 번째는 전공 적합성입니다. 예를 들어 경영학(Business) 전공을 희망한다면, 고등학교 커리큘럼에 AP Calculus bc, AP Statistics, AP Macro Economics, AP Micro Economics 같은 과목이 들어가도록 커리큘럼 구성을 하는 것이 유리합니다. 학교에 이런 과목이 없다면, AP는 학교에서 듣지 않더라도 시험 준비를 따로 해서 매년 5월에 실시되는 AP 시험에 응시해 최소 3점 이상의 점수를 획득하면 대학은 인정을 해줍니다.

모든 커리큘럼의 기준, 시험의 기준, 활동의 기준을 세우는 데 있어서 가장 핵심 사항은 학생의 전공에 대한 관심입니다. 꼭 학생들에게 전공하고자 하는 분야에 대한 관심과 지속적인 모색을 하도록 해야 합니다.

② TOEFL

미국 대학입시의 기본 시험은 TOEFL입니다. TOEFL 성적을 준비해야 하는 학생은 국제학생(International Student)입니다.

미국 시민권, 영주권이 없는 국제학생이 미국 대학에 지원하기 위해서는 기본적으로 미국 대학에서 영어로 수업하는 데 문제가 없다는 것을 증명하기 위해서 TOEFL 성적을 제출해야 합니다. TOEFL 테스트는 종이와 연필로 응시를 했던 PBT 방식에서 Computer Adaptive Test 방식이었던 CBT 방식으로 변경이 되었고 현재는 iBT (Internet Based Test) 방식의 시험이 시행되고 있습니다.

우선 iBT 시험방식은 4개의 섹션(Listening, Reading, Speaking, Writing)을 평가하며 각각의 섹션은 30점 만점으로 구성되어 총 120점 만점입니다.

그럼 미국의 대학은 유학생들에게 미국 대학에 지원하기 위해서 몇 점의 TOEFL 성적을 요구하고 있는지 다음 사이트를 참고하기 바랍니다. 대학 리스트가 알파벳순으로 제공되고 지원하기 위한 학생들의 최소한의 커트라인 점수가 나와 있습니다.

http://www.americanexamservices.com/about-the-toefl/toefl-scores-usa-universities

그런데 이 사이트에 나와 있는 성적은 말 그대로 대학에 '지원'하기 위한 최소한의 커트라인 성적입니다. 점수를 보면 우리가 알고 있는 중상위권 대학은 대부분 미니멈 100점을 요구하고 있습니다. 가능하면 '미니멈 점수＋10점'의 성적을 준비하는 것이 좋습니다.

그럼, 대학 지원 시 TOEFL 성적이 합격에 얼마나 영향을 미칠까요?

결론적으로 말씀드리면 대체로 최소한의 점수 100점을 요구하는 대학군은 더 높은 토플 성적이 있다고 해도 합격에 큰 영향을 미치지는 못합니다. 그러나 최소한의 점수 80~90점대의 학교는 110점을 상회하는 토플 성적은 합격에 큰 영향력을 미칠 수 있습니다.

다음으로 TOEFL 시험은 언제쯤 보는 것이 좋을까요?

우선 이 시험의 유효기간이 2년이므로 대학 원서가 마감되는 12학년 12월 31일로부터 거꾸로 2년을 산정한다면 유효기간이 시작되는 시기는 10학년 2학기인 1월 1일부터라고 할 수 있습니다. 시험을 보는 시기는 10학년이 끝난 여름방학 7월 말~8월 말 정도가 적당할 것입니다. 물론 11학년이 끝난 여름에도 당연히 응시를 해서 제출할 수 있겠지만, 마지막 여름에는 대학 원서도 작성해야 하고 그동안 진행해왔던 활동에도 시간 투자를 해야 하고 또 어떠한 학생은 Pre College Summer Program, 인턴십 등에도 시간 투자를 해야 하기 때문에 미리 시험에 응시해서 점수를 받아 놓을 것을 권유합니다.

미국의 중상위권 고등 보딩스쿨에 진학하기를 희망하는 학생들은 고등학교 원서가 마감되는 1월 중순까지 TOEFL, SSAT upper level test 성적을 준비해야 합니다. 상위권 학교에 입학하는 학생들의 성적을 보면 보통 TOEFL이 95~105점, SSAT가 90% 이상의 성적을 준비합니다. 이러한 Test prep에 이미 훈련이 된 학생들이므로 나중에 SAT 등의 시험공부에 투자되는 시간이 짧게 됩니다.

보통 미국 고등 보딩스쿨에 지원하는 학생들이 시험에 응시하는 시기는 8학년 1학기(9~12월)임을 감안할 때, 일반 국제학교에 다니는 학생이 자신의 영어 실력을 같은 조건으로 평가하고 싶다면, 같은 기간에 토플 모의시험을 보고 실력을 판단하면 됩니다.

* 모의시험사이트: http://etest.chosun.com

참고로 요즘은 대학 지원을 위해 TOEFL을 따로 준비하는 것보다, 보통 9학년이 끝난 여름방학부터 SAT 공부를 시작하여 10학년 2학기부터 11학년 사이에 TOEFL 응시를 위한 준비가 되었다고 판단하면 응시를 하면 됩니다. TOEFL을 끝내고 그다음에 SAT를 시작하겠다는 계획보다 바로 SAT 준비로 들어가고 이를 통해 TOEFL까지 준비를 하는 전략이 효율적입니다.

③ SAT

여기서는 SAT 시험에 대한 이해와 올바른 준비에 대해 말씀드리 겠습니다.

먼저 미국 대입의 가장 중요한 시험, SAT의 변천사를 간략히 살 펴볼까요. 15년 전 SAT는 SAT Verbal and SAT Math만 응시하는 시험 이었습니다.

SAT Verbal은 단어 테스트와 문법 그리고 약간의 리딩 문제로 구 성이 되었으며, 단어만 열심히 공부하면 어느 정도 성적이 나오는 시험이었습니다. SAT Math 역시 현재의 SAT에 비하면 800점 만점이 쉽게 나오는 시험이었습니다. 그 당시에는 미국 대학입시가 지금처 럼 경쟁적이지 않았으며, 괜찮은 내신과 고득점 SAT 그리고 리더십 있는 활동을 한 경우에 아이비리그에서 학생들을 받아 주었습니다. 그리고 아이비리그에 준하는 대학에 합격하는 학생은 미국 보딩스 쿨 출신의 학생들이 주를 이루었습니다.

그 당시의 SAT 시험은 Essay test가 따로 없었습니다. 그렇기 때문 에 소위 학원을 통하여 고득점자가 제일 많이 배출되던 시기라고 할 수 있습니다.

점점 SAT라는 시험의 변별력이 약해지자 주관사인 칼리지보드 는 3개의 영역으로 시험을 정비하였으며, 이때 변경된 시험이 현재 시험의 바로 전 단계 시험입니다.

이 시험은 Critical Reading 800점＋Writing 800점＋Math 800＝총점 2,400점이며, 2,200점 이상의 학생들이 고득점군으로 분류되었습니 다. 이때는 Essay는 따로 실시하지 않았으며 SAT Writing 영역에서 Grammar test와 함께 응시하는 시험이었습니다.

이 시험이 실시되던 시기가 소위 특목고 학생들의 아이비리그 진출이 두드러진 모습을 보이던 시기였습니다. 이때는 웬만한 과학고, 외고에서는 '국제반'이라는 이름으로 미국 유학을 준비하는 학생들을 지원해주던 시기였습니다.

이 다음으로 개정된 시험이 현재의 SAT입니다. 현재의 SAT는 영어(Reading & Grammar) 800점, Math 800(처음으로 계산기를 쓰지 못하고 문제를 풀어야 하는 영역이 도입)으로 구성되었으며, 선택으로 SAT Essay 시험이 도입되었습니다.

선택인 SAT Essay는 3가지 영역을 평가합니다. 주어진 지문을 읽고 작가가 주장하고자 하는 의견을 분석하여 글을 쓰는 형식이며, Reading 8점 / Analysis 8점 / Writing 8점으로 구성되는 총점 24점짜리 시험입니다. '잘했다'라고 평가하는 점수는 보통 20점 이상입니다.

그럼, 이러한 SAT 시험 준비는 언제부터 어떠한 대비를 통하여 1,500점 이상에 도달할 계획을 세워야 하는지를 설명드리겠습니다.

우선 SAT 시험의 기본은 '단어'입니다. 단어가 숙지되어 있지 않으면 Reading이 되지 않고 Grammar 문제도 이해가 되지 않으며, Essay 작성도 힘듭니다. 현행 SAT는 약 2,000~2,500개 정도의 단어가 머릿속에 정리되어 있어야 합니다. 단어 공부는 가능하면 8학년부터 하루에 5개라도 시작하도록 하십시오. 월~금이면 25개를 공부할 것이고, 금요일 저녁쯤 10개만 뽑아서 자체 테스트를 하는 방법도 좋습니다. 미리미리 준비하지 않으면 보통 9학년이 끝난 여름방학부터 SAT 공부를 하게 되는데 학원에서 하루에 100~150개의 단어를 무식한 방법으로 공부시키는 현장을 목격하게 될 것입니다.

보통 SAT 학습을 시작할 수 있는 영어의 수준은 TOEFL을 기준으로 85점(120점 만점) 이상은 되어야 합니다. 기본적인 영어의 수준이 만들어지지 않은 상태에서 SAT 학습은 수준에 비해 너무 난이도가 높은 교재로 공부하는 것이므로 투자한 시간에 비해 성적이 올라가지 않는 경험을 하게 될 것입니다. 보통 이상적인 SAT 공부 시작은 9학년이 끝난 여름방학입니다. 아직 시간이 많이 남았다고 생각하는 학생은 학원만 다니며 시간 낭비할 가능성이 크므로 하려면 제대로 해야 한다는 사실을 정확히 인식하도록 해야 합니다. 이때 영어 성적은 가능하면 650점에 도달하거나 그 점수를 넘기는 것을 목표로 잡으시기 바랍니다. 650점을 목표로 하는 이유는 SAT 영어는 점수가 꾸준히 올라가는 시기와 정체기가 시작되는 시기가 있습니다. 보통 650점이라는 점수는 Reading도 어느 정도 숙련되어 속도감도 있고, 문법 문제도 곧잘 풀고, 단어도 어느 정도 정리되어 있는 수준이라고 할 수 있으나 대부분의 학생들이 이 점수대가 되면 아무리 공부해도 점수가 올라가지 않는 경험을 하게 됩니다.

650점에 도달하고, 10학년을 맞이하게 되면 이때부터도 중요합니다. 대부분의 학생들은 SAT 학습에 손을 놓게 되지만, 결국은 점수는 Reading과 Essay에서 승부를 보게 되므로 학기 중에 꾸준한 Reading 지문을 분석하는 훈련을 해야 합니다. 그리고 Essay는 주 1회 정도 SAT Essay를 제대로 가르치는 선생님을 구해서 90분 정도만 수업을 시키십시오. 일주일에 한 개씩의 Essay Test만 다루고 분석하는 작업만 학기 중에 꾸준히 하면 됩니다.

이때 중요한 점은 SAT 영어성적 650점을 유지만 하면 됩니다. 더 올라가지 않는다고 스트레스받지 마세요. 공부의 양은 그 점수를 유지하는 정도만 투자하면 됩니다.

SAT를 공부하는 첫 여름의 SAT Essay 목표는 18점을 넘기는 정도가 현실적인 목표입니다. 그리고 10학년이 끝난 여름에 승부를 보아야 합니다. 우리는 학기 중에 꾸준한 관리를 통하여 SAT 영어 650점을 유지해왔습니다. 8주 정도의 시간을 투자하여 700점을 넘기는 성적을 만들어내면 됩니다. 어떤 학생은 700점 초반에 머무를 것이고, 어떤 학생은 750점까지 도달할 것입니다. 마지막에 동시에 도달해야 하는 수학은 800점 만점입니다. 그리고 에세이는 2점을 더 올려서 20점을 넘기면 이제 실제 시험에 응시할 준비는 되었습니다.

11학년 초에는 8월 말(미국령)과 10월에 시험이 있습니다. 2회의 시험으로 승부를 보십시오. IB 학교는 IB 과정이 시작되고, AP 학교는 적게는 2개에서 많게는 4~5개의 AP 과목 공부가 시작됩니다. 그리고 11학년에는 그동안 해왔던 활동의 결과물 또한 만들어내야 하는 시기입니다. 구체적인 대학 리스트와 전공에 대해서도 다시 한번 고민해야 하는 시기입니다. 11학년 초에 시험에 응시하기 위해 준비하는 학생들은 평범한 영어 수준으로 시작하지만 정확한 계획과 노력이 수반된다면 50% 이상의 학생들이 가장 바빠지는 11학년 초에 SAT 목표 점수를 도달한 뒤 다음 단계로 넘어갈 수 있을 것입니다.

미래는 준비하는 학생들에게 열려 있습니다. 세상에 공짜는 없습니다.

칼리지보드(college board) ID 만들기

SAT 시험을 보기 위해서는 온라인으로 신청해야 하므로 주관사인 칼리지보드 사이트에 ID를 등록해야 합니다.

칼리지보드 ID를 만들거나 SAT, SAT II 시험을 신청 할 때 다음과 같은 사소한 실수로 인해 등록이나 신청이 되지 않은 사례가 실제로 종종 발생합니다.

- 학교에서 닉네임으로 사용하는 이름으로 칼리지보드 ID를 만든 경우
- 여권과 다른 영어 철자를 사용하여 등록한 경우
- 시험 신청이 마무리되지 않은 중간 상태에서 접수가 되었다고 착각을 하는 경우
- 성별, 국적 등 기본적인 사항을 잘못 기록하는 경우 등

* 출처: www.collegeboard.org

이러한 부분을 꼼꼼히 확인하여 ID를 만들어야 하는데 우선 칼리지보드의 ID 개설과 시험 신청을 하기 위해서는 다음의 정보가 필요합니다.

1. 준비해야 할 사항

① 여권상의 정확한 영문 이름(간혹 철자가 다르거나 학교에서 사용하는 영어 이름으로 시험 신청을 한 경우 시험장까지 가서 시험을 보지 못하고 돌아오는 경우가 종종 발생합니다. 꼭 여권상의 영문 이름과 동일하게 만들어야 하며, 추후 잘못된 이름은 수정하는데 인터넷상으로 되지 않고 증명 자료를 직접 칼리지보드에 보내고 통화를 따로 해야 하는 등 불편을 초래할 수 있으니 정확하게 기입하기 바랍니다.)

② 재학 중인 학교의 공식적인 영어 이름과 주소

③ 현재 거주하고 있는 집 주소와 전화번호(집 전화번호, 핸드폰번호)

④ 현재 재학 중인 학교의 학년별, 과목별 예상 커리큘럼 – 잘 모르면 그냥 Save하고 다음 단계로 넘어가면 됩니다.

⑤ 상반신 사진 파일: 핸드폰으로 뒷면이 흰 배경에서 상반신 사진을 찍은 뒤 College Board ID 개설 작업을 진행 중인 컴퓨터로 전송하여 바탕화면에 사진 파일을 미리 준비해놓습니다.

⑥ 신용카드 정보(번호, 유효기간, 카드 뒷면의 번호 3자리)

2. ID 만드는 순서

① www.collegeboard.org 사이트에 접속한다.

② Sign up을 클릭한다.

③ 'I am a Student'를 클릭한다.

④ General Student Information를 작성한다.

- 이름, 성별, 생일, 재학 중인 학교, 이메일, College Board ID and Password 등을 기록한다. Zip code는 미국에 살지 않으면 outside U.S.에 체크한다.

- 이름을 입력할 때는 여권상의 이름과 동일하게 작성해야 한다.
- 시험 당일 신원확인 과정에서 여권상의 이름과 칼리지보드에 입력되어 있는 이름과 다르면 시험에 응시할 수 없다.

⑤ 다음으로 'News and alerts' 항목이 나오는데 여기서는 칼리지보드에서 보내주는 여러 가지 정보를 이메일을 통해 수신할 것인지의 여부를 묻는다. 특별한 이유가 없다면 받아보는 것이 여러 정보를 얻을 수 있으므로 좋다.

⑥ 다음으로 Student Search Service에서 'Yes'나 'No'를 선택한다.

⑦ 그다음으로 Family and Friends란이 있다. 여기서는 College Board에 초대하고 싶은 가족이나 친구가 있는지를 묻고 있는데 optional(선택사항)이므로 그냥 지나쳐도 된다.

⑧ 여기까지 완성하고 나면 이제 Submit(제출)을 누른다.

⑨ Submit 버튼을 누르면 자신이 입력한 정보를 다시 확인할 수 있는 기회가 주어지는데, 이때 잘못 입력한 부분이 눈에 띄면 Edit 버튼을 눌러 수정하고 잘못된 부분이 없으면 Submit 버튼을 누르면 끝입니다.

④ SAT 영어 파트

여기서는 미국 입시를 준비하는 데 가장 중요한 시험인 SAT, 그 중에서도 영어 파트를 공부하는 방법에 대해서 설명하겠습니다.

우선 SAT 학습의 가장 기본은 '단어'입니다. 보통 단어 학습을 처음 시작하는 학생들은 프린스턴리뷰 출판사에서 나온 『Word Smart』로 시작하는데, 단어의 난이도가 꽤 높기 때문에 어느 정도 공부하다가 중도 포기를 하는 경우가 발생합니다.

먼저 이 책으로 단어 공부를 시작할 수 있는지에 대한 자기 평가가 필요합니다. 만약 『Word Smart』에 나오는 단어의 1/10도 파악하기가 어렵다면 좀 더 쉬운 『Word Smart Junior』부터 시작하거나 아니면 국내 출판사에서 나온 '수능단어집' 정도로 시작하면 적당합니다. 가끔 기본적인 단어 학습이 되어 있지 않은데 무조건 SAT 단어부터 시작하는 학생들이 있는데, 기본 단어가 정리되어 있지 않으면 SAT 단어 학습의 진도가 나가지 않고 때로는 중도에 포기를 하게 되니 우선 기본 단어부터 차근차근 정리해나가기 바랍니다.

SAT 영어시험을 구성하는 섹션은 크게 Reading과 Writing(Grammar)입니다. 보통 학생들이 600점대에 머무느냐 아니면 700점대까지 뚫고 올라가느냐는 Reading에서 승부가 갈리게 됩니다. Grammar는 따로 문법책을 사서 공부하는 것은 비효율적이며 SAT 문법은 보통 15개 공식 틀에서 출제가 되니 나중에 문제를 풀면서 같이 정리하는 방법을 추천합니다.(학원 강의로 가장 효과적인 점수 상승효과를 얻을 수 있는 섹션이 문법입니다. 차라리 나중에 비용을 좀 들이더라도 학원 선생님 효과는 문법으로 보고, 평소에는 Reading에 집중하세요.) SAT 영어가 700점 이상인 학생들도 시험에 나오는 모든 단어를 숙지하고 있지는 않습니다. 하지만 그 정도 점수의 학생은 평소에 쌓은 꾸준한 '독서력'을 갖고 있을 것입니다. '독서력'이 있다는 것은 '유추능력'이 있다는 것입니다. 정확한 단어의 뜻을 말하지는 못해도, 이 단어가 지문에서 어떠한 의미로 사용되고 있는지를 유추할 수 있다는 것입니다. 문제는 학생들이 그런 유추능력을 발휘할 만큼 책을 많이 읽지 않는다는 데 있습니다. 약 5% 정도의 학생이 이러한 조건을 갖추고 있는 정도입니다. SAT 고득점을 위해서는 무조건 Reading이 수반되어야 하는데 다음은 그 방법에 관하여 설명하겠습니다.

Reading을 잘하기 위해서는 SAT 시험에 출제되는 Reading 지문이 어떠한 난이도와 내용을 포함하게 되는지를 정확하게 파악해야 합니다. SAT는 대학 수준의 전문적인 지식을 요구하는 시험이 아닙니다. 신문이나 잡지에 실리는 글 정도의 Reading 실력을 요구합니다. 그래서 저는 Reading Book 만들기를 권장하는데 지문 자료로 Time, Newsweek, The Economist, Scientific American을 추천합니다. Reading Book 만들기는 8학년 정도부터 시작하면 좋으며, 고학년(11학년)은 Reading Book 만들기를 할 시간이 없으므로 직접적인 독서와 SAT 문제풀이를 병행하는 방법으로 시간을 줄여야 합니다.

다음의 잡지와 사이트를 참고하시기 바랍니다.

National Geographic	https://www.nationalgeographic.org
Scientific American	https://www.scientificamerican.com
The Economist	https://www.economist.com
The Guardian	https://www.theguardian.com
Time	http://time.com
Newsweek	https://www.newsweek.com

실제 SAT 시험에서도 이와 같은 매거진에서 지문을 발췌하여 그대로 출제되기도 합니다. 그만큼 이러한 매거진을 탐독하는 것은

매우 중요한 학습법입니다. 그리고 시사잡지를 읽어보는 것은 SAT 학습준비 외에 다양한 사회현상의 흐름을 파악할 수 있고, 대학 지원에 필요한 관련 전공에 관한 지식도 얻을 수 있기 때문에 현실적으로도 대학과 전공 선정에 도움이 된다는 긍정적인 효과가 있습니다.

기사를 읽는 방법은 다음과 같습니다. 우선 학생이 읽고 싶은 잡지 2~3권 정도를 선택합니다. 하나의 잡지에서 여러 개의 기사를 읽는 것보다, 여러 가지 잡지에서 하나씩의 기사를 읽는 것이 더 효과적입니다. 고등학생이면 하루 1~2개 정도의 기사를 세밀하게 읽는 것이 적당할 것입니다. 그러면 일주일간 8~14개 정도의 기사를 읽게 됩니다. 기사를 선택하는 방법은 '딱' 봐서 읽기 싫은 기사를 선택하는 것입니다. 기사를 읽을 때 주의할 점은 그냥 물 흐르듯이 읽지 말고, 한 문단 한 문단씩 정확하게 이해하면서 읽어야 한다는 것입니다. 정확하게 이해되지 않았으면 넘어가지 말고, 기사의 내용이 완벽하게 이해될 때까지 반복해서 읽고 또 읽어야 합니다.

대부분의 학생들이 어려워하는 지문은 History 지문입니다. 그래서 저는 제가 진행하는 '독서왕 선발대회'의 Book list를 선정할 때 일부러 픽션, 논픽션 역사 읽을거리를 중간중간에 제안하고 있습니다. History 지문 분석에 어려움이 있는 학생들은 읽어야 하는 책이 방대하므로, 우선은 학교의 역사수업에서 사용되는 교과서(IB History 과정은 읽어야 하는 책 분량이 더 많음. 보통 HL은 9권, SL은 7권 정도임)를 통독하기 바랍니다.

이 밖에 Science 지문이 어려운 문과형 학생은 위에서 제시한 'Scientific American'을 탐독하기 바랍니다.

SAT는 결국 '논리력' 싸움입니다. 논리력은 '추론' 문제를 통해서 검증이 됩니다. 고득점 영어성적이 나오는 학생들에게 '왜 이 단어가 이러한 뜻으로 쓰였는지?' 또는 '정답이 되는 이유가 무엇인지?'를 물어보면 저자의 생각을 명확하게 분석하고 정확한 답변을 이야기합니다. SAT 문제풀이 테크닉 중의 하나인 'POE(Process of Elimination)'로는 해결하는 데 한계가 분명히 있습니다. 명확하게 답이 되는 이유와 되지 않는 이유를 설명할 수 있어야 한다는 것입니다. SAT 학습법 중에서 좋은 방법 중의 하나는 자신이 이해한 문제를 더 어린 사람에게 설명했을 때 이해가 되었는지를 점검하는 법입니다.

이러한 유추능력은 SAT Essay test에서도 그대로 요구합니다. 저자가 이야기기하고자 하는 것이 무엇인지를 파악하는 능력, 유추능력은 독서와 훈련밖에 방법이 없습니다. 읽는 양이 어느 정도 쌓여야 훈련의 효과가 나타납니다. 그렇기 때문에 독서가 부족한 학생들이 소위 '족집게 강의'를 들어도 650점까지는 기계적인 반복 훈련에 의해 점수가 올라가도 그 이상을 뚫지 못합니다. 하지만 독서력이 탄탄한 학생은 정체 기간이 길지 않습니다. 일정 기간만 집중하면 바로 600대 후반 그리고 700점대를 돌파하는 결과로 나타나게 됩니다. SAT 영어 700점은 정말 확실한 실력이 없으면 불가능합니다. 600점대 학생은 Reading 지문을 읽을 때 보통 문제부터 봅니다. 그리고 그에 해당되는 지문을 찾으려고 합니다. SAT 지문은 속독과 포인트만 찾으면서 읽는 방식으로는 해결이 되지 않습니다. 제대로 읽어야 합니다. 그렇기 때문에 보통의 학원 강사들이 테크닉이라고 학생들에게 전수하는 '문제 먼저 보고 지문에서 찾는 방식'으로는 절대 고득점이 나오지 않습니다.

또 "지문부터 분석하면 시간이 부족하게 돼요"라는 이야기들을 많이 합니다. 하지만 정공법은 "지문이 분석되어야 문제도 정확하게 이해를 할 수 있습니다"입니다. 지문을 분석하는 데 시간이 걸린다는 것은 SAT 문제를 풀 만큼의 Reading 실력이 만들어지지 않았다는 점입니다. 마음이 급하더라도 Reading을 제대로 꼼꼼하고 정확하게 읽는 훈련이 먼저입니다. 이게 해결이 되어야 700점 고지로 올라설 수 있습니다.

마지막으로 한 가지, 많은 양의 문제를 푸는 것보다 같은 문제를 풀더라도 Reading 지문을 하나하나 완벽하게 분석하는 훈련이 더 중요합니다. 양보다 질입니다. 가장 좋은 자료는 SAT 출제 주관사인 칼리지보드에서 발표한 8개 문제 세트입니다. 우선 5~8번까지가 시험에 실제 출제되었던 문제들이니 이 문제부터 분석 및 파악을 하고 이것이 끝나면 1~4번으로 넘어가기 바랍니다.

SAT는 노력한 만큼 나옵니다. 점수가 나오지 않았다면 노력보다 테크닉에 치중했을 가능성이 큽니다. 제대로 공부한 학생은 SAT 영어 파트를 다 풀고, 5분 정도 시간이 남았을 것입니다. 제대로 공부해야 합니다.

⑤ SAT Subject Test 과목 선정

여기서는 미국 대학을 지원할 때 SAT or ACT 외에 추가로 응시해야 하는 SAT Subject Test 과목 선정에 관해 말씀드리겠습니다.

먼저 어떠한 대학들이 SAT Subject Test Score를 요구하는지 또는 가능하면 제출하라고 추천하는지 다음의 링크를 확인하기 바랍니다. 시험을 주관하는 칼리지보드에서 정리한 자료가 나와 있습니다.

https://collegereadiness.collegeboard.org/sat-subject-tests/about/institutions-using

각 대학의 세부적인 입시규정을 알기 위해서는 직접 대학 홈페이지를 방문하여 admission/undergraduate section을 확인하는 과정이 필요합니다. 다음은 Brown University의 내년 입학생을 위한 입시요강입니다.

위의 Testing requirements를 클릭하고 들어가면 보다 세부적인 기준이 나와 있습니다.

Standardized Test & Graded Paper Requirements

Applicants can satisfy our testing requirement in one of two ways:

◉ SAT (The essay section of the SAT is optional.)

◉ ACT (The writing section of the ACT is optional.)

◉ We recommend, but do not require, the submission of two SAT Subject Tests of your choice. If you are applying to the Program in Liberal Medical Education, we strongly recommend one subject test in either biology, chemistry or physics.

◉ English proficiency requirements for international students.

그럼 브라운 대학을 예로 Standardized Test Requirements를 알아 보겠습니다. 정리를 해보면 다음과 같습니다.

첫째, SAT or ACT 성적을 제출하되 SAT Essay 또는 ACT Writing section은 옵션이다. (여기에서 우리는 고민을 하게 됩니다. Essay 또는 Writing section이 어렵다고 하는데 이 성적이 없어도 지원이 가능하니 보지 않아도 되지 않을까라는 고민을 합니다.)

둘째, 필수조건은 아니지만 SAT Subject Test 2과목을 제출하기를 추천한다. 단, Medical Education 프로그램을 지원하고자 한다면 사이언스에서 한 과목을 꼭 제출하기를 바란다.

우리는 대학에 지원할 때 적게는 8개에서 많게는 15개 정도의 대학에 입학지원서를 제출합니다. 기본적으로 각 대학의 '입시요강'을 확인해야 하지만 어느 대학을 지원하든 통용되는 SAT Subject Tests는 무엇이고, 어떤 기준으로 선택하는 것이 좋을지를 이어서 설명하겠습니다.

SAT Subject Test 과목에 대한 효율적인 선택법은 다음과 같습니다.

- 전공 불문하고 SAT II Math IIC는 응시하자.

  수학시험을 치르는 데 큰 문제가 없다면 Math IIC는 단기간(최소 2개월 정도)의 집중 학습을 통해서 고득점(780점 이상)이 가능한 과목입니다. 시험에 응시하는 시기는 Algebra II honors 과정을 끝낸 6월이나 Pre Calculus 1학기 과정이 끝나는 12월이 적당합니다. IB 과정을 하는 학생들은 IB 과정에 들어가기 전 6월이 적당한 응시 시기입니다.

- 과학 관련 전공이나 공대 진학을 고려한다면 과학과목 중에서 1과목을 응시하자.

  과학은 Biology, Chemistry, Physics 3과목입니다. 이과 분야 세부 전공에 따라 어떤 과목과 연계성이 있는지를 판단해서 과목을 선택합니다. 그리고 학교 교과과정 중에 어떤 과학 커리큘럼을 수강하는지 또는 수강할지 예측하여 과목을 선정합니다. 각 과목의 특징에 대해서는 다음에 링크된 '윤아빠 카페'의 칼럼을 참고해주세요.

  * 참조: https://cafe.naver.com/yoonabba/2998

- 문과 전공을 희망한다면 역사(세계사, 미국사), 제2외국어, 문학 중에서 1과목을 응시하자.

어느 과목 하나 한국 학생에게는 쉬운 과목이 없습니다. 하지만 대학에서 문과 전공을 희망한다면 이 중에서 한 과목을 선택하기를 권장합니다. 이과 과목에 비해서 준비 과정도 힘들고 시간도 더 소요됩니다. 학교에서 만약 AP World History 또는 AP US History를 듣고 있다면 역사 과목에서 선택하는 것이 유리할 것이고, 중학교 때부터 계속 연이어서 듣고 있으며 11학년에 AP 수준의 제2외국어를 하게 된다면 2nd Language가 유리할 것입니다. 문학은 SAT Reading 시험의 문학 버전으로 이해하시면 됩니다. SAT 시험을 준비하는데 문학 분야에 강한 학생이라면 SAT II Literature가 유리할 것입니다.

그러면 적절한 시험 과목 수는 무엇일까?

자신이 지원하고자 하는 대학이 꼭 3과목을 원한다면(ex. 조지타운 대학 또는 일본 G30 대학 이과 전공 시) 3과목을 필히 응시하고 점수를 제출해야 합니다. 그런데 대학에서 2과목을 요구하지만 학생이 능력이 된다면 1과목 정도 추가 선택하여 응시하고 추가점수를 제출하면 됩니다. 그러나 자신이 2과목만 응시하는 것이 적절한 입시계획이라고 판단되면 2과목만 응시하면 됩니다. 즉 자신의 능력과 상황을 냉정히 파악하는 것이 중요합니다.

그런데 더 중요한 사항은 입시를 준비하는 데 있어 우선순위가 무엇인지를 아는 것입니다. 첫 번째는 GPA, 두 번째는 SAT I 성적 그다음이 SAT Subject 성적입니다.

우선순위를 파악해서 덜 중요한 것에 시간 투자를 하지 말아야 합니다.

즉 상황을 냉정하게 보는 것이 중요합니다. 미국 입시는 갑자기 열심히 해서 Harvard, MIT, Stanford 대학을 갈 수 없습니다. 현재 내게 남은 시간, 나의 수준을 냉정하게 바라보고 어디에 시간 투자를 하는 것이 효율인지를 정확하게 판단하고 그에 맞게 무리하지 않는 계획을 세우는 것이 중요합니다. 그 무엇보다 중요한 것은 학생이 하고자 하는 마음이라는 것은 말할 것도 없습니다.

⑥ Extra Curricular Activity(활동)

여기서는 '활동'이라 불리는 'Extra Curricular Activity'에 대해 말씀 드리겠습니다.

입시를 준비하는 학생이나 학부모님 입장에서 보면 'Extra Curricular Activity'는 머리 아픈 주제입니다.

GPA나 SAT 성적처럼 잘했다 못했다 하는 명확한 기준도 없고, 과연 이 활동을 해야 하는지 또는 하지 않아도 되는지 역시 확실하지 않기 때문입니다. 그렇기 때문에 명문대학에 진학한 학교 선배가 참여했던 방과 후 클럽 또는 대회 등의 정보를 입수해서 "나도 이렇게 해볼까?" 하고 고민을 하게 됩니다.

무엇보다 'Extra Curricular Activity'를 통해서 학생 자신의 관심사와 능력 중 무엇을 대학 측에 보여줄지를 먼저 정하는 것이 필요합니다.

우수한 학업적인 능력인지 미술 또는 음악적인 재능인지, 리더십인지, 학생이 좋아하고 잘할 수 있는 주제를 먼저 정하면 효율적인 활동 계획의 기준을 세울 수 있습니다. 그다음에 학생이 지원하고자 하는 전공과의 연계성을 추가로 고려하여 어떻게 내가 좋아하는 활동과 연결할 수 있을지를 고민해야 합니다. 자신의 테마는 정형적이지 않고 남들과 같은 필요도 없습니다.

원서를 작성할 때 학생들이 가장 많이 하는 실수는 학년별로 해왔던 활동을 나열하는 것입니다.

이러한 방식은 학생이 그동안 공들여 해왔던 활동의 장점이 부각되지 못한 채 자칫 여느 학생과 마찬가지의 밋밋한 활동의 기록으로 보일 수 있을 것입니다. 'Extra Curricular Activity'는 현재의 '나'로 성장하기까지 그러한 활동이 어떠한 역할을 하였고 그로 인해서 내가 무엇을 얻었는지가 원서에 표현이 되어야 합니다. 나열식의 표현 방식보다는 짧게라도 구체적인 설명을 하는 것이 매우 중요합니다.

원서에 활동에 관한 기록을 하기 전에 다음과 같은 카테고리로 나눠서 정리를 해보는 것을 제안합니다.

- 학기 중에 진행되었던 교내 외 활동
- 여름방학에 한 활동
- 기타 활동(아르바이트, 인턴십 등)

가능하면 사소한 일들도 리스트에 다 넣어보는 것이 필요합니다. 실제로 원서에 자신이 했던 활동 기록들을 기입하다 보면 부족한 학생보다 남는 학생들이 대부분입니다.

이때는 원서에 기록하면서 중요도가 떨어지는 순으로 뺄 수 있습니다. 우선 전체적으로 많은 기록이 있어야 무엇을 빼고 무엇을 부각시킬지 판단할 수 있습니다. 그래서 될 수 있는 한 모든 활동을 다 정리해보는 것이 좋습니다.

현재 9학년 또는 10학년이라면 아직 활동에 투자할 시간이 남아 있으므로 학업적인 수행과 더불어 어느 정도의 시간을 활동에 사용해야 하는지를 현명하게 파악하는 것이 필요합니다. 만약 교내활동과 교외활동 중에서 선택해야 한다면 교내활동에 투자를 하는 것이 좋고, 활동과 일한 경험 중에서 선택을 해야 한다면 활동에 투자를 하는 것이 학생다워 보일 것입니다.

어쨌든 활동은 고등학생이 갖춰야 하는 기본항목인 내신관리와 더불어 표준시험 다음에 챙겨야 하는 중요한 사항입니다.

활동을 선택하기 전에 내가 진짜로 즐거움을 느끼고 좋아할 수 있는 활동이 될 것인지를 먼저 고민해야 합니다. 활동의 결과물은 그 행위를 통해서 무엇을 얻었는지 그래서 나에게 어떤 변화를 주었는지를 표현할 수 있어야 합니다. 어떤 특정 클럽이 평가가 좋은지, 가산점을 더 받게 되는지가 중요한 문제가 아닙니다. 항상 모든 결정의 기준은 '학생 자신'이어야 합니다.

내가 무엇을 좋아하는지부터 고민해보기 바랍니다. 내가 가장 좋아하는 것을 찾는 것이 활동 계획의 시작입니다.

영향력 있는 활동

Scholastic Art and Writing Awards

1923년부터 창의력이 뛰어난 중·고등학생을 발굴하기 위하여 시작된 Scholastic Art and Writing Awards(대회 홈페이지 https://www.artandwriting.org) 접수가 시작되었습니다. 여기서는 본 대회에 작품을 제출하는 데 있어 주의해야 할 몇 가지 사항들에 관해서 알아보겠습니다.

대회 관련 가이드라인에 관한 정보는 다음 사이트를 참고하세요.

http://www.artandwriting.org/what-we-do/the-awards/guidelines-deadlines/

그리고 다음은 Scholastic 기관에서 운영하는 블로그입니다. 수상작, 작품 경향 등을 파악할 수 있어 자신의 작품(글, 아트)의 방향을 잡는 데 도움이 될 것입니다.

http://blog.artandwriting.org

다음은 출품 관련 주의사항을 문답 형식으로 정리한 것입니다.

Q. 미국계 학교 재학생이 아니면 출품할 수 없나요?

본 대회는 참가할 수 있는 학생들의 자격을 다음과 같이 제한하고 있습니다.

Public, private, or home-school students in the U.S., Canada, or American schools in the rest of the world enrolled in grades 7-12 (ages 13 and up) are eligible to participate in the Scholastic Awards.

만약, 자녀가 재학 중인 학교가 한국 또는 미국과 캐나다를 제외한 제3 국의 영국계 학교라면 학교를 통한 접수는 불가능합니다. 학생이 만든 글이나 작품을 사이트에 업로드한 뒤에 Submission Forms을 제출해야 합니다. 이 Submission Forms에는 학부모님이나 가디언의 서명과 학교 선생님(사이트에서는 Educator로 통칭됩니다)의 서명이 들어가야 합니다. 이 때문에 영국계 학교는 위의 작품 제출이 가능한 학교군에 포함되지 않으므로 접수가 되지 않습니다. 이럴 경우에는 home-school students로서 작품을 제출하는 방법밖에 없습니다. 부모님도 Educator로 등록이 가능하므로, 부모님 부분과 Educator 부분 둘 다 서명 후 제출하면 됩니다.

Q. 국내의 미인가 국제학교 재학생도 출품 가능한가요?

네, 가능합니다. 국내의 미인가 국제학교도 미국 교육기관의 인증을 받은 곳은 제출이 가능합니다. 절차는 다음과 같습니다.

① 우선 학교의 선생님 한 분이 Educator로 사이트에 등록을 합니다.
② 등록을 할 때 학교의 이름이 기록되어야 하는데, 미인가 국제학교는 사이트의 학교 DB에 이름이 없을 것입니다. 그러한 경우는 다음의 순서대로 등록을 합니다.

• 지원하기 원하는 학교의 우편번호를 검색창에 기입하여 검색하세요.
• 만약 찾고자 하는 학교가 검색되지 않는다면, 검색창 마지막 부분에 있는 "학교를 찾을 수 없으니 클릭하세요" 버튼을 눌러주세요.
• 지원하고자 하는 학교 정보를 창에 뜬 서식에 기입해주세요. 모든 정보를 기입했다면 "새로 만들기" 버튼을 클릭해주세요. 시스템이 지원하고자 하는 학교를 한 번 더 검색할 것입니다. 그래도 학교가 검색이

되지 않는다면, 학교 추가란을 클릭해주세요. 학교를 새로 추가하는 절차는 최소 2~3일 정도 걸릴 수도 있습니다.

Q. 제출하는 순서는 어떻게 되나요?

① 계정을 만드세요.

2019 Scholastic Art & Writing 대회에서 새로운 지원자를 찾습니다. 새로운 계정과 학생의 글을 올릴 수 있습니다.

② 자신만의 작품을 올려주세요.

Scholastic Art & Writing 대회에 자신만의 독창성, 기술과 개인의 의견과 비전이 담긴 글을 올려주세요. 글을 모두 쓴 후 Scholastic Art & Writing 계정에 글을 올려주세요. 대회 홈페이지에 있는 온라인 갤러리를 방문하여 과거 수상작을 참고해주세요. 자신만의 독창적인 글이 될 수 있도록 홈페이지의 저작권, 표절 관련 FAQ란을 꼭 읽어주세요.

③ 우편으로 보내거나 업로드해주세요.

자신의 글을 업로드한 후, 대회 지원 서류를 프린트하여 부모님, 가디언 서명을 받은 후 자신이 속한 Scholastic Art & Writing의 지역 파트너의 주소 편으로 우편을 보내주거나, 서명이 된 지원 서류를 홈페이지 계정에 업로드해주세요. 우편을 통한 지원 서류 전달 방법은 자신이 속한 Scholastic Art & Writing의 지역 파트너 웹사이트에서 찾을 수 있습니다.

접수 마감은 지역마다 다를 수 있으나 보통 12월 7일~중순까지이므로 지금부터 작품 준비를 시작해도 시간적인 여유가 있습니다. 1년에 1회만 실시되는 대회이니 관심이 있는 학생은 적극적으로 준비를 하시기 바랍니다.

미국 고등유학을 준비하는 학생이나 미국 대학 지원을 준비 중인 학생에의 좋은 스펙으로 사용이 가능합니다. 창의적인 글쓰기나 미술활동에 소질이 있는 학생에게 적합합니다.

다음은 영향력 있는 활동 정보를 윤아빠 네이버 카페에 올려놓은 글들입니다. 좀 더 자세한 설명 그리고 2019년도 수상자 명단 그리고 학교들에 관한 정보가 있습니다.

- http://cafe.naver.com/yoonabba/767
- 2019년 Scholastic art and writing 수상자와 학교 리스트
  https://www.artandwriting.org/what-we-do/announcing-the-2019-gold-key-recipients/
- 메이저급 글쓰기 대회 리스트
  http://cafe.naver.com/yoonabba/1045

생각보다 같은 학교에서 수상자가 많지 않습니다. 수상을 한 국내의 학생은 대부분 한 분야에서만 상을 받은 게 아니라 2개 또는 3개 정도의 분야에서 상을 받았다는 것을 알 수 있습니다. 이러한 대회 정보를 알아서 미리미리 준비했던 학생들일 것입니다. 국내 수상자가 많지 않은 이유는 대회의 난이도가 높아서라기보다는 이러한 정보를 몰라서 준비를 응시자가 적기 때문이라고 생각합니다.

윤아빠 카페에는 우리 학생들이 참여하면 좋은 외부 대회들(검증된, 역사가 있는)에 관한 정보들이 있습니다. 정보를 알기만 하는 것은 중요하지 않습니다. 자신의 흥미를 끌고 참여하고자 하는 열정이 있다면 도전하십시오. 도전하지 않으면 아무 의미가 없습니다.

2020 Scholastic Art and Writing Award는 2019년 9월 중순부터 접수를 시작합니다.

올해 한 번밖에 없는 기회를 잘 활용하게 되기를 바랍니다.

고등학생을 위한 자원봉사 사이트

지역별, 주제별로 지속적으로 자원봉사 학생을 찾고 있는 단체를 찾을 수 있는 사이트를 소개합니다.

www.volunteermatch.org

이 사이트는 지역별, 주제별로 자원봉사자를 찾고 있는 단체를 알아볼 수 있는 가장 잘 알려진 사이트입니다.

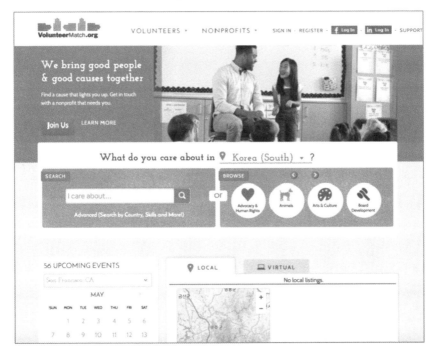

* 출처: www.volunteermatch.org

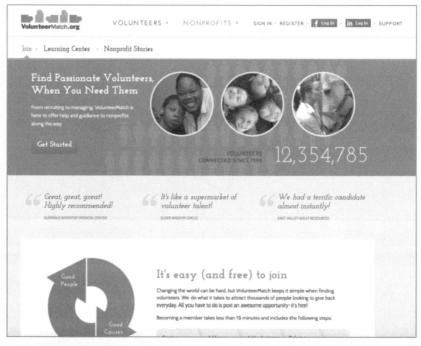

뉴욕 지역만 해도 수백 개의 자원봉사 리스트가 웹사이트에 뜹니다. 총 3,000개가 넘는 자원봉사단체가 이 사이트에 등록되어 있으며 자원봉사를 희망하는 지역을 검색하면 현재 참여할 수 있는 봉사단체를 발견할 수 있을 것입니다. 그중에서 학생이 관심이 있고, 대학에서 희망하는 전공과 연관성이 있는 곳을 선택하여 자원봉사 신청을 하면 됩니다. 자원봉사 분야는 보통 환경, 여성, 인권, 홈리스, 재난, 건강, 어린이, 커뮤니티, 동물, 교육 등으로 구분되어 있습니다.

다양한 봉사활동에 열정이 있는 학생들에게 도움이 될 것입니다.

5. 국제학교 7학년, 미국 보딩스쿨을 생각하고 있다면?

15년 전만 해도 유학하면 미국 보딩스쿨을 생각하는 분들이 대부분이었습니다.

그러다 보딩스쿨의 입학경쟁률이 높아지고 유학 수요가 많아지면서 통학을 하는 Day School로의 유학이 새로운 트렌드가 되기도 하였습니다. 그러다 2010년 이후 국내에도 세계적인 국제학교가 생겨나면서 미국 조기유학으로 대부분 집중되었던 수요가 국내의 국제학교 진학으로 폭발적으로 늘게 되었습니다.

이제는 자녀가 영어로 모든 커리큘럼 과정이 진행되는 미국식, 영국식 또는 캐나다식 학교를 희망한다면 고려할 수 있는 옵션 역시 다양해졌습니다. 하지만 이러한 다양성 때문에 우리는 새로운 고민을 하게 됩니다. 과연 어떠한 형태의 초·중·고 시스템이 우리 자녀에게 많은 경험과 더불어 궁극적으로 희망하는 나라의 대학 진학에 유리한가 하는 것입니다.

초등학교 저학년에 국제학교에 진학하였고 이제는 입시에 조금씩 신경을 써야 하는 7학년이 되었다면, 계속 국제학교에 다니는 것이 좋을지 아니면 미국의 보딩스쿨로 유학을 보내는 것이 좋을지 또는 현재 다니고 있는 국제학교를 졸업하고 해외 대학 준비를 시킬 것인지 고민하게 됩니다.

무엇 하나 정답을 찾아내기가 어렵습니다. 그리고 '미국으로 보낼까?'라는 생각이 들었다가도 다음 날 엄마들 모임에 나가 보면 또 생각이 바뀌기도 합니다. 어른들 자신의 일이라면 결정을 하고 중간 과정에서 어려움이 있더라도 그에 관한 대비까지 고려하여 일을 진행하겠지만 자식 일이라 더 고민이 깊어지기만 합니다.

여기서는 최근 상담의 많은 부분을 차지하고 있는 미국 보딩스쿨의 트렌드와 준비 방법에 관한 제 생각을 정리해보았습니다.

예전에는 미국의 명문 보딩스쿨에 진학하기 위해서는 다음과 같은 준비를 했습니다.

- 95%를 상회하는 SSAT 성적
- 110점을 상회하는 TOEFL 성적
- 훌륭한 중학교 내신 성적
- 악기 또는 스포츠에 관한 재능

기본적으로 갖춰야 하는 이러한 요소들과 학교를 방문하여 실시하는 인터뷰에서 좋은 인상을 주면 어느 정도 합격이 보장되었습니다. 하지만 지금은 중국과 인도 학생이 급증함에 따라 한국 학생의 자리가 상당히 줄어든 것은 사실입니다. 한국 학생이 줄어든 만큼 준비가 매우 잘된 중국 학생들로 그 자리를 채워나가고 있는 것이 현실입니다. 요즘의 미국 보딩스쿨 입시는 대학 진학준비와 매우 유사하다는 생각이 듭니다.

미국의 명문대학은 고등학교 3년(9, 10, 11)간의 꽤 우수한 GPA 관리와 더불어 난이도가 높은 과목 수강 기록 그리고 훌륭한 SAT or ACT, SAT Subject 성적 그리고 자신의 학문적인 깊이, 사회성, 리더십에 관한 부분을 종합적으로 보여주는 Theme 구성까지를 한결같이 요구합니다.

당신은 다른 학생들과 무엇이 다른가? 우리가 수많은 학생 중에서 왜 당신을 선택해야 하는가?

미국 명문 보딩스쿨 입시는 명문대학입시와 그 트렌드를 같이 합니다. 명문 보딩스쿨을 가리켜 Prep School이라고 합니다. 여기서 'Prep'이라는 명칭은 대학 진학 준비에 많은 역량을 쏟고 있는 것을 학교의 목적으로 보여주고 있는 것입니다.

명문 보딩스쿨 합격을 위해서는 '내가 명문학교에 입학 후 어떠한 기여를 할 것인지'를 보여주어야 합니다. 단순히 SSAT, GPA가 높다고 합격할 수 없습니다. 공부 잘하는 학생은 너무나 많습니다. 공부를 잘한다는 것은 다재다능함을 보여주는 것이 아닙니다. 공부는 기본적으로 잘하지만, 학교의 Community를 위해서 어떠한 기여를 할 수 있고, 더 나아가 학교의 명예를 드높일 수 있다는 것으로 어필할 수 있어야 합니다.

어떻게 어필해야 하느냐는 학생의 자질마다 다릅니다.

어떤 학생은 자신의 컴퓨터 코딩 실력을 발휘하여 고등학교 생활에 도움이 되는 mobile application을 제작하여 학교에 기부를 할 수도 있고, 어떤 학생은 자신의 예술 또는 음악적인 영감으로 표현된 포트폴리오 또는 그간의 활동들의 기록을 하나의 경력서로 작성하여 보여줄 수도 있습니다. 그리고 요즘 대입 진학에 사용하는 하나의 도구인 '블로그'를 통하여 자신의 그동안의 관심사와 활동의 기록들을 주제에 맞게 '역사적인 표현기법'으로 보여줄 수도 있을 것입니다. 우리가 사용할 수 있는 테마는 크게 학문적인 우수성과 활동적인 우수성으로 구분할 수 있으며 두 가지를 다 테마로 사용하는 것이 가능한 종합적인 인재도 있고, 아니면 학문적인 깊이는 조금 떨어지지만 활동력이 탁월한 활동성 인재의 모습으로 테마를 구성하여 어필할 수 있을 것입니다. 이러한 준비는 최소 2년 정도의 시간을 갖고 하는 것이 좋습니다.

그렇기 때문에 그러한 모든 활동 기록도 최소 2년간의 블로그

기록으로 남겨놓는 것이 가장 효과적입니다. 대학 진학 시 인터뷰도 중요하지만 명문 보딩스쿨 진학 시 인터뷰는 매우 중요합니다. 요즘 몇몇 학교는 기본적인 인터뷰를 진행하고 그 자리에서 바로 주제를 던지고 에세이를 작성하도록 하는 곳도 있습니다.

명문 보딩스쿨 진학 준비 경험은 추후 대학 진학 준비에도 훌륭한 경험과 실전훈련이 됩니다. 미국 입시의 준비 방법은 동일합니다. 단, 경쟁률만 높아지고 있을 뿐입니다.

어떻게 준비할 것인가에 관한 고민은 빠를수록 좋습니다!

6. 미국의 보딩스쿨 진학 시험, SSAT 시험 신청하기

SSAT 시험은 미국의 SSAT Board라는 곳에서 주관하는 시험으로, 주로 미국의 보딩스쿨(중학교, 고등학교)에 진학하고자 할 때 TOEFL 성적과 함께 준비를 해야 합니다.

시험 신청 사이트는 www.ssat.org입니다. 다음은 사이트의 첫 화면입니다.

이 화면에서 우측 상단의 'Sign up' 버튼을 누르고 학생의 information 을 입력한 후 ID와 Password를 만듭니다. 이 ID와 Password가 있어 야 시험 신청을 할 수 있습니다.

시험 신청 방법은 다음과 같습니다.

① Student ID and Password를 누르고 Login하고 다음의 화면으로 들어갑니다.

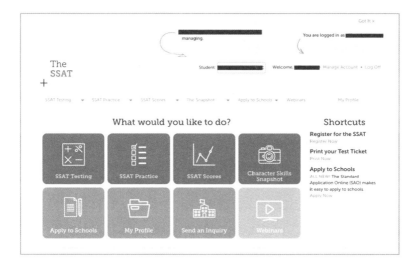

② 시험 신청을 위하여 SSAT Testing을 클릭합니다.

③ 다음의 화면에서 Register for SSAT를 누르고 순서에 따라 입력 을 하면 됩니다.

여기에서 주의할 점은 시험 응시를 위한 국가를 선택할 때, Korea와 관련된 선택이 3개가 뜹니다. 하나는 'Korea(North)' 그리고 'Korea(South)' 그리고 'Korea(Republic of)'입니다. 여기에서 'Korea(Republic of)'를 선택하면 응시할 수 있는 Test Center가 없다고 나옵니다. 이럴 경우에는 당황하지 말고 'Korea(South)'을 선택하면 Test Center가 보일 것입니다. 제주 KIS와 서울 센터인데, 1월 5일 시험은 제주에서는 볼 수 없고 서울 센터에서만 볼 수 있다고 나옵니다.

서울 테스트 센터는 그때그때 시험 장소가 바뀌는 것 같습니다. 예전에는 '압구정중학교'였으나 현재는 '언북중학교'입니다.

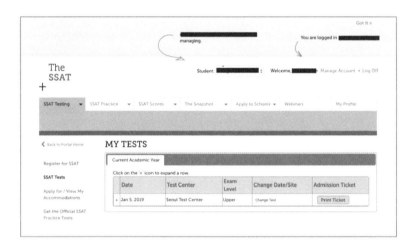

순서에 따라 신청이 완료되면 위와 같이 2019년 1월 5일에 Seoul Test Center에서 Upper level을 응시하도록 등록이 되었다고 나옵니다. Test level은 현재 학년을 입력하면 자동으로 정해지는 사항입니다. 맨 오른쪽에 Admission Ticket이라고 있는데 출력하여 모든 정보가 정확하게 입력이 되었는지를 확인하면 됩니다. 이것으로 시험 신청을 마무리하게 됩니다.

2019년 가을학기에 미국의 사립학교에 진학하고자 하는 학생은 2018년 12월 16일이 마지막 등록 마감일입니다. 잊지 말고 시험 신청을 하고 준비 또한 최선을 다하기 바랍니다.

7. 미국 사립학교 진학 시험, ISEE 알아보기

SSAT는 그동안 정보가 많이 오픈되어 준비하는 방법이나 시험 신청하는 법도 잘 알고 있겠지만, ISEE는 조금 생소할 수 있습니다. 여기서는 미국 사립학교 입학시험인 ISEE에 대해 자세히 알아보겠습니다.

ISEE는 SSAT 시험과 더불어 미국 사립학교를 진학하는 입학시험입니다.

SSAT는 주로 미국의 Boarding School에서 요구하며, ISEE는 미국의 Day School에서 요구합니다. ISEE는 서부 지역의 학교들이 주로 요구하였으나 지금은 미국의 중상위권 Day School과 일부 Boarding School 그리고 국내의 국제학교에서도 입학시험으로 인정하고 있습니다. 만약 진학하고자 하는 학교가 ISEE 성적을 요구한다면 중상위권 수준의 학교라고 보면 됩니다. 만약 진학하고자 하는 사립학교가 ISEE or TOEFL 성적을 요구하지 않고, ELTIS 시험 성적(주로 미국 국무부에서 주관하는 교환학생 지원 시 보는 시험이며, 시험의 수준은 SSAT, ISEE, TOEFL보다는 낮은 수준임. 예전에는 SLEP이라는 시험을 보았음)을 요구한다면 학교의 수준이 그리 높지 않다고 보시면 됩니다. SSAT 시험과의 차이는 오답에 대한 감점이 없고 6개월에 1회만 응시할 수 있다는 것으로 시험 일정을 정하는 데 신중을 기해야 합니다.

ISEE는 응시하는 학년에 따라 총 4개의 level로 구분이 됩니다. 미국의 고등학교 과정에 진학하고자 한다면 제일 난이도가 높은 Upper Level Test에 응시하면 됩니다.

- Primary Level: 현재 1~3학년 재학생으로 2~4학년 과정에 지원하는 학생

- Lower Level: 현재 4~5학년 재학생으로 5~6학년 과정에 지원하는 학생
- Middle Level: 현재 6~7학년 재학생으로 7~8학년 과정에 지원하는 학생
- Upper Level: 현재 8~11학년 재학생으로 9~12학년 과정에 지원하는 학생

ISEE 시험은 총 5개의 파트로 구분이 됩니다.

- Verbal
- Quantitative Reasoning
- Reading Comprehension
- Mathematics Achievement
- Essay

Essay는 30분의 시간이 주어지며 따로 채점을 하지 않고 지원하는 학교로 학생이 작성한 Essay가 전달됩니다. ISEE 시험을 통해서도 Essay를 작성하여 제출하지만, 요즘 중상위권 명문 사립학교들은 인터뷰 과정에서 주제를 내주고 에세이를 현장에서 작성하도록 하는 경우도 있으니, 에세이 쓰기 훈련은 꼭 시험을 위해서보다는 평소에 꾸준한 준비가 필요합니다.

이 외 객관식 시험에 소요되는 시간은 level별로 다음과 같습니다.

- Lower Level: 140분
- Middle Level: 160분
- Upper Level: 160분

ISEE 시험을 신청하는 방법은 다음과 같습니다.

시험은 ERB라는 사이트에서 신청합니다. (다음 링크 참조)

https://www.erblearn.org/parents/isee-registration

현재 시험장은 서울, 경기지역에 3곳(한미교육위원단 지정 2곳, 경기도의 유학원)과 제주도에서 응시할 수 있습니다. 제주도는 한라대학교에서 시험이 가능합니다. 하지만 ERB site에는 서울 시험장만 나오는데 제주도에서 시험을 보기 위해서는 세인트존스베리 학교로부터 초대 번호를 받고 시험 등록을 진행해야 합니다.
  다음은 시험 신청 방법입니다.

* 출처: www.erblearn.org

ISEE 시험 등록을 위해서는 우선 부모님 또는 가디언이 먼저 사이트에서 등록을 해야 합니다. 화면에서 'Register Now'를 클릭하면 다음의 화면으로 넘어갑니다.

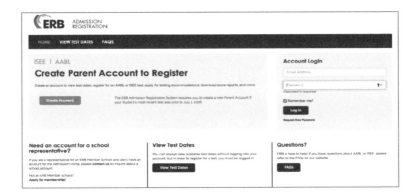

여기에서 'Create Account'를 클릭하고 부모님 정보를 등록합니다. Account ID는 E-mail address를 등록하니 평소에 가장 많이 쓰는 이메일(gmail address를 권장) 주소를 등록하면 됩니다.

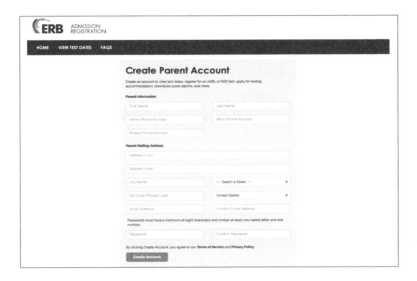

앞의 화면에서 부모님 정보를 등록합니다. 주소는 한국식 표기 순서와 반대로 입력합니다. 국가 설정에서 북한과 남한이 있으므로 남한의 영어 표현을 정확히 선택하시기 바랍니다.

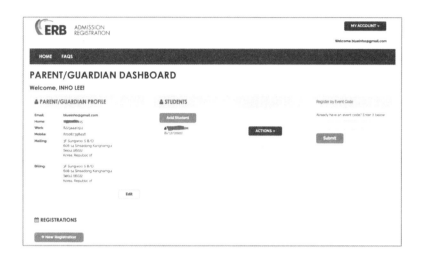

부모님 정보 입력이 끝나면 위의 화면에서 'Add Student'를 클릭하고 시험 신청을 희망하는 학생의 정보를 입력합니다. 학생 정보 입력을 끝낸 후 위의 화면 하단의 Registrations part에서 'New Registration'을 클릭하고 시험 신청을 하면 됩니다.

시험 신청 화면으로 들어가면 3개월 단위로 시험 응시 기간을 정할 수 있습니다.

응시 기간을 선정하고 화면에 뜬 테스트 센터를 클릭하면 응시할 수 있는 날짜가 표시되는데 날짜를 지정하고 신용카드로 응시료를 지불하면 됩니다.

모든 응시 과정이 끝나고 약 30분 뒤에 입력했던 이메일로 응시가 마무리되었다는 Confirm letter와 영수증이 전달이 될 것입니다.

이것으로 시험 신청이 마무리됩니다.

8. 스마트한 시간(일정) 관리 가이드

　우리가 학교생활을 하든 직장생활을 하든 가장 중요한 것 중의 하나가 바로 '시간 관리'입니다. 시간 관리가 매우 중요하다는 것을 알지만 관리하는 방법을 모르거나 아니면 그냥 머릿속으로 기억하는 형태 또는 그때그때 해야 할 일들을 메모하는 등의 방법으로 시간 관리를 하곤 합니다. 특히 학생들에게 있어 시간 관리는 정말 중요한 일이지만 몇몇 학생들을 제외하곤 대부분 방법을 모르거나 시간 관리라는 생각조차 하지 않고 시간을 보내고 있는 것도 사실입니다.

　다음 그림은 어느 학생의 시간 관리 예시입니다.

오후 3시
Mr. Counselor 미팅- 전공에 관해서 궁금한 사항 물어볼 것

오후 4시
DECA Club 모임- 2017년 가을 미국 Conference 참여건 논의해야
함

오후 5시
하교 및 SAT단어 이동간 5개 암기

오후 6시
씻고 저녁식사하기

오후 7시
숙제

오후 9시
SAT II Math IIC 문제풀이 1셋트 & 리뷰하기

Reading Book(Newsweek)만들기- 1페이지!

SAT 단어 5개 반복점검!

오후 11시
휴식 및 취침

세밀하고 구체적으로 작성된 것이 보입니다.
다음은 학생들을 위한 시간 관리 방법을 정리해보았습니다.

① 우선 요즘은 손으로 적는 다이어리보다 컴퓨터와 스마트폰이
훨씬 보기가 편하므로 컴퓨터 & 스마트폰을 연동하여 일정을
관리하는 방법을 추천합니다. 맥북과 아이폰의 경우 '캘린더'
라는 프로그램이 있습니다. 컴퓨터를 켜고 작업을 하고 있을
때는 바로 맥북의 '캘린더' 프로그램을 열어서 입력하면 되고,
이동 중 또는 컴퓨터 작업을 하고 있지 않을 때에는 아이폰의

'캘린더' 앱을 열어서 입력하면 됩니다. 두 기기는 Apple ID에 log on이 되어 있는 상태라면 동시에 연동됩니다.

② 구체적인 관리 방법은, 우선 특정한 시간대에 해야 할 일은 해당 시간대에 그냥 '무슨 약속' 입력하지 말고 누구를 만나서 할 일까지 간단하게 기록합니다. 그리고 일정의 색깔은 '빨간색'으로 지정하기를 권합니다. 빨간색으로 지정하는 이유는 잊지 않고 약속을 지키기 위해 눈에 띄게 표시하기 위해서입니다.

다음으로 특정한 시간대에 해야 할 일은 아니더라도 다음 날 아무 때나 잊지 말고 해야 할 일은 예상되는 적절한 시간대에 해야 할 일 또는 리마인드가 필요한 일을 입력하고 일정의 색깔은 '노란색' 정도로 지정합니다. 그리고 해야 할 일이 하나씩 끝날 때마다 해당 일정의 색깔을 '파란색'으로 변경합니다. 저녁시간에 또는 취침 전에 오늘 하고자 했던 일이 얼마나 마무리가 되었는지는 '파란색'으로 모두 바뀌어 있으면 원래 계획했던 일을 다 끝낸 것이고, 아직도 '노란색'이나 '빨간색'이 남아 있다면 끝내지 못했음을 알게 됩니다. 취침 전에 여전히 '노란색 또는 빨간색이 남아 있다면 해당 일정을 클릭하여 다른 날의 적절한 시간대로 일정 변경을 하도록 합니다.

이러한 일정 관리가 주는 장점은 다음 날 또는 어느 특정한 날에 해야 할 일을 미리 생각할 수 있다는 것이고 꼭 해야 하는 일을 잊지 않고 마무리를 할 수 있다는 점입니다. 그리고 더 중요한 점은 일정 관리가 익숙해지면 훨씬 효율적으로 시간 활용이 가능하다는 것입니다.

학생들과 상담을 하다 보면 "시간이 부족해요!"라는 이야기를 많이 들게 됩니다. 사람에게 가장 공평한 것은 주어진 시간입니다. 모든 사람에게 '24시간'만 주어지니까요. 하지만 24시간을 어떻게 활용하는지는 사람마다 큰 차이가 날 것입니다. 공평하게 주어진 시간을 공평하지 않게 활용하고 대우하는 것은 시간 관리를 잘 해야 하는 학생들의 몫인 것입니다. 나중에 고등학교를 졸업하고 대학에 진학하면 고등학교 학업량의 3배 이상을 해내야 할 것입니다. 특히 미국 유학을 계획하는 경우 영어로 모든 것을 해야 하기에 미국 학생들에 비해 학업에 투자하는 시간을 더 필요로 할 것입니다. 이 때문에 절대적으로 시간 관리는 필요합니다.

"시간을 헛되이 보내면 안 돼!"라고 백 번 이야기하는 것보다 이러한 시간 관리 방법을 알려주고 잘할 수 있도록 격려해야 하는 것이 우리 어른들의 몫일 것입니다. 모든 학생들이 시간과의 싸움에서 승리하게 되기를 진심으로 바랍니다.

9. 자녀에게 득이 되는 대화법

많은 부모님들이 호소합니다.
자녀와 대화하기가 너무 힘들다고….
예를 들어 대학 원서 작성을 해야 하는 마지막 여름방학을 보내야 하는 학생이 있습니다.
여름에 열 군데가 넘는 대학에 원서도 작성해야 하고 미처 끝내지 못한 SAT 시험 준비도 해야 합니다. 학생은 마음이 바빠서 얼굴이 벌겋게 달아올라 있습니다. 물론 미리미리 해야 할 일을 해놨으면 이처럼 마지막 여름에 한꺼번에 몰아치는 경험을 하지 않아도 될 것입니다. 엄마는 아이의 준비 부족 때문에 화가 나 있습니다.

자꾸 준비는 하지 않고 태만하게 지낸 과거의 일을 끄집어내서 아이 기분을 상하게 합니다. 아이 자신도 부족하게 보낸 지난 시간을 충분히 인지하고 있고 마지막 남은 여름에 나름대로 열심히 하고 싶은 마음이 있으나 엄마의 반응 때문에 짜증이 납니다. 때로는 "다 포기해버릴까?" 하는 생각도 듭니다.

결론은 이렇습니다. 부모님과 아이의 공동목표는 남은 시간에 최대한 실현 가능한 계획을 세워서 부족한 부분을 보완해 최선의 결과를 만들어내는 것입니다. 같은 목소리를 내야 하지만 감정이 섞이게 되면 현실의 목표는 옆으로 제쳐놓고 자꾸 감정싸움을 하게 됩니다.

18세 정도가 되면 자녀에게 한 번쯤은 결정권을 넘겨줘도 됩니다. 어차피 이 나이가 되면 부모님의 잔소리 때문에 하고 싶지 않은 공부에 갑자기 열정이 생기는 시기는 지났다고 볼 수 있습니다. 차라리 이런 경우는 냉정한 현실을 설명해주고 남은 시간에 할 수 있는 최선의 방법을 자녀와 의논한 후 판단과 결정 그리고 책임을 자녀에게 넘겨주는 방법이 더 효과적이라 생각합니다.

이때 대화법이 중요합니다.

그동안 아이의 생활이나 태도에 대한 부모님의 속상하고 안타까운 심정이야 백 번 이해가 되지만, 현재가 중요하고 앞으로가 중요하지 지나간 시간에 연연하는 것은 도움이 되지 않는다고 말씀드릴 수 있습니다. 중요한 사실은 현재 그리고 앞으로도 지난날과 같은 마음가짐으로 시간을 보내게 된다면 어떻게 될지를 냉정한 목소리로 전달해야 한다는 것입니다. 최대한 감정을 배제하고 말입니다.

동기부여는 감정에 대한 호소도 아니고 윽박지름도 아니고, 네가 수고하면 이런 혜택이 너에게 있을 거라는 설명과 더불어 신뢰를 심어주면 되는 것입니다. 자녀들은 겉으로는 표현하지 않아도 그리고 지금은 노력하고 싶지 않아도 자신의 미래에 대한 막연한 두려움, 걱정을 분명히 하고 있습니다. 그 부분을 이야기하면 됩니다.

어떤 인생을 살고 싶은가?

어떤 어른으로 30년 이상을 살고 싶은지를 물어보십시오. 자녀와의 이런 대화가 어색하고 쑥스러울 수도 있을 것입니다.

때로는 바로 앞에 보이는 공부, 대학 이야기보다 대학 졸업 이후의 미래를 같이 그려보는 과정을 통하여 우리 자녀들에게 큰 깨달음을 줄 수도 있습니다.

자녀와의 대화를 두려워하지 마십시오. 아이들은 어쩌면 지금 이 순간에도 부모님과의 그런 대화를 기다리고 있을지 모르니까요.

10. 저학년을 위한 책 읽기

책 읽기는 매우 중요합니다. 그리고 이러한 훈련은 고등학생이 되어 SAT 공부를 시작할 때 Reading이 어려워서 고득점으로 가는 데 어려움을 느끼는 문제를 상당 부분 해결해줄 수 있을 것입니다. 그리고 독서는 꾸준하게 해야 합니다. 가능하면 일정시간을 정해놓고 방학 때만 집중적으로 하는 것이 아니라, 독서에 관한 올바른 습관을 통하여 평생 해야 하는 일(가능하면 즐겨서)이라는 것을 자녀에게 알게 하는 일이 중요할 것입니다.

책 읽기는 해당 지문을 독해를 했느냐 하지 못했느냐도 중요하지만 전체적인 내용의 흐름과 저자의 생각을 이해할 수 있느냐가 더 중요합니다. 그렇기 때문에 '독해 문제'를 풀듯이 한 문장 한 문장 정확한 독해를 하는 데 너무 많은 시간과 에너지를 쏟지 않도록 해야 합니다. 그리고 가능하면 주변에서 올바른 독서를 도와줄 수 있는 선생님의 도움을 받는 것도 좋은 방법입니다. 미국학교에서 실제로 진행되는 것과 마찬가지로 작품 1권당 적게는 2회(독서 능력이 뛰어나서 중간 이해 단계에서 별도로 선생님의 도움이 필요 없는 경우)에서 많게는 4~5회 정도 지도를 받게 하는 것도 좋은 방법입니다.

다음 추천하게 될 필독서들은 실제 학교 영어 문학시간에도 많이 다루어지는 작품들이니 방학 때 이러한 작품들을 읽어본다면 신학기에 도움이 될 것입니다.

중요한 점은 자녀가 책 읽기를 즐겨서 어떤 주제의 책이든지 흥미롭게 독서를 하면 걱정할 일이 없겠지만, 대부분의 학생들은 이러한 작품들을 자발적으로 읽는 것을 부담스러워 하게 마련입니다. 영어로 바로 읽기가 부담된다면 우선 한국말로 된 책을 통하여 전체적인 줄거리, 저자가 전달하고자 하는 의견에 관하여 일차적인 이해를 하고 영어책으로 넘어가는 것도 괜찮은 방법입니다.

다음은 8~9학년 학생들이 꼭 읽어보길 권하는 도서 목록입니다. 특히나 2013년 이후 미국의 학교에 새롭게 도입된 커리큘럼인 '커먼 코어(Common Core)'에서도 강조하는 작품들이니 참고하시기 바랍니다.

- The Outsiders, S.E. Hinton (아웃사이더, 영화도 있음)
- To Kill a Mocking Bird, Harper Lee (앵무새 죽이기)
- Romeo and Juliet, Shakespeare (로미오와 줄리엣)
- Animal Farm, George Orwell (동물농장)
- 1984, George Orwell (1984)
- Old Man and the Sea, Hemingway (노인과 바다)
- Lord of the Flies, Wiliam Golding (파리대왕)

- The Catcher in the Rye, J.D. Sanlinger (호밀밭의 파수꾼)
- Fahrenheit 451, Ray Bradbury (화씨451)
- The Giver, Lois Lowry (기억전달자)
- Of Mice and Man, Steinbeck (생쥐와 인간)
- The Curious Incident of the Dog in the Night Time, Mark Haddon
  (한밤중에 개에게 일어난 의문의 사건)
- Night, Elie Wiesel (흑야)
- Persepolis, Marjane Satrapi (페르세폴리스, 영화도 있음)

중학생이 반드시 읽어야 할 책 100권

다음의 도서 목록은 Goodreads Book Club의 'Top 100 Middle School Must-Reads'
입니다.

1. Harry Potter Series Box Set (Harry Potter, #1-7) by J.K. Rowling
2. The Giver by Lois Lowry
3. The Hunger Games (The Hunger Games, #1) by Suzanne Collins
4. Holes (Holes, #1) by Louis Sachar
5. The Lightning Thief (Percy Jackson and the Olympians, #1)
    by Rick Riordan
6. The Outsiders by S.E. Hinton
7. Bridge to Terabithia by Katherine Paterson
8. The Hobbit or There and Back Again by J.R.R. Tolkien
9. Number the Stars by Lois Lowry
10. The Lion, the Witch and the Wardrobe (Chronicles of Narnia, #1) by C.S.
    Lewis
11. Harry Potter and the Sorcerer's Stone (Harry Potter, #1) Matilda
    by Roald Dahl
12. Matilda by Roald Dahl
13. The Diary of a Young Girl by Anne Frank
14. The Book Thief by Markus Zusak
15. Charlie and the Chocolate Factory (Charlie Bucket, #1) by Roald Dahl
16. Stargirl (Stargirl, #1) by Jerry Spinelli
17. To Kill a Mockingbird by Harper Lee
18. Catching Fire (The Hunger Games, #2) by Suzanne Collins
19. Hatchet by Gary Paulsen
20. Island of the Blue Dolphins (Island of the Blue Dolphins, #1)

by Scott O'Dell

21. Harry Potter and the Chamber of Secrets (Harry Potter, #2)
by J.K. Rowling

22. Harry Potter and the Prisoner of Azkaban (Harry Potter, #3)
by J.K. Rowling

23. Harry Potter and the Deathly Hallows (Harry Potter, #7)
by J.K. Rowling

24. Harry Potter and the Goblet of Fire (Harry Potter, #4)
by J.K. Rowling

25. Harry Potter and the Half-Blood Prince (Harry Potter, #6)
by J.K. Rowling

26. Harry Potter and the Order of the Phoenix (Harry Potter, #5)
by J.K. Rowling

27. Where the Sidewalk Ends by Shel Silverstein

28. Diary of a Wimpy Kid (Diary of a Wimpy Kid, #1) by Jeff Kinney

29. A Wrinkle in Time (Time Quintet, #1) by Madeleine L'Engle

30. Divergent (Divergent, #1) by Veronica Roth

31. Wonder by R.J. Palacio

32. The Sea of Monsters (Percy Jackson and the Olympians, #2)
by Rick Riordan

33. The Titan's Curse (Percy Jackson and the Olympians, #3)
by Rick Riordan

34. Anne of Green Gables (Anne of Green Gables, #1) by L.M. Montgomery

35. Where the Red Fern Grows by Wilson Rawls

36. Speak by Laurie Halse Anderson

37. Esperanza Rising by Pam Muñoz Ryan

38. Walk Two Moons by Sharon Creech

39. The Princess Bride by William Goldman

40. The Battle of the Labyrinth (Percy Jackson and the Olympians, #4)
by Rick Riordan

41. The Last Olympian (Percy Jackson and the Olympians, #5)

by Rick Riordan

42. The Uglies Trilogy (Uglies, #1-3) by Scott Westerfeld

43. Ender's Game (Ender's Saga, #1) by Orson Scott Card

44. Tuck Everlasting by Natalie Babbitt

45. The Bad Beginning (A Series of Unfortunate Events, #1) by Lemony Snicket

46. The Lorax by Dr. Seuss

47. The BFG by Roald Dahl

48. Mrs. Frisby and the Rats of NIMH (Rats of NIMH, #1) by Robert C. O'Brien

49. Little Women by Louisa May Alcott

50. Maniac Magee by Jerry Spinelli

51. The Twilight Collection (Twilight, #1-3) by Stephenie Meyer

52. The Lost Hero (The Heroes of Olympus, #1) by Rick Riordan

53. The Mysterious Benedict Society (The Mysterious Benedict Society, #1) by Trenton Lee Stewart

54. Mockingjay (The Hunger Games, #3) by Suzanne Collins

55. Watership Down (Watership Down, #1) by Richard Adams

56. The Graveyard Book by Neil Gaiman

57. The Chronicles of Narnia (Chronicles of Narnia, #1-7) by C.S. Lewis

58. Ella Enchanted (Ella Enchanted #1) by Gail Carson Levine

59. Twilight (Twilight, #1) by Stephenie Meyer

60. Artemis Fowl (Artemis Fowl, #1) by Eoin Colfer

61. Are You There God? It's Me, Margaret by Judy Blume

62. The Absolutely True Diary of a Part-Time Indian by Sherman Alexie

63. The Time Trilogy (Time Quintet, #1-3) by Madeleine L'Engle

64. Eragon, Eldest & Brisingr (Inheritance, #1-3) by Christopher Paolini

65. J.R.R. Tolkien 4-Book Boxed Set: The Hobbit and The Lord of the Rings by J.R.R. Tolkien

Girls in Pants (Sisterhood #1-3) by Ann Brashares

91. Because of Winn-Dixie by Kate DiCamillo
92. Jacob Have I Loved by Katherine Paterson
93. Brainwalker by Robyn Mundell
94. Life As We Knew It (Last Survivors, #1) by Susan Beth Pfeffer
95. Shiver (The Wolves of Mercy Falls, #1) by Maggie Stiefvater
96. Fahrenheit 451 by Ray Bradbury
97. The Tale of Despereaux by Kate DiCamillo
98. Animal Farm by George Orwell
99. The Eighth Day (Eighth Day, #1) by Dianne K. Salerni
100. The Phantom Tollbooth by Norton Juster

2장
미국 대학입시를 위한
학년별 점검

1. 8학년

첫째, 9학년부터 12학년까지의 커리큘럼 플랜을 짜봅니다. 9학년부터 고등학교가 시작됩니다. 미국대입의 가장 핵심 요소인 내신관리를 시작해야 합니다. 이를 위해서는 9학년부터 학년별로 어떤 과목들을 들을지 미리 커리큘럼 플랜을 짜보는 것은 매우 중요합니다. 기존에 재학했던 학교를 계속 다니는 학생들도 있을 것이고, 9학년에 새로운 학교로 전학 또는 유학을 가는 학생도 있을 것입니다.

가장 먼저 학교에 문의를 하여 고등학교 커리큘럼 리스트를 받으십시오. 영어, 수학, 과학, 사회 또는 역사, 제2외국어 그리고 나머지 선택 과목 등 어떤 과목들이 있는지를 우선 살펴보십시오. 대학에서 공부하고 싶은 전공 분야가 정해져 있다면 가장 좋은 경우인데, 미리 어떤 과목을 중심으로 커리큘럼 플랜을 짜야 할지 효과적으로 선택할 수 있기 때문입니다. 우선 가장 자신 있고 또는 가고자 하는 대학의 전공과 관련된 과목의 최상위 과목(가장 어려운 과목)이 무엇인지를 파악하십시오. 그리고 그 최상위 과목을 12학년 또는 11학년에 포지셔닝을 해야 한다면 그 아래 학년(9, 10학년)에 어떤 과목을 이수해야 하는지를 학교의 커리큘럼 설명을 통해 이해하기 바랍니다.

AP 커리큘럼으로 운영이 되는 학교의 계획표는 좀 수월할 것이고, IB 학교는 11학년, 12학년(또는 12학년, 13학년)에 수강할 HL 과목(전공 심화 과목)을 미리 정해보고 그 과목으로 가기 위한 9, 10학년 이수 과목이 무엇인지를 파악해보십시오.

생각보다 많은 분이 학교의 커리큘럼 리스트를 제대로 파악하지 않습니다. 잘 살펴보면 재학 중인 학교의 커리큘럼 구조가 머릿속에 정리될 것입니다. 머릿속에 정리를 해야 하는 이유는 예상 계획대로 커리큘럼이 진행되지 못하거나, 선택의 문제가 생겼을 때 어떤 과목을 선택하는 것이 더 효율적이고 유리한가를 판단하는 데 도움이 되기 때문입니다.

둘째, 고등학생이 되면 참여가 가능한 교내의 클럽 리스트를 확보하십시오. 이름만으로 파악하기가 어렵다면 고등학교 카운슬러나 선배님을 찾아가 해당 클럽이 어떤 활동을 하는 것인지를 정확히 파악하고, 얼마나 열심히 활동하는 클럽인지 아니면 이름만 있는 클럽인지 또는 외부의 대회 등과도 연계되어 있는지 등을 잘 알아보기 바랍니다. 9학년 때는 활동에 너무 많은 욕심을 부리기보다 2개 정도의 클럽에 참여하는 것이 적당합니다. 하나는 아카데믹한 클럽이 좋겠고, 하나는 리더십 또는 사회성을 보여줄 수 있는 클럽이 좋습니다. 다시 말해 하나는 좀 학구적이고 하나는 재미있는 클럽을 선택하라는 이야기입니다. 고등학생이 되어서 참여하고 싶은 교내 클럽 2개를 정해놓으세요. 그리고 언제 클럽 데이가 열리는지도 미리 파악해놓기 바랍니다. 만약 내가 하고 싶은 클럽이 리스트에 존재하지 않는다면 고등학교 때 교내 클럽을 창설하기 위한 조건을 알아보는 것도 좋습니다. 리더십을 보여줄 수 있는 좋은 기회로 활용할 수 있기 때문입니다.

셋째, 전공 공부를 시작하세요. 관심 있는 특정 전공만 공부할 게 아니라 우선은 미국의 대학에 어떠한 전공들이 있는지 하나씩 살펴본다는 기분으로 접근해보기를 권합니다. 특정 전공을 택해 대학에서 배우는 과목이 무엇인지, 사회 나와서 어떠한 직업으로 연결되는지, 해당 전공이 좋은 대학은 어떤 대학들이 있는지 등을 파악해보고 관심이 있다면 대학교 홈페이지도 한 번씩 둘러보는 것도 좋습니다.

넷째, College Note를 준비하세요. 앞으로 3년 이상 수집한 대학 준비 정보를 이 Note에 기록할 것입니다. 3년 뒤에 작성해야 하는 원서에 자신이 어떠한 사람으로 대학 측에 보이고 싶은지를 그려보십시오. 아직 8학년 아이들에게는 자신만의 '테마 만들기'라는 주제는 좀 어려울 수 있으나 어떤 사람으로 보이고 싶은지를 생각해보고 Note 제일 앞장에 적어보기 바랍니다. 그리고 대학에 보이고 싶은 자신의 모습을 위해서 구체적으로 어떤 노력을 할 것인지에 대해서도 생각날 때마다 적어봅니다. 이 방법은 의외로 10학년 경에 자신의 '테마'를 정립하는 데 꽤 도움이 되기도 합니다. 그리고 이 방법을 통하여 학생들은 자신의 부족한 점과 장점에 대해서 진지하게 생각해보는 계기가 되기도 합니다. 자신의 모습은 자신이 만들어가는 것이 중요합니다.

다섯째, 여름방학 때 가장 신경 써야 하는 것은 '영어 실력'입니다. 단순하게 시험 성적을 높이는 공부가 아니라, 잘 읽고 잘 쓰는 훈련이 중요합니다. 잘 읽고 잘 쓰려면 생각하는 훈련이 필요한데, 잘 생각하기 위해서는 잘 읽는 것이 중요합니다. 읽고, 쓰고, 생각하고는 연결이 되어 있습니다.

구체적인 방법은 '리딩북 만들기'의 양을 늘리는 것입니다. 학기 중에 주 2~3페이지를 진행했다면 방학 중에는 일주일에 최소 10~15페이지 정도의 학습량이 적당합니다.

리딩북 만들기를 통해서도 단어 학습을 하겠지만, 좀 더 적극적인 단어 학습을 희망한다면 Word Smart Junior(The Princeton Review)를 방학 동안 공부하고, 그 단어가 익숙해진 후, Word Smart까지 섭렵할 수 있다면 최고의 공부가 될 것입니다.

여섯째, 운동을 해야 합니다. 특히 근력과 지구력을 키우는 운동을 꾸준히 해야 합니다. 고등 공부부터는 체력이 중요합니다. 그리고 위기의 상황에서 자신의 생명을 지킬 수 있도록 수영 등은 배워두는 것이 좋습니다. 운동은 주3회 정도 꾸준히 규칙적으로 하길 권합니다.

2. 9학년

현재 9학년에 재학 중인 학생들은 중학교 때보다 훨씬 난이도가 높아진 학교공부와 한 학년이 빠르게 지나간다는 사실을 느끼고 있을 것입니다. 9학년은 미국 입시를 고려한다면 모든 것이 시작되는 학년입니다. SAT, ACT 등의 시험도 9학년 1학기부터 적용되고 활동의 기록도 9학년부터 진행되었던 내용만 대학 원서에 기록할 수 있습니다.

우선 9학년의 과목은 거의 학교에서 일률적으로 정해진 틀 안에서 진행이 될 것입니다. 특정 과목(수학 등)을 잘하는 경우 한 단계 정도 앞선 과목을 배울 수는 있겠으나, 그 외 영어, 과학, 역사 또는 사회 등의 과목은 현재 재학 중인 학교에서 권장하는 과목 안에서 진행이 되고 있을 것입니다.

과목상으로 보았을 때 잘하는 학생과 부족한 학생의 차이가 크게 느껴지지 않은 커리큘럼이 9학년 과목 구성입니다. 하지만 10학년부터는 9학년에 들었던 과목의 결과를 기반으로 조금씩 커리큘럼 상의 차이가 시작됩니다.

우선 영어를 예로 들어보겠습니다. 9학년에 A 성적이 나온 학생은 10학년 영어 과목에서 Honors 수업을 권유받을 것입니다. 10학년에 Honors를 듣고 다시 A 성적을 받은 학생은 11학년에 AP English Language로 가게 됩니다. 그렇지 못한 학생은 11학년 Regular 과목을 듣게 되겠죠. 9학년 성적의 결과는 10학년부터 그 수준 차이가 벌어지기 시작하는 것입니다.

다음으로 수학을 보겠습니다. 9학년에 대부분의 학생들이 듣는 Geometry를 들었던 학생 중 성적이 우수한 학생은 10학년에 Algebra II honors로 갈 것이고, 이 학생은 학교의 커리큘럼 특성에 따라 Pre Calculus honors로 가거나, 특정 국제학교의 경우 Algebra II honors에서 바로 AP Calculus ab로 가기도 합니다.

그렇게 되면 12학년 마무리 과목은 AP Calculus bc로 동일하게 끝납니다. 하지만 이과, 특히 공학 분야 전공을 희망하는 학생의 경우 11학년 수학은 가능하면 AP Calculus bc로 갈 수 있도록 사전에 커리큘럼 조정이 필요합니다.

역사도 볼까요? 대부분이 학생은 9학년에 World History I 또는 Ancient World History를 수강했을 것입니다. 대부분의 학생은 World History II 또는 Modern World History로 가겠지만, 9학년에 성적 관리를 잘한 학생은 10학년에 바로 AP World History 같은 과목으로 벌써 AP 과목에 대한 도전이 시작됩니다. 당연히 10학년에 AP World History를 수강한 학생은 자연스럽게 11학년에 AP US History로 연결될 것입니다.

여기에서 중요한 사항은 일반적인 학생은 11학년에 잘해야 AP 과목이 수학 또는 과학이 가능하겠지만, 역사 과목을 10학년부터 AP를 시작한 학생은 11학년까지의 AP 과목의 수가 2배수 차이가 납니다.

미국 대학은 11학년까지 난이도가 어려운 AP 과목을 몇 과목 수 강했는지도 중요하게 생각하며, 수행했던 과목 수에 따라 별도의 honors 등급을 주기도 합니다.

이쯤 설명했으면 9학년 과목의 내신에 따라 10학년, 11학년에 미치는 영향이 생각보다 크다는 것을 알게 되었을 것입니다.

다음은 활동 면에 대해서 이야기해보겠습니다.

9학년에 어떤 클럽을 시작하였나요? 시작한 그 클럽이 자신이 대학에서 전공할 전공과목과의 연관성이 있나요? 아니면 아직 전공 과목과의 연관성은 찾지 못하였더라도 자신이 10학년, 11학년까지 연장해서 할 만한 가치가 있는 클럽인가요? 혹시나 흥미도 없고 하기 싫은 활동을 억지로 하고 있지는 않은가요?

미국 대학은 최소 2년 정도의 활동 기록을 요구합니다. 이것은 9학년이 자신이 관심 있어서 시작했던 활동에 흥미를 느끼지 못했고 즐겁지도 않았다면 빨리 다른 활동으로 변경을 할 수 있는 마지막 학년이라는 이야기입니다. 9학년은 자신이 즐거움을 느끼고 열정을 쏟을 수 있는 활동을 찾아내야 하는 시기입니다. 억지로 하고 있다면 계속해서 할 필요가 없습니다. 10학년부터 11학년까지 변경하지 않을 활동을 찾고 정하기 바랍니다.

다음은 여름방학에 관한 이야기를 해보겠습니다.

어떠한 여름 계획을 세워 놓았나요? 우선은 학습적인 면을 먼저 이야기해봅시다.

대부분의 9학년을 끝낸 학생들은 여름방학 기간에 짧게는 4주에서 8주 정도의 기간 동안 SAT English(Reading & Grammar)와 SAT Essay 공부에 시간을 투자해야 합니다. 간혹 학생 중에 '시험은 11학년에 볼 건데 지금 공부하면 다 잊어버리지 않나요?'라는 질문을 합니다. 중요한 사실은 11학년에 올라가는 여름방학 한 번에 절대 원하는 SAT 성적을 받기가 어렵다는 것입니다. 최소한 이번 여름방학 때 SAT 영어성적 650점 이상, 에세이 18점 이상의 성적은 확보하기 바랍니다. (최소입니다!) 한번 만들어진 SAT 성적은 잠시 공부를 놓았다고 해서 다시 원점으로 돌아가지 않습니다. SAT 시험 준비가 얼마나 어려운지, 얼마나 많은 단어를 활용해야 하는지 먼저 느껴보는 것이 필요합니다. 그리고 가능하다면 학기 중에 SAT Reading 공부와 에세이 공부는 꾸준히 지속하는 것이 필요합니다.

선행학습은 필요한 학생도 있고 필요 없는 학생도 있으니 특별히 이야기를 하지는 않겠습니다. 단, 10학년부터는 내신의 중요도가 '확' 올라간다는 사실만 기억하세요. 철저한 내신관리가 필요합니다. 절대 포기하지 말아야 하는 것은 내신입니다. 내신이 망가지면 그 어느 것(SAT, 활동)으로도 회복이 되지 않습니다. 내 목숨처럼 지켜야 하는 것이 내신입니다.

그 외 전공에 관한 공부를 시작해보십시오. 세상이 어떻게 바뀌고 있는지 관련 잡지나 인터넷 기사도 눈여겨보기 바랍니다. 전공은 직업과 연관됩니다. 그리고 직업은 최소 30년 이상 같은 분야에서 일을 해야 하는 매우 중요한 선택입니다. 전공에 대해서 제대로 공부하고 자신이 공부할 학문에 미리 관심을 가져 보는 것이 중요합니다.

현재 9학년인 학생은 여전히 많은 시간이 남아 있습니다.

하지만 1년이 지난 후 '10학년 1년을 뭐를 하고 보냈지? 또 시간이 후딱 지나갔네!'와 같은 생각을 하지 않도록 철저하게 준비하고 치열하게 보내기 바랍니다.

3. 10학년

어떻게 보면 미국 입시에 있어서 가장 중요한 학년은 '현 10학년'이라고 할 수 있습니다. 남은 시간이 많지도 적지도 않고 딱 '적당'합니다. 하지만 여유가 있지도 않습니다.

10학년 학생은 이번 여름방학이 끝나면 대학 원서 마감까지 1년여의 시간을 남겨놓은 입장이 됩니다. 어떤 학생에게는 아직도 1년이라는 느낌으로 다가올 수도 있겠지만, 대부분의 학생들은 1년이라는 시간이 터무니없이 빨리 지나가는 것을 느끼게 될 것입니다.

우선 11학년 공부부터 난이도가 많이 올라갑니다. AP 학교에 재학 중인 학생은 적게는 AP 과목 1개에서 많게는 4과목을 수행하는 학생들도 있을 것이고, IB 학교에 재학 중인 학생은 본격적인 IB 과정이 시작되는 학년이기도 합니다. 그리고 미국 입시에서 가장 중요한 항목인 내신성적(GPA)의 비중이 가장 큰 학년이기도 합니다. 11학년의 내신은 2가지 의미를 갖습니다. 첫째는 전공 심화 과목에서의 우수성을 보여줘야 합니다. 대학에 들어가서 공부하고자 하는 전공과 관련된 과목의 선정이 중요합니다. 그리고 난이도가 있는 과목에 대한 관리 능력을 보여주는 것이 필요합니다. 미국 대학입시를 준비하는 그 어느 누구에게나 11학년은 가장 바쁜 시기이고, 과목의 난이도도 올라가고, 미국 입시시험인 SAT, ACT, SAT Subject 성적도 나와야 하는 시기입니다.

많은 선배들은 이야기합니다.

"일찍 시작해라!"

미국 입시는 챙겨야 할 사항이 많습니다. 미국 대학은 바쁜 11학년의 기간 동안 내신, 활동, 각종 시험들을 얼마나 잘 관리했는지를 중요한 입학사정의 요소로 고려합니다. 11학년에 한꺼번에 모든 것이 몰아치는 경험을 하고 싶지 않다면 "일찍 시작하십시오!" 이것이 유일한 방법입니다.

첫째, 현재 10학년 학생은 우선 11학년에 들어야 하는 '커리큘럼'에 관한 검증부터 시작하십시오.

GPA는 우선적으로 높은 성적을 받아야 합니다. 경쟁력이 있는 어려운 과목에서 높은 성적을 받는 것이 가장 좋으나, 무리하게 욕심을 내서 11학년 커리큘럼을 짰을 경우 내신관리가 되지 않는다면 조금은 난이도가 수월한 과목으로 커리큘럼 조정이 필요합니다. 11학년 GPA의 핵심은 난이도가 높은 과목, 전공 심화 과목으로 구성하는 것이 원칙이나 너무 내신관리가 버겁다면 현명한 조정이 필요합니다.

둘째, SAT/ACT/SAT Subject 과목에 관한 준비사항을 점검하십시오. 대부분의 중상위권 학생은 11학년이 되는 이번 가을(1학기 기간 중)에 SAT I 시험에 응시를 할 것입니다. 계획을 잡았던 학생의 30%는 시험을 끝내고 나머지는 2학기로 넘어갑니다. 하지만 그 차이는 이후의 시간 계획 활용에 있어서 매우 큽니다. 1학기에 시험 응시 계획이 있다면 긴장하고 1학기에 원하는 성적을 받도록 하는 것이 중요합니다. 시험이 2학기로 넘어가면 우선 학교내신관리에 집중하기 어렵습니다. 그리고 활동에 투자해야 하는 시간도 조정이 필요하거나, "아직 SAT 시험도 끝나지 않았는데…" 하는 생각 때문에 활동에의 적극성 또한 떨어지게 될 것입니다. 생각보다 SAT 시험의 영향력이 크기 때문에 이번 가을에 시험에 응시할 학생은 정신 바짝 차리고 이번 여름에 집중 학습을 하기 바랍니다.

셋째, 11학년에 진행할 활동에의 점검과 효율적인 시간 분배 계획을 세우시기 바랍니다. 우선적으로 중요한 것은 'Academic Index＝GPA＋Test scores'입니다. 이 부분이 아직도 부족하거나 준비가 많이 되어 있지 않다면, 우선순위에 입각해서 현실적인 시간 분배 계획을 세우는 것이 필요합니다. 아니면 해야 할 활동 개수를 꼭 필요한 사항들 위주로 정리하는 것이 좋은데, 제일 영향력이 부족한 항목은 과감하게 없애는 것도 하나의 방법입니다.

미국 입시의 핵심은 '간결성'입니다. 화려해 보이지 않아도 그동안 해왔던 학생의 모든 기록이 간결하게 정리되어 입학사정관에게 보이는 것이 중요합니다. 물론 학생 개인의 능력이 뛰어나서 '화려한 테마'의 선택이 가능한 학생도 있겠지만, 대부분이 학생들이 선택할 수 있는 '간결한 테마'를 구성하는 것이 핵심이라는 것을 잊지 마시기 바랍니다.

자신에게 맞는 계획을 세우십시오. 그리고 주변의 부정확한 정보들로부터 자신을 보호하십시오. 불필요한 논문을 작성한다거나 검증되지 않은 대회 참여 등의 일에 헛된 시간 낭비를 하지 마십시오.

무작정 욕심을 내기보다는 자신의 능력과 상황에 맞는 효과적인 대학 진학 계획을 세워야 할 때입니다.

4. 11학년

3월 현재 11학년 재학 중인 학생으로 미국 대학 진학을 고려하는 있는 학생은 1차 원서 마감이라 할 수 있는 Early Application 데드라인까지 정확히 4월 중순, 5월, 6월, 7월, 8월, 9월, 10월… 6개월 반이라는 시간이 남아 있습니다.

　우선 다음의 사항부터 점검해보겠습니다.

① 학교내신

　9학년 내신과 10학년 내신의 평점을 더해보고, 11학년 1학기와 현재 진행되고 있는 2학기 내신 예상점수를 계산해봅시다. 3학년 동안의 내신을 다 더하고 3으로 나누어 평점이 얼마가 나올지를 계산하면 됩니다. 3.8 이상의 성적을 갖고 있다면 그동안 나름 열심히 노력을 해온 학생일 것입니다. 미국의 최상위권 대학에 합격하고 있는 학생의 평균 GPA는 3.9입니다. 자신의 기준과 비교해보세요.

② SAT

　이미 11학년 초에 목표로 했던 성적을 받은 학생이 대략 30%일 것이고 여전히 추가 시험을 준비하고 있는 학생이 70%일 것입니다. 그중의 20% 정도는 여름방학 전 5월 또는 6월에 마지막 시험에 응시할 것이고, 전체의 50% 학생은 이번 여름에 다시 고생을 하고 가을에 최종 시험에 응시해야 할 것입니다. 여기서 중요한 점은 만약 SAT 성적이 1,400점 미만의 학생이라면 이번 여름은 SAT 성적을 최대한 올리는 것에 제일 많은 시간을 투자해야 한다는 것입니다. 좋은 SAT 성적이 확보되지 않은 상황에서 불필요한 활동에 시간을 투자하는 것은 바람직하지 않습니다. 여전히 미국의 대부분의 대학은 학업적인 능력을 입학사정의 중요한 요소로 평가하고 있습니다. 우선 수치화해서 보일 수 있는 Academic Index를 최대한 끌어올리는 것을 목표로 삼으십시오.

③ 활동

11학년까지 3.8을 상회하는 GPA 확보가 가능하고, 1,530 이상의 SAT 성적(Essay 21~22)을 갖고 있고, 2~3개의 SAT Subject 성적이 780~800이 준비가 된 학생이라면 2가지만 신경 쓰세요. 가장 완성도가 높고 자신의 정체성을 명확하게 보여줄 수 있는 '대학 원서'에 가장 공을 들이고 시간 투자를 많이 하세요. Application Essay의 중요성은 두말할 것도 없습니다. 혹시 컨설팅 기관의 도움을 받고 있다면 절대로 자신의 에세이 작업을 처음부터 그냥 맡기는 일이 없도록 하세요. 처음부터 끝까지 적극적으로 참여해서 자신의 이야기가 그대로 드러날 수 있도록, 자신의 이야기가 엉뚱한 방향으로 흘러가지 않도록 해야 합니다. 여전히 원서를 써야 하는 마지막 여름이 되면 자신의 이야기를 드러내지 않고 컨설팅 선생님에게 모든 것을 맡겨버리는 무책임한 학생들이 넘쳐납니다. 도움은 받되 적극적으로 개입해서 자신의 이야기를 써야 합니다. 여름에 새로 활동을 시작해서는 안 됩니다. 그동안 해왔던 활동을 완성하는 것이 좋습니다. 그러니까 그동안 해왔던 활동의 연장선상에서의 활동은 괜찮습니다. 하지만 전혀 엉뚱한 소재의 새로운 작업을 하는 것은 절대적인 시간낭비이며, 오히려 입학사정에서 역효과가 날 수 있습니다.

이상 3가지 사항에 관한 점검이 끝났다면 남은 기간에 관한 시간 계획을 수립해야 합니다.

여름방학이 마무리되는 8월 중순이 되면 시간이 더욱 빠르게 흘러간다는 것을 느낄 수 있을 것입니다. 방학 전까지 SAT 시험을 끝내지 못한 학생에게 8월 말에 실시되는 SAT 시험은 매우 중요한 기회입니다. 물론 미국령에서만 실시되기 때문에 한국의 학교에 재학 중인 학생은 번거로울 수 있지만, 가능하다면 이 시험 기회를 적극적으로 활용하기 바랍니다. 방학 동안 매일 공부하고 주말마다 모의시험을 봐서 시험에 관한 적응도가 최대한도로 올라가 있을 것입니다.

8월 시험까지 끝낸 상태라면 남은 것은 내신관리, 원서 작업입니다.

미국 대학의 합격증서는 '조건부 입학'입니다. 고등학교 졸업하는 순간까지 내신관리와 기타 문제점이 없어야 한다는 조건하에 합격이 되는 것입니다. 당연히 12학년 2학기까지 내신관리에 소홀함이 없어야 합니다. 내신관리 부족으로 불합격 처리되는 학생이 적지 않습니다. 명심하기 바랍니다.

12학년은 "떨어지는 낙엽도 피해가라!"라는 말이 있습니다. 사건사고에 휘말리지 않도록 생활 관리를 잘해야 할 것이며, 고등학교 3년 동안 고생한 노력이 물거품이 되지 않도록 차분하게 마무리를 잘하는 것이 중요합니다.

현재 11학년 모두에게 주어진 시간은 6개월 반입니다.

어떠한 선택을 하겠습니까? 그 선택에 대한 책임은 학생 자신이 지는 것입니다.

부디 현명한 선택, 현명한 시간 활용, 지치지 않는 노력으로 많은 것을 바꾸어버리는 시간이 되기를 간절히 바랍니다.

5. 발등에 불이 떨어진 현 11학년 학생을 위한 충고

발등에 불이 떨어진 11학년 학생이란 보통 다음과 같은 상황에 처해진 경우입니다.

- 아직 SAT를 본격적으로 공부하지 않았거나, 작년 여름에 맛만 보았다는 학생으로 현재 성적이 1,100점 미만인 경우

- SAT Subject Test는 전혀 보지 않았거나, 준비 없이 응시한 SAT II Math IIC가 720점 정도로 한 과목만 응시해놓은 경우. 그래서 SAT Subject Score 없이 SAT I만으로 College list를 작성하겠다고 잠정 생각하고 있는 경우
- 상위권 사립학교보다 상대적으로 내신관리가 수월한 가톨릭 또는 크리스천 계열의 랭킹 중하위권의 학교에 재학 중이며, 현재까지의 GPA가 3.0~3.3인 경우
  - Extra Activity로 교내의 봉사 클럽 정도만 참여한 경우

이번 여름에 당장 대학 원서를 써야 하는 상황에 처한 11학년 학생들에 대한 현실 조언입니다.

첫째, 현재 가지고 있는 SAT 성적이 1,100점 정도라면 영어성적은 500점대 초반, 수학 성적은 500점대 후반~600점 초반일 것입니다. 단기간에 1,500점을 상회하는 SAT 성적을 만들어낼 수는 없습니다. 그간의 경험을 바탕으로 이런 학생이 방학 2.5개월 동안 최선의 노력을 다해서 받을 수 있는 현실적인 SAT 목표 점수는 다음과 같습니다.

- SAT 영어: 630~650점
- SAT 수학: 750점 이상
- Total Score는 1,380~1,400점

실제로 매년 여름 8주 이상의 시간을 투자해서 이 성적을 받은 적지 않은 학생들의 사례가 있습니다.

긴장 풀지 않고 하루 4시간의 영어수업(추가로 에세이까지 할 경우

주당 4시간 추가), 주 6시간의 수학 수업과 더불어 최소 하루 4시간 이상의 학원 내 자습, 귀가 후에도 집에서 마무리 공부를 하고 새벽 1시에 취침을 하는 정도의 계획만 수행해준다면 당연히 나오는 점수입니다. 여기서 1,300 후반대의 점수는 우선 중위권 이상의 사립대와 주립대에 원서를 쓸 수 있는 점수대입니다.

가능하면 8월 시험과 10월에 SAT I에 응시하도록 계획을 세우십시오.

둘째, 그럼에도 불구하고 SAT Subject Test까지 응시해서 지원하고자 하는 대학 선택의 폭을 넓히고 싶다면 1과목 또는 2과목의 Subject Test를 12월로 미뤄두길 권합니다. 여름에는 절대 Subject Test 준비는 하면 안 됩니다. Subject Test를 공부할 수 있는 조건은 10월 시험까지 SAT I 성적 1,400점이 넘어야 합니다. 10월까지 1,400점을 넘긴다면 남은 Subject Test 준비를 윤아빠와 상의하십시오.

셋째, 이제 남은 것은 무조건 해야 하는 'Application'의 작성입니다. 이런 경우에는 2가지 플랜으로 대학 리스트를 준비하기 바랍니다. 첫째는 SAT I으로만 지원 가능한 대학 리스트를 준비하고 둘째는 SAT Subject까지 후에 응시해서 제출할 수 있는 대학 리스트를 구별하여 준비하는 것입니다. 두 번째 리스트(첫 번째 리스트보다 랭킹이 높은 대학군)를 가지고 있다는 것은 정신 차린 11학년에게 매우 효과적인 동기부여가 될 것입니다. 실제로 이러한 두 번째 리스트를 활용하여 두 번째 리스트에서 대학에 합격한 제자들과 입시 후에 대화를 나눠보면 두 번째 리스트가 입시 준비하는 내내 상당한 자극이 되었다는 이야기를 하곤 합니다. Application의 작성은 학생이 직접 해도 되고 아니면 사설 컨설턴트의 도움을 받아도 됩니다. 선택의 문제이며, 순진하게 "학생이 다 해야 하지 않나요?"라고 할 상황은 아닙니다.

12학년이 되는 학생은 미안하지만 이제는 시간이 없습니다. 그렇다고 지나온 시간을 후회하는 것은 의미 없는 시간낭비일 뿐입니다. 현재 주어진 상황에서 최선을 다해봅시다. SAT I을 마지막으로 공부하는 학생들이라면 "8월은 없다!"라는 각오로 공부해야 합니다. 목표로 하는 성적이 7월 말에 나와야 한다는 생각으로 집중해야 합니다. 10월까지 목표로 했던 SAT I 성적을 받아낼 수 있다면 새로운 2nd round가 기다리고 있을 것입니다.

3장
효율적인 미국 대입시험
계획 짜기

미국 대학에 진학하고자 할 때 응시해야 하는 시험으로 SAT, SAT Subject Test 2~3과목, TOEFL이 있습니다. 미국 대학입시를 위해서는 시민권이나 영주권자가 아니라면 기본적으로 TOEFL에 응시해야 하며, 기본적인 미국 수능인 SAT(with Essay) 그리고 중상위권 사립대학에 진학하고자 한다면 추가로 SAT Subject Test 2~3과목을 응시해야 합니다.

일반적으로 다음과 같은 순서로 시험에 응시하게 될 것입니다.

> SAT Ⅱ Math ⅡC → SAT Ⅱ Science, SAT Ⅱ World History → (TOEFL) → SAT → (TOEFL) → SAT Ⅱ US History, SAT Ⅱ 2nd Language, SAT Ⅱ Literature

자세히 살펴보겠습니다.

① SAT Ⅱ Math ⅡC

우선 9학년이 되면 AP 학교 학생은 Geometry 또는 Algebra Ⅱ를 배우게 됩니다. 9학년에 Geometry 과정만 배우는 학생은 별도의 선행을 하지 않는 이상 이 시험에 응시하기는 어려우며, Algebra II 특히 Honors Class를 수강 중인 학생이라면 9학년이 끝나는 5월 또는 6월에 이 시험에 응시할 수 있습니다. 물론 2~3개월 정도의 준비 기간은 필요합니다. 시험 준비는 시중에 나와 있는 The Princeton Review, Kaplan, Barrons와 같은 해당 문제집을 이용하면 무난히 800점이 나올 수 있는 과목입니다. 해당 시험의 우수한 점수 기준은 780점 정도입니다. 780점을 받았는데 더 공부를 해서 점수를 올리는 것은 입시 사정에서 큰 의미가 없습니다. 처음 응시할 때 800점을 받도록 준비하는 것이 좋습니다.

② SAT II Science

과학 과목은 Biology, Chemistry, Physics 3개의 과목으로 시험이 구성됩니다. 대부분의 AP 학교를 다니는 학생은 10학년에 Chemistry를 배우게 되므로, 이 과정이 끝나는 5월 또는 6월에 응시할 수 있습니다. 단, 학교의 수준에 따라 화학 과정의 수준 차이가 있을 수 있습니다. 중상위권 학교에 재학 중인 학생은 약 2~3개월의 준비 과정을 거치면 시험에 응시가 가능하며, 학교에서 화학 과정 진도가 다 끝나지 않았거나 부실하게 수업이 진행되었다면 여름방학에 좀 더 시간 여유를 두고 이론 정리까지 진행한 뒤 가을에 응시하는 것이 바람직합니다. 학교의 화학 과정에서 배운 내용이 시험 범위의 70% 미만이라고 한다면, 차라리 11학년에 AP Chemistry를 배우고 11학년이 끝나는 5월 또는 6월에 시험에 응시하는 것으로 일정을 조정할 수도 있습니다. SAT II Science 시험 중에서 가장 많은 학생이 응시하는 시험이 'Chemistry'입니다.

두 번째로 많이 응시하는 Physics 과목은 학교의 커리큘럼 시스템에 영향을 많이 받습니다. 예를 들어 9학년 과정에 Biology 과정 대신 Physics 과정을 진행하는 학교들이 있는데, 이들 학교에 재학 중인 학생들은 우선 9학년 과정에 배우는 'Physics' 과목이 어떤 수준으로 진행되는지를 학교 선생님에게 확인해야 합니다. 배우는 과목이 일반적인 Regular Physics 과목이면 시험 준비가 가능하며, Conceptual Physics 과목이라면 추가 시간을 투자하여 Regular Physics에 관한 이론 부분까지 별도로 공부를 해야만 과목 응시가 가능할 것입니다.

IB 학교에 재학 중인 학생들은 9학년과 10학년에 Biology, Chemistry, Physics 과목을 배우게 되는데, 경험에 따르면 3과목 중에 Physics 과목에 응시하는 학생이 가장 많았습니다. 확인할 사항은 3개의 과목이 동시에 진행되는지, 과목 순서별로 한 과목씩 진행이 되는지를 확인하여 응시하고자 하는 과목이 끝나는 시점으로부터 3개월 뒤를 응시 시기로 잡으면 됩니다.

SAT II Biology는 가장 응시하는 학생이 적은 과목으로 AP 학교 학생은 9학년에 배운 Biology 과목으로는 SAT II Biology에 응시하기에 부족합니다. 그래서 SAT II Biology 과목에 응시하고자 한다면, 10학년 또는 11학년에 AP Biology를 수강하고 그 과목이 끝나는 5월 또는 6월에 SAT II Biology를 응시하는 것이 적절합니다. 한 가지 주의할 사항은 Biology 시험은 Chemistry, Physics 시험과 달리 '공통 문제'와 '선택 문제'가 있습니다. 공통 문제는 Ecology(생태학), Molecular(분자학)의 기초 과정에 관한 문제가 출제되고, 선택 문제는 2분야의 심화 문제가 출제 됩니다. 선택 문제는 2분야를 다 응시하는 것이 아니라 둘 중 한 가지 분야에만 응시하면 됩니다. 그러니까 SAT II Biology를 응시하고자 한다면, 어떤 과목을 선택 문제로 할지 결정하고 시험 준비를 해야 합니다. IB 학교를 다니는 학생은 SAT II Biology 응시를 계획한다면, 11학년에 IB Biology HL 과목을 선택하고 11학년이 끝나는 5월 또는 6월에 응시하는 것이 적절합니다.

③ SAT II World History

World History 과목은 고대사부터 근대사까지 방대한 범위를 다루는 시험입니다. 그래서 미국령에서의 스케줄을 보면 다른 Subject 과목은 시험 시기마다 시험을 실시하지만, World History는 응시하는 학생이 많지 않아 일 년에 3회(6월, 8월, 12월)만 시험을 실시합니다. 문제 자체는 쉬워 보이지만 커버해야 하는 범위가 매우 광범위하기 때문에 신중하게 응시 결정을 하는 것을 권장합니다.

우선 AP 학교 학생은 9학년과 10학년에 걸쳐 World History 과정을 배웁니다. 9학년에 고대사를 우수한 성적으로 끝낸 학생은 학교의 역사 선생님이 10학년에 AP World History를 듣도록 권유할 것입니다. AP World History를 수강하는 학생은 5월에 어차피 AP 시험 준비를 해야 할 것이므로, 공부한 김에 10학년이 끝나는 6월에 SAT II World History 시험까지 같이 응시를 하는 것이 적절할 것입니다. IB 학교에 재학 중인 학생은 역사와 철학 등이 융합된 과정으로 수업의 내용 자체는 훌륭하나 SAT II World History를 준비하기에는 썩 훌륭한 과정은 아닙니다. IB 학교에 재학 중인 학생들은 시험 결정을 하기 전에 칼리지보드에서 출간된 『Real SAT II Subject Test』와 같은 책에 나온 기출문제를 파악해서 결정을 하는 것이 안전할 것입니다.

④ TOEFL

우선 TOEFL 은 유효기간이 '2년'인 시험입니다. 대학 원서가 마감되는 시점이 12학년 12월 31일경이니 10학년 2학기에 접어드는 1월 1일부터가 유효기간의 시작입니다. TOEFL은 100~110점 정도가 무난하며 준비가 되었다면 위의 기간에 응시를 하면 됩니다. 응시료가 20만 원이 넘는 비싼 시험이니 자신의 실력을 점검하고 싶다면, 문제를 출제하는 기관인 ETS로부터 문제를 구입하여 동일한 환경으로 모의시험을 치를 수 있는 다음의 사이트에서 미리 응시해보는 것도 좋은 방법입니다.

* http://etest.chosun.com

⑤ SAT

미국 대학입시 시험 중 가장 난이도가 높고 학생들에게 스트레스를 유발하는 시험입니다. 우선 SAT는 무조건 한꺼번에 응시해야 하는 영어시험(800점)과 수학시험(800점)으로 구성되어 있으며, 이 2개의 시험은 같이 응시해야 합니다. 선택으로 SAT Essay Test가 있으며, 이 시험은 지원하고자 하는 대학이 요구를 하는지를 파악하고 응시 여부를 결정하면 됩니다. Essay Test는 50분간 진행되는 시험으로, 주어진 지문을 Reading(1/3)＋Analysis(1/3)＋Writing(1/3)하는 시험입니다. 적지 않은 학생들이 시험을 보면 저자의 의견을 그대로 옮겨 적는 실수를 하고 있으며, 특히 Analysis 부실함으로 Writing 점수까지 깎이는 현상이 발생합니다. 좋은 점수를 받기 위해서는 Writing 영역에서 최소 700자 이상의 글쓰기가 필요합니다.

SAT 성적은 중상위권 대학(30위권)에 진학하기 위해서는 '1,500점/1,600점 만점'을 획득해야 합니다. 더구나 한국 학생과 중국 학생의 경우에는 SAT 성적이 당연히 높게 나올 것이라는 미국 대학의 시선도 있기 때문에 지원하고자 하는 대학에 합격하는 평균 성적보다는 점수를 높게 잡는 것이 안전합니다. 1,500점 이상의 성적을 획득하는 데 가장 중요한 요소는 '영어'가 700점이 넘어야 한다는 사실입니다. 하지만 700점이라는 성적은 이 공부를 해본 학생들은 알 것입니다. 얼마나 어려운 점수인지를….

SAT는 일반적으로 9학년이 끝난 여름방학부터 학습을 시작합니다. 첫 SAT 학습 시 목표로 잡아야 하는 영어성적은 650점을 넘기는 것이며, Essay Test 성적은 24점 만점에 18점을 넘기는 것입니다. 그리고 10학년이 끝난 여름방학 때 영어성적을 50점 이상 올리고, 수학을 만점에 가까운 성적을 받으면 점수는 완성이 됩니다. 그리고 SAT Essay 성적은 최소 중상위권 대학을 목표로 한다면 21~22점의 점수를 받아야 합니다. 특히 Reading과 Essay는 단기간에 점수가 올라가지 않으니, 학기 중에도 일정시간을 투자하여 꾸준한 학습이 되어야만 합니다. 그리고 New SAT에 필요한 단어는 1,800~2,000개 정도입니다. 그리고 SAT 시험은 11학년 1학기 중에 끝내야 합니다.

이 이유는 IB 학교는 11학년(12년제)부터 DP 과정이 시작되고, AP 학교는 적게는 2~4개의 AP 과목이 시작됩니다. 더구나 AP Capstone 까지 같이 해야 하는 학생은 그야말로 '고통'을 맛보게 될 것입니다. 따라서 한꺼번에 모든 것이 몰아치는 경험을 하고 싶지 않다면 미리미리 끝내야 하기 때문입니다.

⑥ SAT II US History

우선 AP 학교에 재학 중인 학생은 11학년이 되어서야 US History 또는 AP US History 과정을 수강할 것입니다. 특히, 이 시험은 AP US History 과정을 수강하는 학생에게는 권장하고 싶은 시험입니다. 5월에 AP US History 시험을 보고 6월에 이어서 SAT II US History 시험에 응시하는 계획이 시간과 에너지 낭비가 없는 좋은 계획입니다. 역사, 문학, 철학, 국제관계학, 공공정책학, 행정학, 사회학 등의 전공에 관심이 있다면 SAT II US History는 적절한 시험입니다.

⑦ SAT II 2nd Language

2nd Language 시험은 칼리지보드의 안내문에서는 고등 과정 level 3 이상의 수준의 학생에게 권장한다고 나와 있으나, 실제로 준비해

보면 level 3은 조금 부족해 보입니다. 중국어는 HSK 5급보다 높고 6급보다 낮은 수준이며, 기타 다른 언어는 AP 전 단계의 수준 정도는 되어야 응시가 가능합니다. 과목마다 시험이 제공되는 시기가 다릅니다. 예를 들어 SAT II Chinese는 일 년에 1회(11월)만 응시할 수 있으며, 시험 과목의 구성은 Reading과 Listening입니다. SAT II Spanish는 미국령의 경우 5월, 6월, 8월, 10월, 11월, 12월(총 6회)가 있으며, 11월은 Reading과 Listening이 출제가 되며, 11월을 제외한 나머지 5회는 Listening이 출제가 되지 않습니다. 이 때문에 내가 스페인어를 공부하는 데 '청취' 영역이 약하다고 판단되면, 11월 시험을 피해서 응시하도록 시험계획을 짜는 것이 요령입니다.

⑧ SAT II Literature

Literature 시험은 한국 학생이 가장 기피하는 시험입니다. 하지만 한국 학생으로 이 시험에서 좋은 성적을 받게 된다면, 미국 대학 진학 시 문과 또는 이과를 막론하고 좋은 평가를 받을 수 있는 시험이기도 합니다. AP 학교는 대부분 12학년이 되어서야 AP Literature를 배우게 됩니다. 하지만 대학 원서는 12월 31일에 끝납니다. 이것은 학교에서 이 과목을 배워서 응시할 수 있는 시험이 아니라는 이야기입니다.

현재 재학 중인 학교의 커리큘럼이 IB냐 AP냐에 따라 응시하기 어려운 과목(SAT II US History)도 있겠지만 거의 위와 같은 순서로 시험에 응시하게 되며 시험에 응시해야 하는 학년은 9~12학년 초까지입니다. 미국 대학 지원 마감이 12학년 겨울까지이므로, 시험에 응시할 수 있는 시간은 현실적으로 12학년 12월까지라고 보면 됩니다.

위의 과목에서 기본적으로 응시해야 하는 TOEFL, SAT를 제외하고 어떤 과목을 선택할지는 현재 재학 중인 학교의 학년별 커리큘럼과 대학에서 어떤 전공으로 지원할지를 기준으로 선정하면 됩니다.

　치러야 하는 시험의 종류도 많고 복잡해 보이지만 학교의 커리큘럼 순서와 학생의 영어 수준을 기반으로 시험 계획을 작성해 놓으면 3년간의 입시 계획을 짜는 데 도움이 됩니다.

　미국 입시는 '정확하고 현실 가능한 계획'을 세워보는 것에서 시작되기 때문입니다

1. SAT 8월 시험 준비

　SAT 시험이 일반적으로 첫 번째 토요일에 실시되는 것과는 달리 8월 마지막 주 토요일에 시험이 실시되며 시험 장소도 미국령(하와이 포함)에서만 시험이 실시됩니다.

　이 8월 시험은 여름방학 기간 동안 열심히 준비한 학생들이 실력 발휘를 할 수 있는 가장 좋은 시기의 시험입니다.

　특히 이번 가을에 11학년이 되는 학생들의 경우 8월 SAT 시험에서 원하는 성적을 받느냐, 받지 못하느냐가 이후 11학년에 진행해야할 입시 계획에서 적지 않은 영향을 줄 것입니다.

　미국령에서 응시하게 되는 미국 유학생들은 이미 며칠 전에 미리 도착하여 마무리 준비를 하게 될 것인데, 한국에서 하와이 등의 지역으로 시험을 보러 가는 학생들은 시험 전날의 컨디션 관리가 무엇보다 중요합니다.

　한국에서 출발하는 학생들은 대체적으로 시험 전날인 금요일 인천공항에서 출발을 하게 됩니다.

　방과 후에 출발을 하게 되므로, 저녁 비행기를 타게 될 것입니다.

하와이에 전날 도착해서 시험 당일까지의 권장 일과표는 다음과 같습니다.

- 2시: 호텔 도착
- 2~5시: 휴식
- 5~6시: 저녁식사
- 7~10시: 최종 시험자료 훑어보기
- 10시: 취침
- 6시: 기상, 준비 후 시험장 출발

참고하시기 바라겠고 다음은 시험 당일 필요한 준비물입니다. 사전에 꼼꼼히 준비해서 시험에 응시하지 못하는 일이 없길 바랍니다.

What to Bring

- Your Admission Ticket
- Acceptable photo ID
- Two No. 2 pencils with erasers
- An approved calculator
- Epinephrine auto-injectors (e.g., EpiPens) are permitted without the need for accommodations. They must be placed in a clear bag and stored under the student's desk during testing. For policies on other medications and medical devices, contact Services for Students with Disabilities.

ID Checklist

ID documents must meet all of these requirements:

- Be a valid (unexpired) photo ID that is government-issued or issued by the school that you currently attend. School IDs from the prior school year are valid through December of the current calendar year. (For example, school IDs from 2015-16 can be used through December 31, 2016.)
- Be an original, physical document (not photocopied or electronic).
- Bear your full, legal name exactly as it appears on your Admission Ticket, including the order of the names.
- Bear a recent recognizable photograph that clearly matches both your appearance on test day and the photo on your Admission Ticket.
- Be in good condition, with clearly legible English language text and a clearly visible photograph.

Acceptable Calculators

If you have a calculator with characters that are one inch or higher, or if your calculator has a raised display that might be visible to other test-takers, you will be seated at the discretion of the test coordinator.

Only battery-operated, handheld equipment can be used for testing. No power cords are allowed.

Calculators permitted during testing include:

- Most graphing calculators (see chart)
- All scientific calculators
- All four-function calculators (not recommended)

*출처: www.collegeboard.org

다음 사이트에서 브랜드별 허용되는 계산기를 다시 한번 확인하세요!

https://collegereadiness.collegeboard.org/sat/taking-the-test/calcu
lator-policy

Nice to Have

- A watch (without an audible alarm)
- Extra batteries and backup equipment—you'll have to ask for permission to access them. They cannot be on your desk during the test.
- A bag or backpack
- A drink or snacks (for your break)
- Breakfast before you arrive

What Not to Bring

- Any devices, including digital watches, that can be used to record, transmit, receive, or play back audio, photographic, text, or video content (with the exception of CD players used for Language with Listening Subject Tests only)
- Audio players/recorders, tablets, laptops, notebooks, Google Glass, or any other personal computing devices
- iPods or other MP3 players
- iPads or other tablet devices
- Laptops, notebooks, PDAs or any other personal computing devices
- Any texting device
- Cameras or any other photographic equipment
- Separate timers of any type
- Protractors, compasses, rulers
- Highlighters, colored pens, colored pencils
- Pamphlets or papers of any kind
- Dictionaries or other books—there are no exceptions, even if English is not your first language
- Food or drinks (except for during breaks), unless approved by the College Board's Services for Students with Disabilities. Learn more about testing with accommodations.

* 출처: www.collegeboard.org

8월 시험은 여름방학이 끝나는 시점에 실시되는 시험이고 다음 시험은 10월입니다. 학기 중에는 시험 컨디션을 유지하기가 쉽지 않기 때문에 방학 동안 충실히 준비한 학생은 8월 시험 기회를 잘 활용하기 바랍니다.

2. SAT Essay, 학년과 접수별 평가와 조언

현행의 SAT 시험은 크게 3분야로 구분되어 있습니다.

- SAT English: Reading 문제와 Grammar 문제로 구성되며 필수로 응시해야 합니다.
- SAT Math: 영어와 더불어 필수로 응시해야 합니다.
- SAT Essay: 선택형이며 내가 지원하고자 하는 대학군이 이 성적을 필요로 할 경우 시험 신청 시 신청해야 하며 대학에 지원할 때도 Essay 성적을 같이 제출해야 합니다.

다음의 사이트는 칼리지보드에서 제공하는 SAT Essay 성적을 필수 또는 추천하는 대학에 관한 정보가 나와 있습니다. 직접 대학 이름을 입력하거나, 지원하고자 하는 지역을 선택하면 해당 주의 대학 리스트가 뜹니다.

많은 학생이 대학을 지원할 때 일반적으로 준비해야 하는 사항을 사전에 알아보지 않고 무조건 준비를 하는 경우가 있는데, 목표로 하는 대학에서 어떠한 항목을 입학사정에 필요로 하는지 정도는 미리 파악을 하고 이에 맞게 준비를 해야 합니다. 자칫하다 준비를 못해서 대학을 다시 정해야 하는 경우가 있을 수 있으니까요.

https://collegereadiness.collegeboard.org/sat/register/college-essay-policies

학년별 SAT Essay 점수를 가정하고 이에 대한 평가와 조언을 하면 다음과 같습니다.

- 현재 9학년이 18점을 받았다: 글 쓰는 매우 능력이 뛰어나고 이번 여름방학 동안 좀 더 공부해서 20점 정도 쓰는 실력을 만드는 것을 목표로 하세요.
- 현재 10학년이 18점을 받았다: 글 쓰는 능력이 평균 이상은 되고 이번 가을에 SAT 첫 시험에 응시해야 하므로, 방학 기간에 Essay 성적을 올리는 데 많은 시간을 투자해야 합니다. 최소한의 목표 점수는 21점 이상으로 합니다.
- 현재 11학년이 18점을 받았다: 글 쓰는 능력이 평균 또는 이하이며 Essay 성적이 현재 이 정도면 아직 대학에 제출할 SAT 성적은 확보되지 않았을 것입니다. 우선은 SAT 성적 자체(영어+수학)를 올리는 데 시간 투자를 많이 해야 하며, Essay는 20점 이상을 확보하는 것이 현실적인 목표입니다.

참고하셔서 계획을 잘 세우기 바랍니다.

3. SAT 시험 신청 후 응시 전에 취할 수 있는 3가지 방법

여기서는 시험 신청을 해놓고 응시하기 전에 우리가 선택할 수 있는 3가지 방향에 대해 생각해보려고 합니다.

첫 번째는 원래 계획대로 시험에 응시하는 방법입니다.

11학년이라면 보통 1학기(미국령은 8월, 10월, 11월, 12월/국내 학생은 10월, 12월)에 한 번 정도 SAT 시험에 응시하였을 것입니다. 원하는 성적이 나오지 않은 학생은 그다음 시험인 3월 시험을 준비했을 것입니다. 3월 시험은 5월 AP 시험과 2개월의 시간 격차가 있고, 5월 말에 실시되는 학교 기말고사와도 시간이 떨어져 있어 여름방학 전에 SAT 시험을 끝내기를 희망하는 학생들에게 시기적으로 바람직합니다. 여기에서 우리는 2개의 계획을 세울 수 있습니다.

- 3월 시험 대비해서 준비가 잘 된 경우: 원래 계획대로 응시하고 시험에서 특별한 실수를 하지 않았고 전체적인 시험 분위기가 나쁘지 않았다고 판단하면 점수를 받습니다.
- 3월 시험에 대비해서 준비가 충분히 되지 않은 경우: 원래 계획대로 응시하고 전체적인 시험 컨디션이 좋지 않았다고 판단되면 시험 후 캔슬(cancel)을 합니다. 사실 실제 시험 성적은 시험 전 모의시험에서 나온 성적보다 월등히 좋게 나올 확률이 높지 않고 오히려 적게는 5~8% 정도 점수가 더 좋지 않게 나올 가능성이 크다고 보는 것이 현실적입니다. 시험 캔슬은 시험 응시 후 시험장을 나오기 전에 감독관으로부터 'SAT cancel request form'을 받아서 작성 후 제출을 하는 방법과 시험에 응시한 그다음 주 수요일 자정(미국 동부 시간 기준)까지 칼리지보드에 팩스로 'SAT cancel request form'을 보내는 방법이 있습니다.

두 번째는 시험에 응시 하나 아예 캔슬을 결정하고 응시하는 방법입니다. 학생 스스로 시험 준비가 안 되었다고 판단이 될 경우, 시험을 연기하는 방법보다는 토요일 하루 시간을 내어 실제 시험에 응시를 해보는 경험을 하고 미련 없이 캔슬 양식을 작성하여 제출하는 것입니다. 이 방법은 1년에 4(International)~7회(미국령) 정도만 실시되고 있는 "실제 칼리지보드 문제"를 다뤄볼 수 있는 좋은 기회입니다. 그리고 모의시험이 아닌 실제 시험으로 현장에서의 자신의 컨디션 조절을 위해서도 좋은 경험이 될 것입니다. 단, 시험 후 망설이지 말고 바로 '캔슬'하고 나오기 바랍니다.

세 번째는 시험을 연기하는 방법입니다. 시험을 신청해놓고 시험 당일 응시하지 않아도 불이익은 없습니다. 하지만 SAT는 계획한 시험 응시일에 시험 응시가 여의치 않을 경우 다른 응시일로 연기가 가능합니다. 소정의 연기 비용만 지불하면 연기가 가능하니 학생이 응시가 가능하다고 판단되는 날로 연기를 하면 됩니다.

4. 토플 점수대별 토플 공부 시기와 방법에 대한 조언

여기서는 미국 입시의 기본 시험 과목인 토플시험에 대해 이야기해보겠습니다.

시민권이나 영주권이 없다면 반드시 준비해야 하는 토플은 미국 입시에 있어서 유학생 입장에서는 가장 기본적인 입학시험입니다. SAT, SAT Subject 등 할 것도 많은 유학 준비, 어떤 계획을 세워야 할지 우선 학년과 처한 상황에 따라 다음과 같이 정리해봅니다.

이번 가을에 12학년이 되나 아직 토플 87점 정도인 학생

이 학생의 경우에는 우선 포기해야 할 항목이 있습니다. SAT Subject 시험 준비는 과감하게 포기하고 SAT, 토플, 대학 원서 작성 이 3가지만 집중해야 합니다. 이런 경우는 6월과 7월은 SAT 공부에만 올인하는 것이 좋습니다. 토플의 점수 구성을 보면 reading 영역 24점, writing 23점, speaking 20점, listening 20점입니다. 토플에 비해서 독해 수준과 단어의 수준이 높은 SAT 학습을 어느 정도 마무리하면 토플의 reading과 writing은 매우 쉽게 느껴질 것입니다. 그리고 이 학생의 점수 구성 중 reading과 writing이 speaking과 listening에 비해 높은 점이 장점으로 작용합니다. 즉 어느 정도 영어 실력이 있다는 것을 말해주기 때문이지요. 이런 경우는 6월과 7월은 SAT에 집중하고 8월에는 SAT 공부를 병행하면서 단기간에 점수 상승이 가능한 speaking과 listening에 관한 해법정리만 한다면 어렵지 않게 8월 말에 응시한 토플시험에서 100점을 만들 수 있습니다. 미국 대학에서 좀 더 주의 깊게 보는 SAT 성적이 잘 나올 수 있게 동시에 두 가지를 다 잡는 계획은 배제하고 우선은 SAT에 집중하는 계획을 세우는 것이 효과적입니다. 토플 100점, SAT 1,400점 이상만 되면 충분히 중위권 대학에 지원이 가능합니다. 마음은 미국의 상위권 대학을 목표로 하고 싶지만 이런 상황이라면 현실적인 계획을 세우는 것이 좋습니다.

이번 가을에 11학년이 되나 토플 85점 정도인 학생

이런 경우에는 여름 방학에 토플 공부를 따로 할 필요는 없습니다. 그 이유는 아직 대학 원서 마감까지 1년 8개월이나 남았기 때문입니다. 이번 여름은 SAT와 가을에 응시해야 하는 SAT Subject만 집중하는 것을 권합니다. 목표는 SAT는 영어 600점, 수학 700점, 에세이 18점입니다. 그리고 한국 수학이 어느 정도 선행이 되었다면 우선 8월에 미국에서 SAT II Math IIC부터 끝내도록 하십시오. 그리고 SAT II Chemistry 시험은 10학년 때 학교에서 배운 Chemistry 과정이 너무 기초 지식만 다룬 과정인지라 11학년에 학교에서 AP Chemistry 까지 공부하고 내년 6월에 자연스럽게 SAT II Chemistry에 응시하는 것이 가장 시간 낭비가 적은 시험 계획입니다. SAT는 절대 이번 가을에는 응시하지 마세요. 내년 여름에 한 번 더 집중해서 내년 8월과 10월에 승부를 보면 됩니다. 얼마든지 중상위권 대학에 진학이 가능합니다.

이번 가을에 10학년이 되나 토플을 전혀 해보지 않은 학생

이와 같은 경우에는 토플을 따로 여름방학에 공부할 필요는 없습니다. 시험의 난이도를 기준으로 하면 '토플을 먼저 해서 어느 정도 점수를 만들어놓고 SAT 학습을 하는 것이 맞지 않는가?'라고 생각할 수 있겠지만 미국 입시는 전체적인 입시 계획이라는 거시적인 시각으로 보는 것이 중요합니다. 토플은 유효기간이 2년이기 때문에 10학년 2학기부터 응시한 성적을 사용할 수 있습니다. 그렇다고 무리해서 10학년 2학기에 꼭 토플시험에 응시할 필요도 없습니다. 자연스럽게 SAT에 집중하고 방학 때인 7월 말이나 8월 중순 또는 8월 말에 응시하면 됩니다. 이러한 학생에게는 SAT 학습도 중요하지만 10학년부터 수행해나가야 하는 활동에 관한 계획도 중요하다고 할 수 있습니다. 대학에서 공부할 전공에 관해서도 진지하게 고민해보고 내가 좋아하고 잘할 수 있는 활동 그리고 전공과 관련하여 꾸준하게 할 수 있는 활동이 무엇인지도 고민해보는 것을 제안합니다.

5. 5월에 챙겨야 할 중요한 일

5월은 유학생의 경우, 한 학기가 마무리되는 달이기도 하지만 본격적인 여름방학이 시작되는 6월 초/중순까지 해야 할 중요한 일들이 있는 달이기도 합니다.

여기서는 5월에 챙겨야 하는 일들에 관해서 정리해보았습니다.

① AP 시험 응시

이미 신청은 다 했을 것이고, 1년에 한 번밖에 없는 AP 시험에서 좋은 성적을 획득하는 것은 중요합니다. AP 시험 성적은 학교의 내신과 비교해서 재학 중인 학교에서 학생이 받은 내신에 대한 신뢰성을 높여주는 역할을 합니다. 학교에서의 미적분 과목이 A를 받았다면, 5월에 응시하는 미적분 시험에서도 동일하게 5점(A등급)을 받을 수 있도록 하는 것이 중요합니다.

② 5월 첫째 주 토요일에는 SAT와 SAT Subject Test가 있습니다. 여름방학 전에 이 시험들을 끝내기를 희망하는 학생에게는 중요한 일정이지요. 시험장에 가는 학생은 다음의 준비물을 챙기기 바랍니다.

* 시험장 준비물
 - 여권, 수험표, 연필 및 지우개, 계산기(필요한 시험인 경우), 시계
 - 시험장에는 수험표 하단에 표시된 시간의 최소 15분 전에는 도착해서 준비

③ 6월 첫째 주 토요일에 미국령은 SAT, SAT Subject Test가 실시되고, 한국을 포함한 International Test Center는 SAT Subject Test가 실시됩니다. 5월은 한 달을 남겨둔 시점이므로 마무리를 잘 해야 합니다. 여름방학 전에 시험을 끝낼 수 있다면 여름방학 기간에 해야 하는 공부과목수를 줄일 수 있습니다.

④ 여름방학 학습계획 수립하기

여름방학은 다음 학년 내신준비, SAT or SAT Subject Test 준비에 많은 시간을 쏟을 수 있는 유일한 시기입니다. 중요한 것은 이러한 시험 준비에 필요한 시간 계획을 6월, 7월, 8월에 잘 분산하여 짜야 한다는 것인데 이 효율적인 계획표 작성이 5월에는 이루어져야 합니다. 일부 과목은 여름방학 내내 해야 할 것이고, 어떤 과목은 7월부터 또는 8월부터 시간 편성을 해야 하기도 합니다. 학생에 따라 2~3개월의 여름방학 기간이 주어집니다. 크게 Academic part와 Activity part로 구분해서 해야 할 일들을 미리 정리하고, 주제별로 어느 정도의 시간을 투자해야 할지 계획표를 미리 만들어보는 것이 중요합니다.

⑤ 기말고사

한 학년을 마무리하는 기말고사는 매우 중요합니다. 1학기의 부족한 내신을 만회할 수 있는 마지막 기회입니다. 학교내신(GPA)은 대학입시에서 절대적인 비중을 차지합니다. 내 목숨처럼 소중하게 관리해야 합니다. 따라서 5월의 2학기 기말고사에 최선을 다해야 합니다.

6. 학년별, 상황별 8월 보내기

여기서는 학년별, 학교별 그리고 학생 상황별로 8월을 어떻게 보내는 것이 좋은지에 대해 이야기해보겠습니다.

대부분의 미국 유학생은 빠르면 8월 20일경, 늦으면 9월 초에 새 학기가 시작됩니다. 이번 가을에 12학년이 되는 학생이라면 여름 6월, 7월 동안 SAT 공부에 가장 많은 시간을 투자했을 것입니다. 준비가 많이 되지 않은 상태에서 여름방학을 시작한 학생이라면 7월 중순까지 오르락내리락 하는 점수에 적지 않은 스트레스를 받았을 것이고 매일매일 밀려드는 단어의 부족함에도 한숨을 내쉬는 일도 잦았을 것입니다. 새 학기가 시작되기 전인 7월 말까지 자신이 목표로 하는 점수에 도달하지 못하였다 하여도 실망하기는 아직 이르다고 생각합니다.

한편 미국에서 유학중인 학생은 8월 SAT 시험에 응시할 계획을 세워놓았을 것입니다. 생각 같아서는 8월 말에 준비한 SAT 시험에서 원하는 성적을 깔끔하게 받고 나머지 시간은 12학년 내신관리와 대학교 원서준비에 집중하고 싶을 것입니다. 하지만 현재 자신의 SAT 성적이 냉정하게 판단했을 때 아직은 더욱 많은 학습을 필요로 한다면 조금 시험을 뒤로 미루는 현명한 계획을 세울 필요가 있습니다. 겨울에 마감하는 대학 원서는 10월, 11월, 12월 세 번의 시험 기회가 남아 있습니다. 물론 세 번의 기회에 다 SAT를 응시하라는 것은 아닙니다.

최소한 이전에 1회 정도를 응시했고, 8월 시험을 응시할 예정이라면 세 번의 시험 중에서 1회만 응시하도록 계획을 세우는 것이 좋을 것입니다. 본인이 목표로 하는 점수가 650~680점이고 여전히 500점대 후반 또는 600점대 초반에 머무르고 있다면, 8월 시험 이후의 시험은 과감하게 12월에 응시하는 것이 좋습니다.

아직도 SAT 영어성적이 600점 초반이라면 독해, 문법, 단어 등 해결해야 할 절대적인 학습량이 요구되고 있는 것입니다. 시험을 빨리 끝내고 입시로부터 벗어나고 싶겠지만 이럴수록 냉정한 판단과 조금은 여유 있는 마음가짐이 필요합니다. 대학 원서 작성이 시작되면 그동안 열심히 하지 못한 지난 시간에 대한 후회와 더불어 마지막으로 대학 측에 어필할 수 있는 SAT I, SAT II 등의 점수에 집착하게 됩니다. 물론 조금이라도 높은 점수를 가지고 대학에 지원하는 것은 당연히 유리합니다. 그러나 이미 SAT II는 2과목 정도 어느 정도의 성적이 확보된 상태라면 굳이 만점을 위해서 다시 시간을 투자하기보다는 가장 기본적이고 입시에서의 중심이라고 할 수 있는 SAT I에 집중하도록 하는 것이 현명할 것입니다. 지금은 많은 것에 욕심부리기보다는 선택과 집중이 절대적으로 필요한 시기이기 때문입니다.

현재의 SAT 영어성적이 600점대 후반이고 700점을 넘기는 것이 목표라면 여전히 8월 SAT 응시 기회는 매력적입니다. 아직도 4주의 시간이 남아 있습니다. 적지 않은 학생들이 8월이 시작되면 마음속으로 거의 방학이 끝났다고 생각하고 SAT 공부에 대한 열정이 식는 현상을 보게 됩니다. 하지만 7월처럼 집중해서 노력하고 컨디션 관리를 잘한다면 8월에 원하는 성적을 얻게 될 것입니다.

또 한편, 어떤 학생은 8월 시험으로 기본적인 입시시험을 마무리할 것이고 어떤 학생은 아직 끝나지 않은 SAT Subject Test를 마무리하기 위해 숨을 고르게 될 것입니다. 11월 1일에 마감되는 Early Application이 중요한 학생이라면 10월 시험에서는 아직 응시하지 않은 SAT Subject Test에 집중하는 것이 현명할 것입니다. 그리고 이미 SAT Subject Test를 2과목을 끝냈고, 8월에 SAT I까지 끝낸 학생으로 SAT Subject Test를 한 과목 추가로 응시할 계획이 있는 학생이라면 무조건 마지막 시험은 12월로 미루기 바랍니다. 우선은 8월 중순부터 시작되는 12학년 새 학기에 대비한 준비를 해야 하고 현재 진행되고 있는 대학 원서에 집중해야 합니다. 12월까지는 여전히 4개월이라는 시간이 남아 있습니다. 9월초부터 천천히 준비해도 12월에 SAT Subject Test에 응시하는 데 전혀 시간이 부족하지 않다는 것입니다. 더구나 12월 초에 시행되는 시험일 전주는 추수감사절 연휴가 있어 짧게는 7일에서 길게는 10일간의 방학이 주어집니다. 이 기간을 이용해서 집중한다면 12월 시험에서 좋은 성적을 받게 될 것입니다.

이미 모든 시험을 끝낸 학생이라면 대학 원서의 완성도를 높이고 입학사정관의 마음을 확 끌어당길 수 있는 자신의 Application Essay에 전력투구해야 합니다. 이때는 무엇보다 컨디션 관리가 매우 중요합니다. "안 되면 어떡하지?"라는 생각은 잠시 접어두기 바랍니다. 아직 발생하지도 않은 걱정을 미리 하는 것은 전혀 도움이 되지 않습니다. 그리고 아직도 입시는 현재진행형입니다. 끝나지 않았다는 것입니다. 12월 31일까지 최선을 다하고 3개월 뒤의 합격발표를 겸손한 마음으로 기다리면 됩니다.

이번 8월에 SAT에 응시하는 11학년은 준비를 미리미리 했을 것입니다. 중요한 점은 물론 8월 시험 이후에도 SAT 기회는 일 년에 7번씩(미국령) 존재하지만 11학년 8월에 SAT를 응시하기 위해서 준비를 해온 목적을 잊지 말기 바랍니다. 11학년 8월에 SAT를 응시해서 원하는 성적을 받았다는 것은 많은 것을 시사합니다. 그만큼의 준비를 빨리 했기 때문에 어려워지는 11학년 내신관리에도 집중할 수 있고, 9학년부터 꾸준하게 시간 투자를 해온 클럽 등에도 관심을 기울일 수 있을 것입니다. 8월에 시험을 끝낸다면 훨씬 많은 기회가 주어지는 것입니다. 그러니 "8월에 못 봐도 또 보면 되지!"라고 안일하게 생각하기보다는 8월을 알차게 보내야 합니다.

학년에 따라 그리고 자신의 준비된 상황에 따라 8월을 현명하게 보내기 바랍니다.

4장
경쟁력 있는 진학 포트폴리오
만들어가기

상담을 하다 보면 다양한 상황에 처해 있는 아이들과 만나게 됩니다.

오래전부터 충분한 준비 과정을 거친 뒤에 미국의 주니어 보딩스쿨, 하이 보딩스쿨의 엘리트 과정을 밟고 있는 학생들도 있지만, 부모님의 직장으로 인해 또는 갑작스럽게 유학의 길로 접어든 학생들도 종종 만나게 됩니다. 그리고 초등학교 입학부터 인가받은 국내 국제학교에서 시작해 어느 정도 준비가 된 상태에서 국제학교 고등 과정을 밟고 있는 학생들도 있지만 갑작스럽게 국내의 미인가 국제학교에서 학교생활을 막 시작한 학생들도 있지요. 사실은 이런 학생들이 더 많다고 생각합니다.

그리고 이런 학생들은 한결같이 이런 질문을 합니다.

"선생님, 제가 다니는 학교의 수준도 높지 않고 수강할 수 있는 난이도 높은 AP 과정도 많이 개설되어 있지 않은데 제가 좋은 대학교에 갈 수 있을까요?"

이에 대한 저의 답은 예스입니다.

다행스러운 사실은 미국 대학은 학생이 재학했던 학교의 수준도 어느 정도 입시 사정에 고려를 하지만 '학생 개인이 이루어낸 성취'를 더 값지게 평가한다는 사실입니다.

이 때문에 위와 같은 질문을 하는 다소 주눅이 든 학생들에게 전혀 그럴 필요가 없다는 것과 어떻게 하면 진학 포트폴리오를 경쟁력 있게 구성할지 실질적인 조언을 하고자 합니다.

① 내신

상위권 보딩스쿨이나 국제학교에 비해 객관적으로 내신관리는 어느 정도 수월합니다. 그렇기 때문에 같은 노력을 기울인다면 상위권에 자신의 성적이 랭크 될 가능성이 더 높습니다. 어떤 학교에 재학하든지 내신(GPA)은 상위권 대학에 가고 싶다면, 무조건 All A가 나와야 합니다. 이것은 변하지 않는 진리입니다.

② 시험

사실 제주국제학교 '특히' 기숙사에 재학 중인 학생들은 학기 중에 SAT, Subject Test를 따로 준비하기 위한 외출 등이 쉽지는 않습니다. 그러나 미인가 국제학교에 재학 중인 학생들은 학기 중에도 마음먹기에 따라서 혼자서 공부하든, 과외 선생님과 공부하든, 아니면 학원을 다니든 제주국제학교 기숙사에 있는 학생들보다는 학기 중에 이러한 시험 준비가 조금은 더 수월합니다. 한국은 입시준비 시스템 하나는 기가 막히게 잘 되어 있는 나라입니다. 자기 방에서 Skype로 수업을 할 수도 있고, 인강을 들을 수도 있고 아니면 선생님이 직접 집으로 찾아와 수업을 해주기도 합니다. 어떤 방법이 가장 자신에게 좋을지는 자신의 수준과 의지 계수 그리고 성향에 달려 있습니다. 방학 때는 어느 학생이나 SAT 등의 시험 준비에 적지 않은 시간을 투자한다. 만약, 학기 중에 이런 부분에 관한 준비를 꾸준히 진행해왔다면 소중한 방학 시간을 SAT 학원에서 보내지 않아도 될 것입니다. 어떤 학교에 재학 중이든지 SAT 성적은 중요합니다. 미국의 주요 대학들 중 몇몇이 SAT를 꼭 제출하지 않아도 된다고 발표를 하고 있지만 사실은 매우 중요합니다. 사실은 미국 대학들이 'SAT가 필수가 아니다'라고 정책을 바꾸는 것은 한국 학생들에게 미국 입시가 더 불분명해지고 더 어려워지고 더 경쟁적으로 변할 거라고 받아들여야 하는 문제입니다. 어쨌든 대부분의 대학들이 SAT를 하나의 평가기준으로 인정을 하고 있기 때문에 가능하면 만족할 SAT 성적을 갖춰야 한다는 사실은 변함이 없습니다.

③ 교과 외 활동

미국의 명문 보딩스쿨이나 국제학교의 경우에는 학생들이 인기 있는 클럽의 멤버가 되기도 쉽지 않을 뿐만 아니라 신규 클럽을 만드는 일도 어렵습니다. 워낙 많은 학생이 클럽 창설에 관심을 갖게 되면서 이 또한 경쟁적입니다. 그에 비해서 수준이 그리 높지 않은 학교의 경우는 개설된 클럽도 많지 않기 때문에 신규 클럽 개설도 어느 정도 보장되고 두드러지게 활동력이 뛰어난 학생은 학교 차원에서 지원을 해줍니다. 미국 입시를 생각한다면 '용의 꼬리가 되는 것보다 뱀의 머리가 되는 것'이 훨씬 유리할 수 있습니다.

미국 대학이 신입생을 선발하는 중요한 기준의 하나가 바로 '다양성'입니다.

단순히 공부로만 뽑지는 않는다는 이야기입니다. 다양한 나라, 다양한 환경에서 자란 학생들이 서로 모여 서로의 부족한 부분을 채워주고 서로를 통하여 배우게 한다는 것이 그들의 교육 철학이라고 할 수 있습니다.

슈퍼맨처럼 모자란 구석 하나 없이 완벽한 학생보다 자신만의 장점을 가진 학생들이 모여, 캠퍼스 자체를 둥그런 공처럼 구성해주기를 바라는 것입니다.

그럼 여기서 우리가 중요하게 생각해야 하는 점은 '학생의 정체성'이 될 것입니다.

우리 자녀가 대학에 지원할 때 어떤 모습으로 보이게 할 것인가? 단순하게 이것은 내신이 몇 점이고 SAT 성적을 몇 점을 갖고 있는지보다 중요하게 생각해야 하는 요소입니다. 대회에서의 수상 기록 또한 하나의 입시 사정 카테고리에 들어가기는 하지만 '가장 자신 있는 것, 좋아하는 것, 기꺼이 나의 시간을 투자하고 싶은 것이 무엇인지?' 그 무엇에 대한 고민을 가장 먼저 해보기 바랍니다.

자신이 처해 있는 환경과 여건은 중요하지 않습니다. 좋지 못한 상황에 처해 있다고 지레 주눅이 들거나 자신감을 잃어서는 안 됩니다. 자신에 대한 분명한 테마를 찾아 꾸준히 노력하다 보면 뜻밖의 길을 찾을 수 있습니다.

1. GPA(내신) 관리의 중요성

저는 최근에 미국 대학을 비롯하여 영국, 일본, 홍콩, 싱가포르 입시에 관한 세미나를 진행하고 있습니다. 어느 국가의 입시를 보더라도 한결같이 학교내신(GPA) 관리의 중요성을 강조합니다.

더구나 미국 대학입시는 모든 국가 입시의 표준 모델로 적용이 되고 있으며, 내신관리의 중요성은 몇 번을 강조해도 부족하지 않습니다. 기본적으로 미국 대학은 아카데믹 인덱스 수치를 사용하여 1차 합격생을 선발합니다. 아카데믹 인덱스는 내신과 표준시험(SAT or ACT)으로 구성됩니다. 표준시험의 성적이 아무리 우수하더라도 내신관리가 소홀한 경우 입시에 실패할 수밖에 없습니다. 이처럼 대학입시에 절대적 비중을 차지하는 내신관리에 대해 말씀드리겠습니다.

① 많은 선배들이 9학년 내신관리의 중요성을 이야기합니다. 마지막 입시 학년인 11학년에는 원서 마감까지 1년여를 남겨놓은 시점이므로 시키지 않아도 내신관리에 신경을 쓰게 됩니다. 그리고 10학년에도 미국 대학이 요구하는 원서 마감 전 2년 동안의 기록의 중요성을 알기 때문에 내신관리를 중요하게 생각합니다. 하지만 고등학교 신입생은 아직 대입에 관한 실감도 나지 않고, 아직 시간이 많이 남아 있는 것 같은 착각을 합니다. 그런데 9학년 때 부실한 내신은 추후 GPA 평점 계산 시 복구할 수 없는 치명타를 줍니다. 상위권 대학에서 발표하는 합격생들의 평균 GPA를 보면 대부분 3.8~3.9라는 수치를 보여줍니다. 9학년 때의 부실한 성적은 아무리 10학년과 11학년에 노력을 했다 하더라도 자신의 평점을 깎아 내리기에 충분합니다. 자신의 목표가 상위권 대학이라면, 9학년 내신은 무조건 전 과목 All A가 나와야 한다고 생각해야 합니다. "어떻게 전 과목 All A가 나오게 하냐?"라고 푸념한다면 상위권 대학에 가겠다고 하는 생각을 점검하세요.

② 과목의 구성과 난이도를 조절하세요. 미국 대학은 입시사정 기준으로 평점도 보지만, 해당 평점을 구성하고 있는 학년별 과목 구성과 난이도도 정밀하게 분석합니다. 상대적으로 쉬

운 과목으로 구성된 3.8과 자신의 전공과 관련된 과목 또는 난이도 높은 과목으로 구성된 3.8이라는 수치를 동일하게 평가하지 않는다는 이야기입니다. 이론적으로는 무조건 어려운 과목으로만 구성해서 자신이 가고자 하는 이과 분야와 관련된 수학과 과학 또는 컴퓨터 사이언스 등을 최상위 난이도 과목을 듣고 문과 과목도 난이도 높은 과목을 들었다는 것을 보여줄 때 가장 좋은 평가를 받습니다. 하지만 이렇게 어려운 과목 구성이 실제로 내신관리를 해나갈 때 가능할지 냉정하게 점검하는 시각도 필요합니다. 대부분 대학 원서 마감 전 최상급 난이도의 과목을 시도하는 학년이 11학년입니다. 과하게 욕심을 부린 과목 구성은 내신관리 부실, 중간과목 탈락, 표준시험 부실로 연결될 수 있습니다. 자신의 상황을 객관적으로 파악하고 11학년은 내신관리 외에 다양한 활동과 시험이 동시에 진행되는 시기라는 점을 명심하고 자신이 해낼 수 있는 수준의 과목 구성을 하는 것이 필요합니다. 무조건 어려운 과목으로만 구성하는 것이 정답은 아니라는 이야기입니다.

③ 내신관리가 잘 되지 않고 있는 과목이 있다면 해당 선생님을 찾아가세요. 많은 학생이 성적이 나오지 않는 특정 과목에 대해서 혼자 고민만 하고 있지 해결하려는 시도를 실제로 하지 않습니다. 담당 선생님을 찾아가세요. 자신의 고민을 솔직하게 상담하고 어떻게 해야 내신성적을 끌어올릴 수 있을지 조언을 구하십시오. 그리고 한 가지 더 확인해야 하는 사항은 어떠한 기준으로 내신성적이 산출되는지를 직접 확인해보십시오. 우리는 이 과정을 통해서 두 가지를 얻을 수 있습니다. 한 가지는 선생님에게 내신관리에 신경을 쓰고 관심이 많은 노력하는 학생으로 보일 수 있다는 것과 다른 한 가지는 내신

성적이 산정되는 정확한 기준을 파악하고 자신이 부족한 부분에 관한 계획을 수립할 수 있다는 것입니다.

④ 아무리 노력해도 좋은 성적을 주지 않는 선생님이 종종 있습니다. 심지어는 한 학년에 10명 정도에게 F를 줘서 유급을 시키거나 전학을 가게 하는 그런 분도 있습니다. 이런 분들은 보통 절대 'A'를 주지 않는다는 공통점이 있습니다. 이런 경우 부모님이 해당 선생님 또는 교장 선생님에게 직접 편지를 쓰는 방법을 택할 수 있습니다. "우리 자녀가 해당 과목을 잘하고 싶은데 아무리 숙제를 열심히 해도 좋은 성적이 나오지 않는다. 해당 과목에 관한 GPA 산정 기준을 정확히 알려달라." 실제로 저는 딸아이가 어려움을 겪고 있는 내신 과목에 대해 교장 선생님에게 직접 이메일을 보냈고, 수일 안에 해당 선생님의 친절한 편지를 받을 수 있었습니다. 그 일을 계기로 내신관리를 잘할 수 있는 노하우를 얻었고, 해당 선생님의 시간 외 친절한 지도까지를 덤으로 얻을 수가 있었습니다.

내신관리가 잘 되고 있지 않을 때 걱정만 하고 있지 마세요. 걱정하고 좌절할 시간에 적극적으로 해당 선생님에게 어필을 하는 것이 필요합니다.

이러한 시도는 선생님에게 약간의 압박감과 더불어 해당 학생의 과제물을 더 신경 써서 살펴보는 효과로 나타납니다. 물론 어필은 합리적이고 정중해야 한다는 점입니다.

다시 한번 강조하지만 'GPA는 내 목숨처럼 소중하게 관리'해야 합니다.

2. AP 과목의 필요성

여기서는 'AP 과목의 필요성'에 관해 말씀드리겠습니다.

일반적으로 미국 대학입시를 선택하는 학생들이 다니는 학교 군을 다음과 같이 나눠볼 수 있습니다.

- AP 커리큘럼이 제공되는 학교
- IB 커리큘럼이 제공되는 학교
- AP or IB와 관계없는 학교

먼저 AP 커리큘럼이 제공되는 학교에서 파악을 해야 할 일은 구체적으로 어떤 과목들이 학교 수업에 제공되고 있는지입니다. 예를 들어 자녀가 대학에서 '물리학'을 공부하고 싶지만, 정작 재학 중인 학교에서 AP Physics 1, 2, C(E&M, M)가 제공되지 않고 AP Biology or AP Chemistry만 제공이 된다면 고민에 빠지게 됩니다. 현재 학교에 다니고 있기 때문에 갑자기 AP Physics Course를 제공하는 다른 학교로 전학을 간다는 것은 무리한 결정이 될 것입니다. 그러니 중요한 것은 현재 중등 과정에 있고 고등 과정을 제공하고 있는 학교를 선택할 수 있다면, 학교의 이름보다 제공하고 있는 구체적인 커리큘럼을 확인해야 한다는 것입니다. 하지만 이미 고등 과정에 재학 중이라면 다른 선택을 해야 합니다.

한 가지는 학교에서 AP Physics 과정을 제공하지 않고 있으므로, 개설된 다른 학교의 과학 과목만 수강을 하는 것이고 또 다른 한 가지는 학교에서 제공하지 않는 AP Physics 과정을 따로 준비해서 5월에 실시하는 시험에 응시하는 것입니다. 그리고 이러한 과정을 근거로 물리학에 관한 자신의 지식과 관심을 대학 측에 어필할 수 있습니다.

미국의 대학은 학교에서는 1년간 수강하여 나온 AP Credit과 5월에 응시한 AP Test Score 중에서 더 입학사정에 더 비중을 두는 것은 '1년간 수강하여 나온 AP Credit'입니다. 그래서 시험만 본 AP Physics 성적의 영향력은 적다고 봐야 합니다. 학교에 관한 정보가 기록된 '스쿨 프로파일'은 모든 대학에 제공이 됩니다. 그렇기 때문에 이 학교에 AP Physics 과정이 개설되어 있는지, 없는지도 대학은 파악을 하고 있다는 것이죠. 학교에 개설되어 있지 않아서 시험에 응시하지 못한 책임을 학생에게 묻지는 않습니다. 그렇기 때문에 학교에 개설되어 있지 않은 AP 과목에 대하여 시험에 응시하지 못했다는 죄책감(?) 또는 의무감에 시달릴 필요가 없다는 이야기입니다. 하지만, 우리 아이가 너무 물리 과목을 사랑하고 잘하고 준비할 시간 여유도 충분하다면 보시기 바랍니다. 개인마다 처한 환경과 상황에 따라 판단하고 결정할 문제입니다

다음으로 IB 커리큘럼이 제공되는 학교에서 별도의 AP 시험 응시는 효율성이 떨어집니다. IB 과정 자체로 학생의 Academic Index를 보여주기에 충분히 훌륭한 과정입니다. 따로 AP 시험 준비를 할 시간에 학교의 IB Credit에 투자하세요. 본질에 집중하기 바랍니다. 간혹 보면 IB 커리큘럼을 기본으로 하면서, 몇몇 AP 과목을 제공하고 있는 ISKL(쿠알라룸푸르 국제학교) 같은 학교가 있습니다. 이러한 학교에 재학 중인 학생들은 IB 과정만 제공하고 있는 학교보다 훨씬 경쟁적입니다. 몇몇 학생은 IBDP를 하면서 2~3개의 관심 있는 AP 과목을 수강하기도 합니다. 그러다 보니 순서에 맞지 않은 수학 커리큘럼 구성이 되기도 합니다. 예를 들어 10학년에 AP Calculus bc를 듣고, 11학년에 IB Math HL 1을 듣는 식이지요.

그렇기 때문에 IB 과정과 AP 과정을 동시에 제공하는 학교를 선

택할 때는 학생의 Academic Index가 월등히 높은 경우는 장점이 많으며, 높지 않은 경우는 득보다 실이 크다는 사실을 알고 학교를 선정하기 바랍니다.

AP 또는 IB와 관계없는 학교라 함은 한국의 일반고등학교 또는 캐나다 고등 과정 프로그램으로 운영되는 학교군을 들 수 있습니다. 원칙적으로는 현재 다니고 있는 학교의 고등 과정에서 우수한 성적을 받아도 된다고 알고 있습니다. 미국 대학입시는 미국 대학에서 제출하기를 원하는 GPA, SAT I and II, Activity의 항목만 구성하는 입시가 아니라 '경쟁'을 해서 선발을 하는 과정입니다. 그렇기 때문에 100명의 학생 중에 20명의 학생에게만 합격증을 줘야 한다면, 나머지 80명의 학생들은 불합격 레터를 받게 된다는 사실입니다. 여기서 '경쟁'을 해야 한다는 것은 대학 지원은 되지만 합격이 보장되지 않는다는 것입니다. AP나 IB와 관계없는 학교를 다니지만 학업적인 능력이 우수한 학생이라면 별도의 준비 과정을 통해서 자신의 전공과 관련 있는 또는 자신 있는 과목을 선택하여 AP 시험에 응시하여 성적을 같이 제출하는 것을 개인적으로 권장합니다. 여기서 "개인적으로 권장한다"는 표현을 쓴 것은 꼭 그렇게 해야 한다는 의미가 아니기 때문입니다. 학생이 처한 환경과 상황에 따라 판단하고 결정하면 됩니다.

미국 대학입시는 '획일화된 입시'가 아닙니다. 어떤 경우에는 나보다 Academic Index가 낮은 학생이 합격하는 경우도 있습니다. 이런 경우는 Academic Index는 낮지만 대학의 입학사정관들이 대학의 커뮤니티에 기여할 수 있는 그 무언가의 자질을 그 학생이 가지고 있다고 판단을 하는 경우입니다.

AP는 학생의 Academic Index의 하나의 기준입니다. 당연히 남보다 더 많은 과목을 수강하고 더 좋은 성적을 갖고 있다면 입시에서 유리한 것은 객관적인 사실입니다. 하지만 이러한 '점수 나열과 기록'보다 중요한 것은 "Who Am I?"라는 사실입니다.

당신은 어떤 학생입니까?
당신은 어떤 비전을 갖고 있습니까?
당신은 어떤 사회인으로 성장하고 싶습니까?

대학준비 과정은 장차 훌륭한 사회인으로 성장하기 위한 예비 과정을 준비하는 시간입니다.

우리 자녀가 어떤 준비 과정을 거쳐야 한다고 생각하십니까? 부모님이 고민해야 하고 아이가 같이 고민해서 결정할 문제입니다. 이러한 과정을 주체적으로 잘 이루어낸 학생들이 대학생활도 잘할 거고 또 그러한 시간의 기록이 썩 괜찮은 사회인으로 성장하는 데 중요한 밑거름이 될 것입니다.

공식에 우리 자녀를 대입시키지 마세요. 우리 자녀는 풀어야 하는 수학문제가 아니니까요!

저자 소개

루크 쌤 **이원중**

저자 이원중은 세종대학교 호텔경영학과를 졸업하고 미국 뉴욕 시라큐스 대학교에서 경영학 석사학위(MBA)를 취득하였다. 2007년부터 2018년까지 미국의 비영리재단 국제학교 브랜드의 아시아 총괄팀장으로 미국, 중국, 필리핀, 한국에서 근무하며, 재단 산하 아시아 지역 국제학교들의 오픈 및 운영에 직간접적으로 기여하였다. 2018년 미국 학력인증기관의 학력인증위원으로 활동하기도 하였으며, 2018년부터 2년간 서울에 위치한 국제학교의 본부장으로 근무하면서 기존에 80여 명이었던 재학생이 170여 명으로 성장하는 데 기여하였다. 현재는 광교에 위치한 American STEM Prep 국제학교를 운영하고 있으며, 네이버 카페 '세상의 모든 국제학교'의 운영자 '세모그리기'로도 활동 중이기도 하다.

* 루크 쌤 네이버 카페: https://cafe.naver.com/superschools

　루크 쌤 이메일 주소: lukelee911@hotmail.com

윤아빠 **이인호**

이 책의 별책 부분을 집필한 이인호는 2000년부터 미국 대학 진학 관련 업무를 시작하여 아이비리그를 포함한 세계 명문대학에 100명 이상의 제자를 배출하였다. 2005년부터 현재까지 '멘토스테이블'이라는 유학 관련 교육기관을 서울, 대구, 뉴욕, 필라델피아에서 운영하고 있으며 미국 대학 진학 세미나를 200회 이상 개최하여 강연하고 있다. 유학 초보 학부모를 위한 '윤아빠 초급수업'을 77개월 차 진행하고 있는 교육/유학 전문가로, 저서로는 『마음으로 전하는 유학 이야기』(씨아이알)가 있다.

* 윤아빠 네이버 카페: https://cafe.naver.com/yoonabba

　윤아빠 이메일: blueinho@gmail.com

초 판 발 행 2019년 5월 28일
2 판 1 쇄 2020년 11월 5일
2 판 2 쇄 2022년 6월 22일

저   자 이원중, 이인호
펴 낸 이 김성배
펴 낸 곳 도서출판 씨아이알

책임편집 박승애, 김동희
디 자 인 송성용, 윤미경
제작책임 김문갑

등록번호 제2-3285호
등 록 일 2001년 3월 19일
주   소 (04626) 서울특별시 중구 필동로8길 43(예장동 1-151)
전화번호 02-2275-8603(대표)
팩스번호 02-2265-9394
홈페이지 www.circom.co.kr

I S B N 979-11-5610-898-6 13370
정   가 23,000원